あたたかい暮らしのヒミツ

JN103345

旭化成建材
快適空間研究所

X-Knowledge

もくじ

3 あたたかい暮らしのレシピ

4 あたたかい暮らしを訪ねて。

column

デザイン
三木俊一＋高見朋子（文京図案室）
イラスト
松島由林

「あたたかい暮らし」のための住まいづくりを

２０１４年４月に発足した旭化成建材 快適空間研究所は、目指すべき未来のライフスタイルを「あたたかい暮らし」と名付けました。ここでいう「あたたかい暮らし」とは、心と体と懐があたたかくなる生き生きとしたライフスタイルのこと。そんな「あたたかい暮らし」のための住まいづくりに役立てていただくため、過去5年間の研究成果を本書にまとめました。

弊社が実施した調査では、戸建住宅にお住まいの方のうち6割を超える方が温熱環境（暖かさ・涼しさ）について「満足ではない」と回答しています［P12～13］。併せて、温熱環境に満足していない方に、「温熱性能のいい家にできなかった理由」をうかがったところ、「温熱環境、温熱性能のいい家について意識・知識がなかった」と回答した方が、3割を超えていました［P64～65］。多くの方が、住まいに必要なほかの要素と比較して、温熱環境や温熱性能を重視していなかったことを後悔していると推察されます。

国内での住宅着工戸数は、減少傾向ではあるものの、２０２０年以降でも毎年、持家・分譲住宅で40万戸から50万戸の住宅が着工されることが予想されており、今後も多くの方が初めての住宅購入を経験することになります。

本書は、初めての住まいづくりを検討されるご家族が「温熱環境、温熱性能のいい家について意識・知識がなかったので、あたたかい暮らしができなかった」と入居後、後悔することにならないためにつくられたものです。

一方、「今住んでいる家の暑さ、寒さを何とかしたい」と考えている人にも役に立つ断熱改修の知識もまとめています。なにせ、築年数の古い家は、温熱性能が不十分ですから。

内容は、優れた温熱環境を実現するために必要な基礎知識などを中心に構成していますが、これまでの書籍ではあまり取り上げられていない「優れた温熱性能が日常の生活価値向上にいかにつながるか」という切り口でもまとめています。是非、楽しみながら読んでいただければと思います。

少しでもみなさまの今後の住まいづくりと「あたたかい暮らし」の実現に貢献できれば幸いです。

2020年5月

旭化成建材株式会社
快適空間研究所
白石　真二

あたたか体系

あたたかい暮らしとは何か？
それは、**心**も**体**も**懐**もあたたかい暮らしです。
あたたかい暮らしを成り立たせるには、
あたたかい空間をつくる必要があります。
その重要な物差しとなるのが、
「温度」「湿度」「気流速」「表面温度」。
それを適正な数値とするには、
「断熱」「気密」「換気」「日射（遮蔽・取得）」「通風」「温度湿度調整」
というレシピを考えなければなりません。

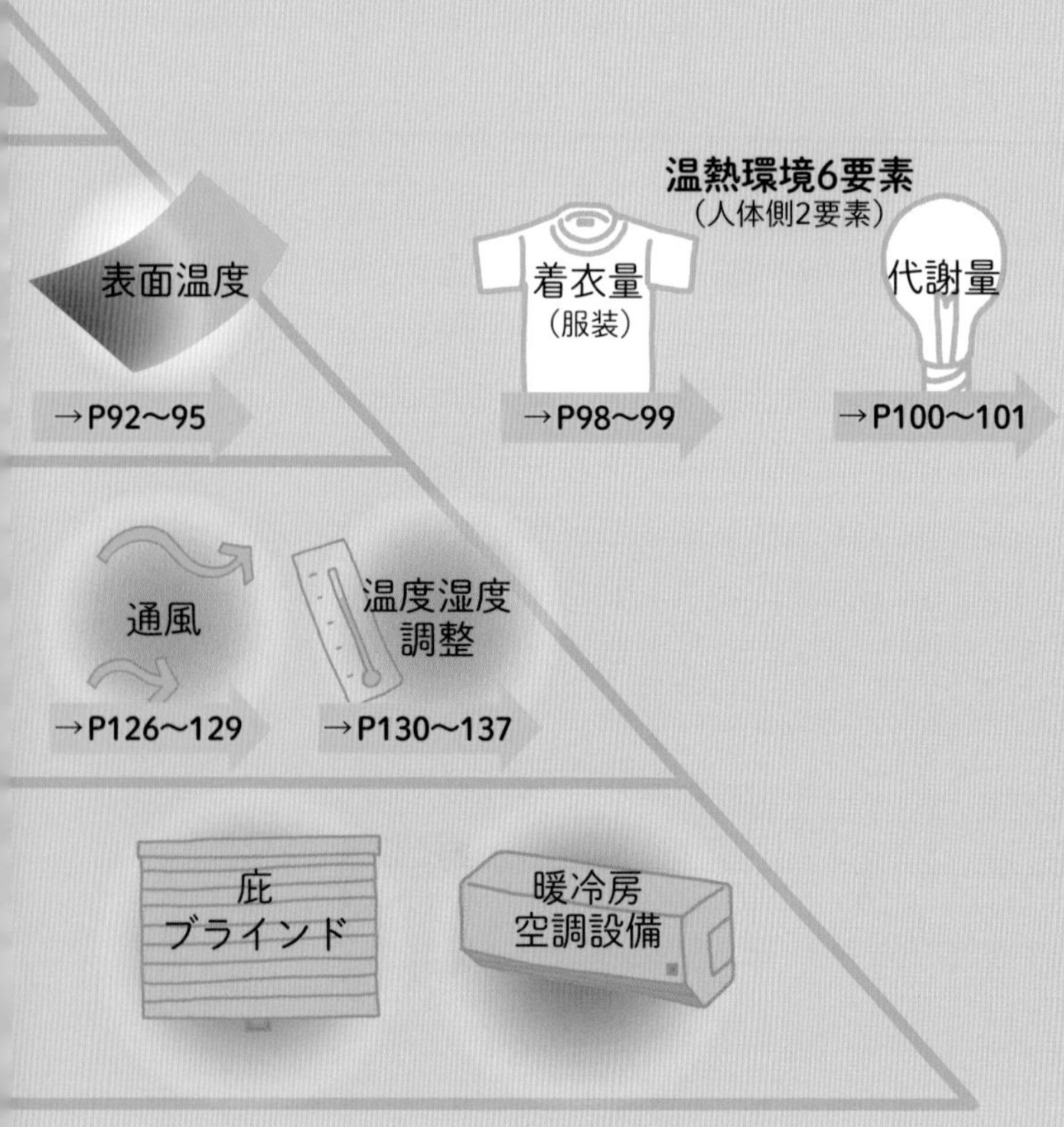

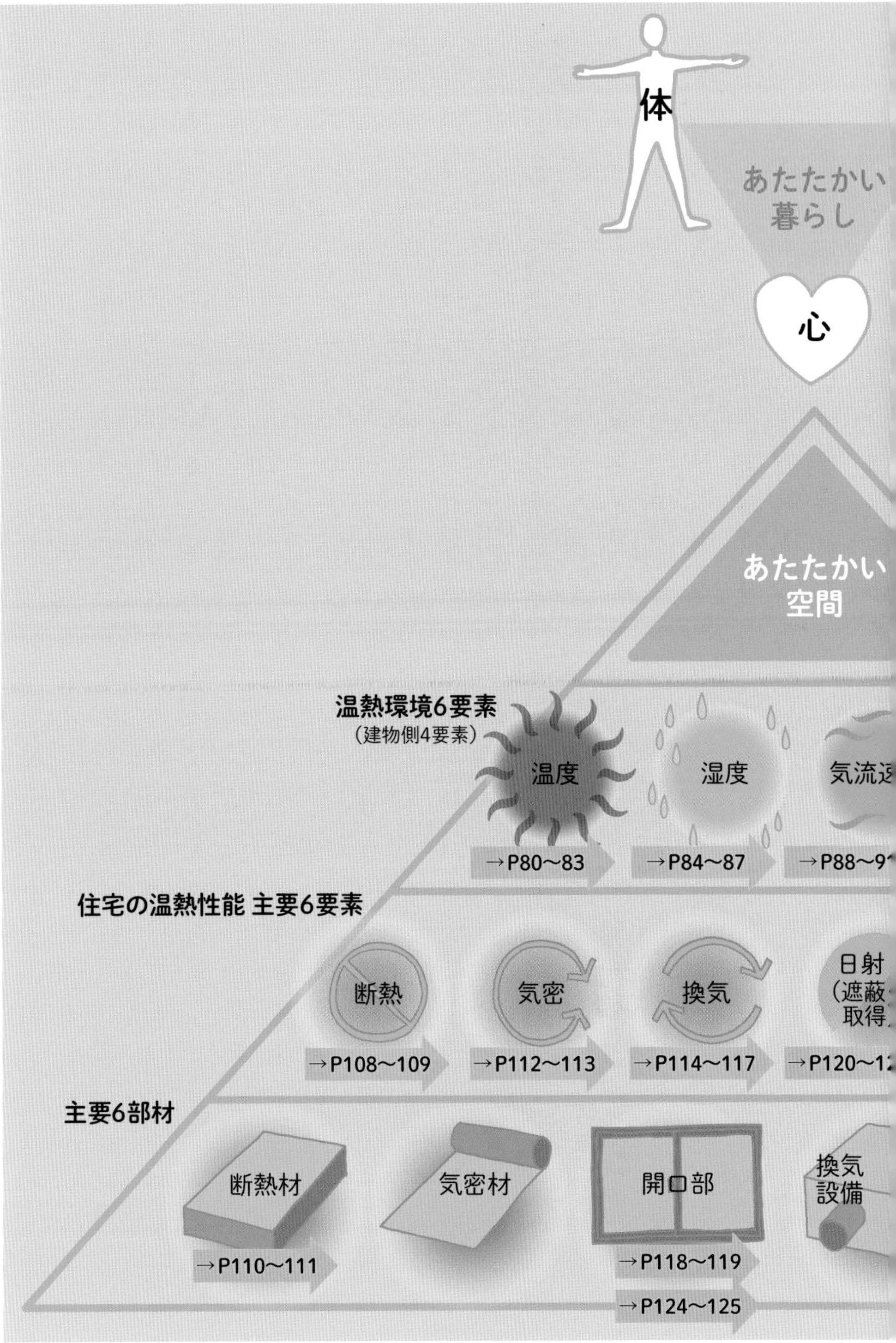
体
あたたかい暮らし
心
あたたかい空間
温熱環境6要素
(建物側4要素)
温度
湿度
気流
→P80〜83
→P84〜87
→P88〜9
住宅の温熱性能 主要6要素
断熱
気密
換気
日射
(遮蔽
取得
→P108〜109
→P112〜113
→P114〜117
→P120〜1
主要6部材
断熱材
気密材
開口部
換気
設備
→P110〜111
→P118〜119
→P124〜125

夏の涼しい暮らし

家の温熱環境がいいと、
外が暑い日でも、家のなかで涼しく過ごせます。
床に寝そべりながらのお絵描きも、
きっと楽しい時間として心に残るでしょう。

写真：amana inc.

chapter 1

あたたかい暮らしの理想と現実

意外と寒くて、以前より暑い日本の気候。実は〝住まい〟の環境にも、大きな影響をおよぼしています。最新の生活者アンケートによると、私たちが一番多くの時間を過ごす〝住まい〟の室温や湿度（室内の温熱環境）がよいと、〝暮らしの質〟も高いことが分かってきました。

この章では、私たちの行動や気持ちが、どれだけ温熱環境によって影響を受けているのか、掃除・洗濯・調理・入浴・睡眠など、日常生活のなかにどのような違い（価値）が生じているのか、アンケートデータなどを分析しています。それでは、暮らしと温熱環境の関係をみてみましょう。理想の暮らしを手に入れるために。

夏の家はサウナのような蒸し暑さ

日本の夏は、真夏日や猛暑日がもはや当たり前。最高気温は体温に近く、ときには体温を超えて40℃付近に達することもあります。室温も上昇。家の断熱性能が低ければ、高温になった外気の熱が部屋のなかへドカドカと侵入します。室温が30℃を超えることも少なくなく、戸建住宅に住む約7割の人は、夏の温熱環境に満足していません[1]。

エアコンは対処療法。断熱性能が低いと効き目が悪くて、エアコンをガンガンにかけてしまい、逆に不快に感じたりすることも。日本の夏は高温多湿。窓の大きなリビングは、もはやサウナと化します[2]。

昔、日本の家は適度な通風によって、家のなかの熱を外に逃がしてきました。ただし、都市化が進んだ現代では、窓を開けられない家が増えています。せっかく窓を開けても熱い空気が入ってくるばかり、なんてことも。

1 約7割の人は夏と冬の温熱環境に満足していない

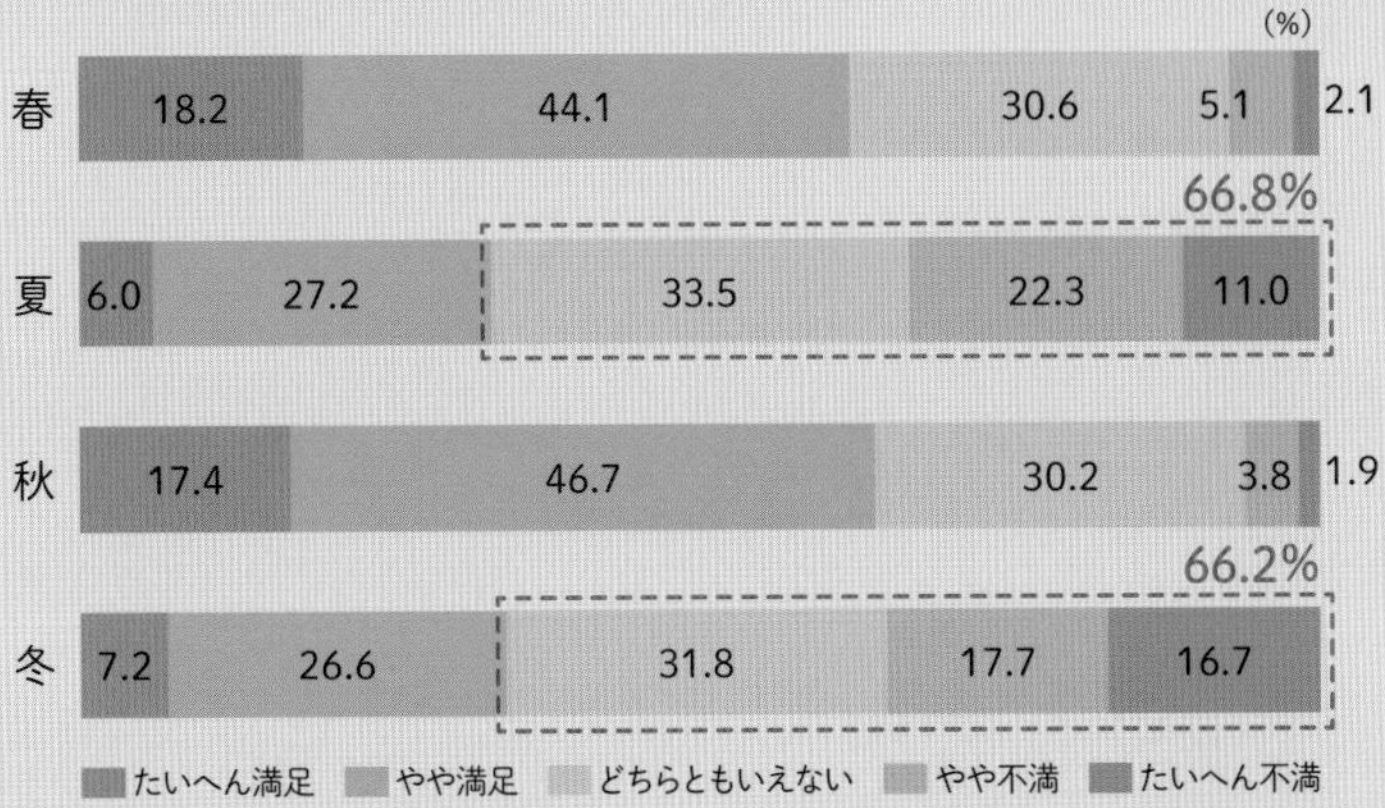

戸建住宅に住む人に対して、家の温熱環境に関する満足度を調査した結果。夏と冬の満足度が低く、満足していない人(どちらともいえない+やや不満+たいへん不満)の割合はいずれも全体の約7割にものぼっていることが分かる

2 温熱性能の向上はいつも後回し

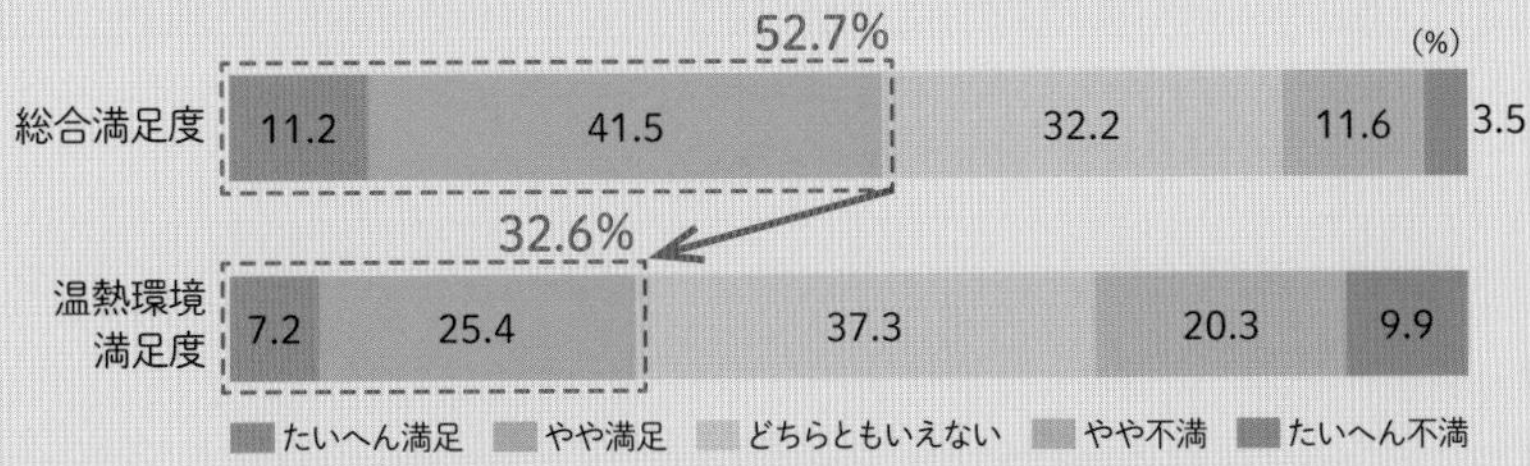

耐震性やデザイン性などを含む家の総合的な評価と温熱環境への評価を比較したもの。総合的に満足している人(たいへん満足+やや満足)の割合は52.7%と比較的多いのに対して、温熱環境に満足している人は同32.6%にとどまった。温熱環境の改善に対する取り組みが遅れていることの現れと考えられる

column

日本の夏はマニラ並みに高温多湿

日本の夏は、世界的に見ても高温多湿で酷暑だと、よくいわれています。実際に、どのくらい暑いのでしょうか？ 東京（北緯36度）と大阪（北緯34度）、マニラ（フィリピン・北緯14度）の月別平均気温（縦軸）と平均湿度（横軸）の関係を示した［1］を見てみましょう。〝熱帯気候〟に属するマニラでは、年間を通じて気温の差が少なく、一年中高温多湿であることが理解できますが、東京と大阪の夏（7月〜8月）の平均気温は25℃を上回り、マニラに負けず劣らずの暑さなのです。

湿度も60％を大きく超えるなど、マニラと同じくらい高い。とても蒸し暑いのです。そう、日本の夏はまるでマニラ並み。読者の皆さんも少し驚かれたと思いますが、日本の夏はやはり世界的に見ても暑いのです。

こんなに暑い日本の夏ですが、そのような日本の家ではどんなことが起きているのでしょうか？［2］は２０１５年の夏に計測された、断熱・気密性能の低い木造2階建て戸建住宅の室温変動（1日）と外気温を表したグラフです。その日の気温は朝からぐんぐん上がり、昼過ぎに最高気温は35℃近くまで上昇。夜になっても気温は大きく下がらず、いわゆる熱帯夜（最低気温が25℃以上の夜）でした。

ここで注目してほしいのは室温の変動です。１階のリビングでは、朝からエアコンを効かせて過ごしていましたが、昼過ぎに外出する際にスイッチＯＦＦした後は、外気温の上昇とともに室温も上昇。外気温がピークを過ぎて下がりはじめたのに、なお室温は上がり続け、18時過ぎに帰宅するまでには、33℃を超えました。日中にエアコンを使わなかった2階の寝室では、外気温を大きく上回る37・9℃を記録。平熱を上回る室温が身体にいいわけがありません。熱中症のリスクもグンと高まります［P30〜31・P34〜35］。

家のなかで、夏の暑さを凌ぐにはどのようにすればよいのか。これからの家づくりを考えるうえで、とても大切なポイントになります。

1 気温と湿度が熱帯並みとなる日本の夏

世界と日本の気候

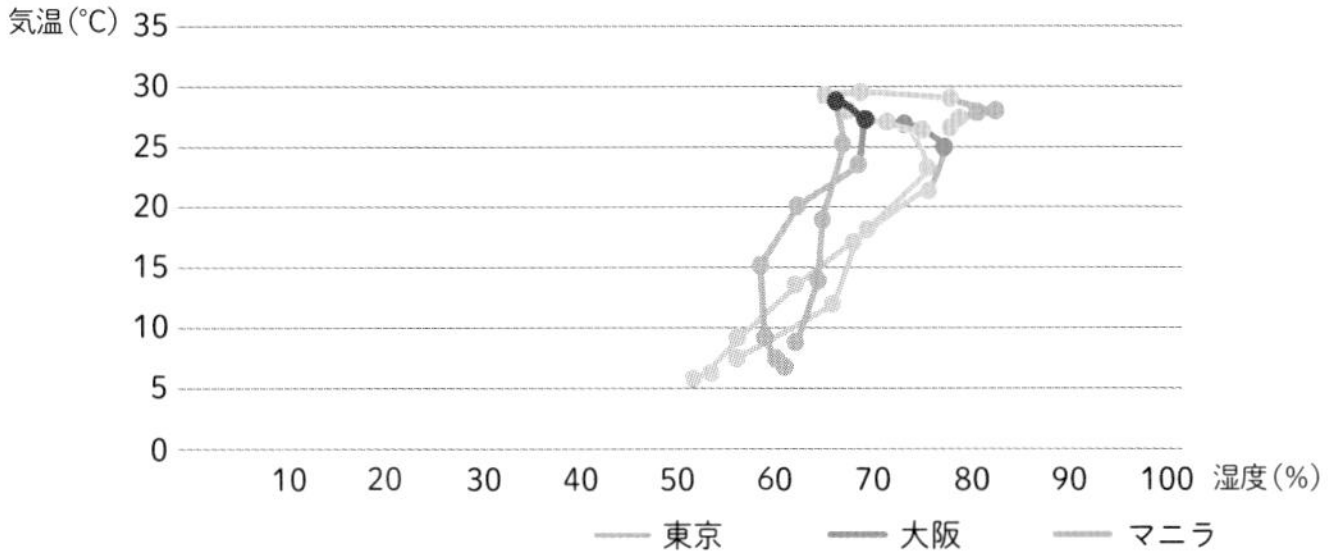

東京と大阪、マニラは緯度で見ると、東京と大阪のほうが約20度も北に位置する。それにもかかわらず、東京と大阪の夏(7・8月—色が濃い部分)は、マニラと匹敵するくらいの高温多湿である[※1]

2 家のなかは外よりも暑い

夏の外気温と室温1日の推移

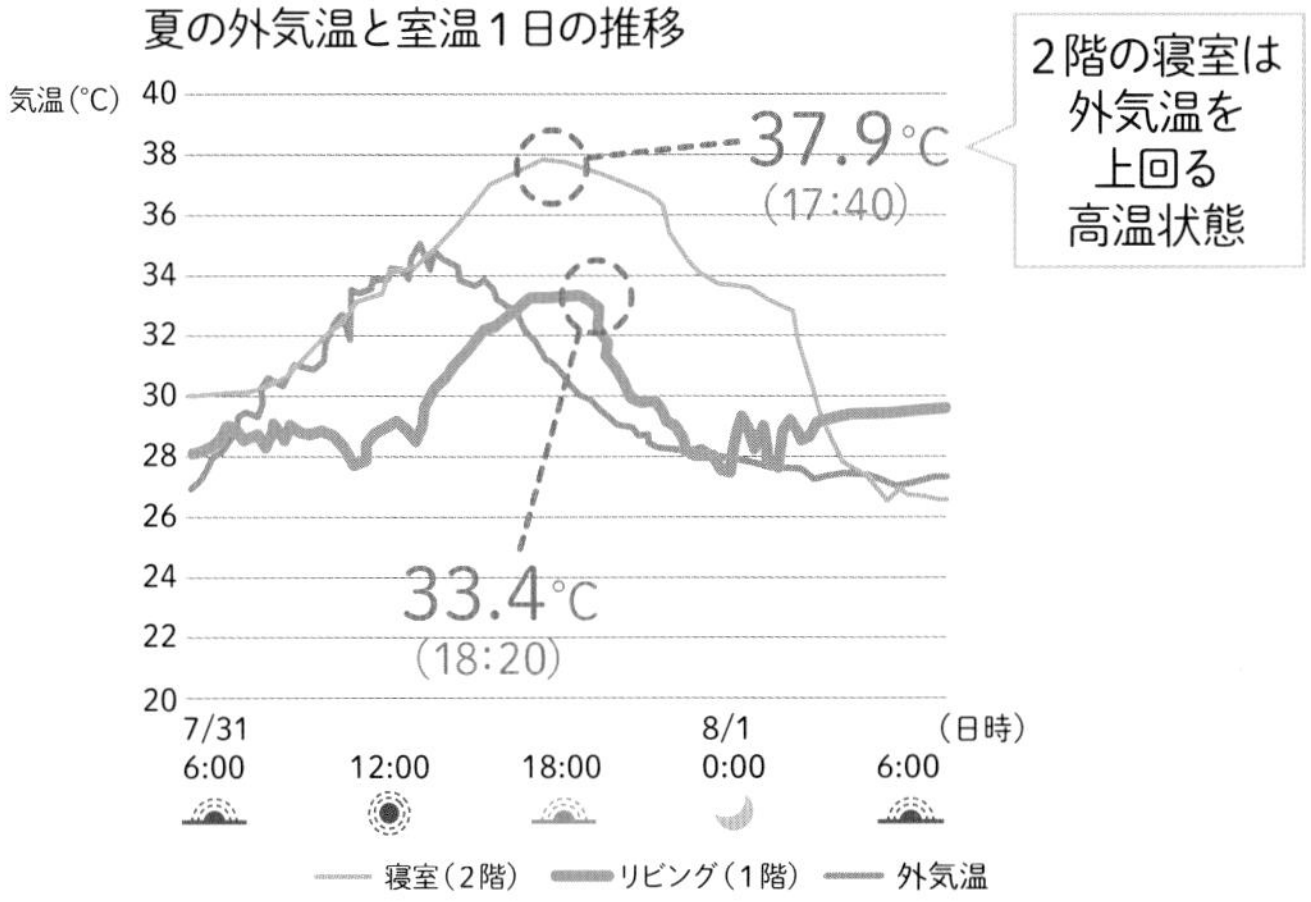

夏の晴れた日に、一日の気温と室温の変化を調べてみると、夕方近くになるにつれ、室温が気温を上回る。これは、昼間の日射熱が家のなかにこもるため。加えて、日射熱が屋根から侵入する2階のほうが1階よりも暑くなる[※2]

※1 「理科年表2019」(国立天文台/丸善出版)

※2 計測場所は千葉県柏市にある在来木造2階建て戸建住宅。断熱性能は省エネ等級3(1992年[H4]省エネ基準)レベル。築年数は8年。計測日は 2015年7月31日〜8月1日。「平成27年度住宅の断熱水準と暮らしの質に関する研究」(旭化成建材・首都大学東京[東京都立大学]の共同研究)

冬は室温16℃を下回る家が多い

日本の冬は寒く、首都圏でも朝の最低気温が氷点下になることは少なくありません。室温も低下。人間の健康に影響が出るといわれる16℃未満になる戸建住宅が、全体の6割を超えると推定されています[1]。

原因は家の断熱性能が低いから。夏とは逆に、屋根・壁・窓から簡単に熱が逃げるのです。部屋に温度差があると、血圧が大きく変動し、ヒートショックを引き起こすケースもあります［P40〜41］。

エアコンは対処療法[2]。しかも、断熱性能の低い家では、暖気は部屋の上にたまりがちです。体の周りは思った以上に温まりません。寒さが苦手な人はダウンジャケットを着用する必要があるかもしれません。室温を最低16℃以上とするには、まず、熱が外に逃げないように断熱性能を高めることが大切。特に、築年数が古いほど、重要な問題です[3]。

1 冬の朝は16°C以下が6割超

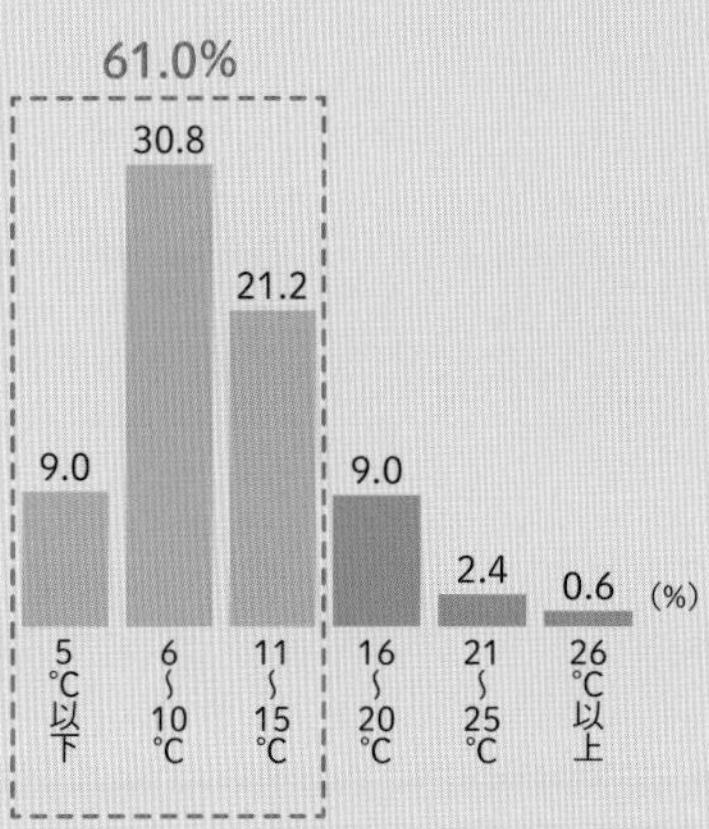

戸建住宅で、冬の朝（起床時）にリビング・ダイニングの室温［※］を調査した結果。朝の室温がかなり低くなるケースが多く、16°C未満となる割合が全体の61.0%。英国保健省（HHSRS）によると、室温が16°C未満の場合は、呼吸器系疾患などの健康リスクが高まる［P82〜83］

2 暖房を使うと16°C以上が約7割

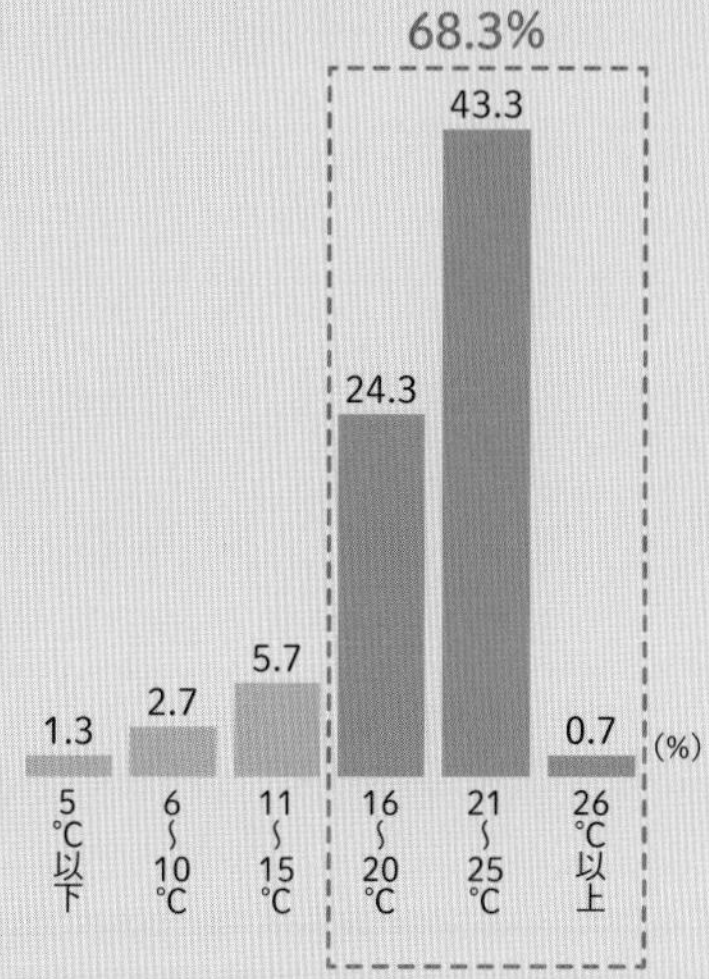

家族団らん時の室温は16°C以上が68.3%。室温を高めるには暖房の力を借りているということが推測される

3 築年数21年以上の家はかなり寒い

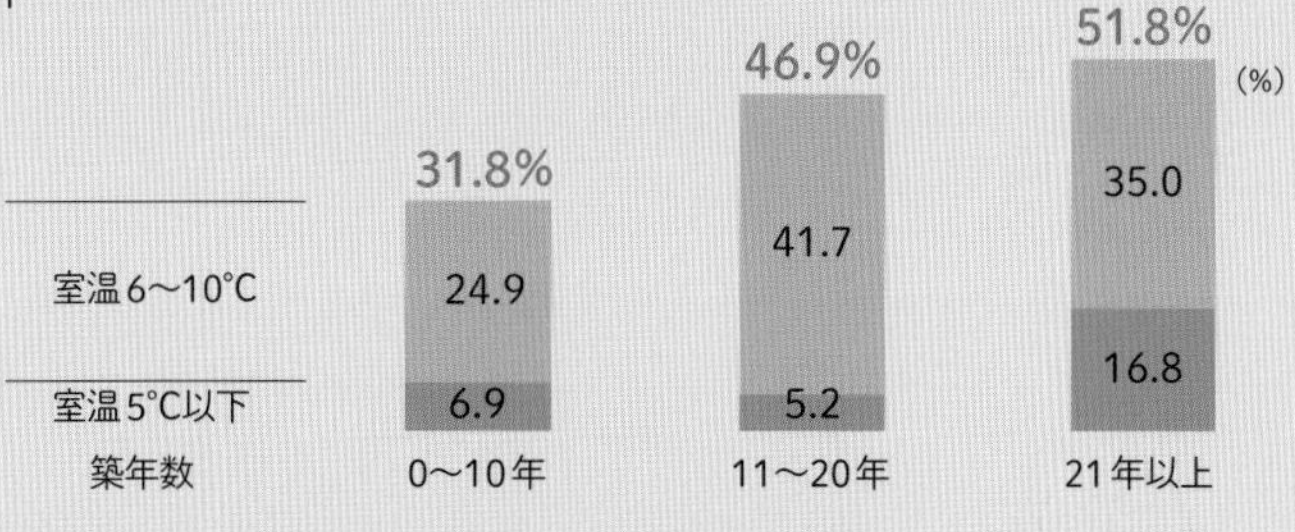

室温（リビング・ダイニング）［※］の低さは戸建住宅の築年数によって異なることも判明。起床時の室温が10°C以下になるケースは、築21年以上の古い建物では51.8%に達する。築年数が10年以下でも31.8%。戸建住宅の断熱性能は年々向上する傾向にあるが、まだまだ十分とはいえないことを裏付けるデータといえる［P138〜139］

※　室温は自己申告された値。分からないと答えた人のデータは除く

column

東京の冬は北米シアトルより寒く感じる

「冬日」「真冬日」という言葉を聞いたことはありますか？ 冬のニュースでよく飛び交う言葉ですね。「冬日」とは1日の最低気温が0℃未満になった日、「真冬日」とは1日の最高気温が0℃未満になった日、です。[1]

東京（北緯36度）の「冬日」は1年間に約20日程度が観測されるようですが、寒さの厳しい札幌（北緯43度）では約120日となります。それが「真冬日」になると、東京では1900年1月26日に観測されてから、100年以上たった今日（執筆時：2020年5月）まで記録がされていません。一方、札幌では平年で約45日程度観測されています。

この結果を見ると、東京の冬は比較的暖かそうですが、世界的に見ると実はそうではありません。東京の冬は平均気温が5℃。シアトル系コーヒーや、イチローなど数多くの日本人メジャーリーガーのホームタウンとして日本人にも馴染みの深いシアトル（アメリカ西海岸・北緯47度）並みの寒さ。しかも、湿度が低いので、体感温度はさらに低くなります。東京の冬は想像以上に寒いのです。[2]

ところで、2018年にロシアの情報サイト（Arguments and Facts）が公開した世界各国の住宅における冬の室温に関するデータが話題になりました。建物の種類、気候条件や暖房設備の種類・稼働時間の違いなど不明な点も多くあり、単純比較での明言は避けたいのですが、〝日本の冬における室温は、諸外国に比べてかなり低い〟という悲しい内容が報告されています。

日本での実態調査でも、冬の最低室温が10℃を下回る事例は少なくないことは明らかになっており、室温が低いことによる人体への悪影響についても証拠が整いつつあります［P40～41・P82～83］。

寒い住まいは〝百害あって一利なし〟。思った以上に寒い日本では、冷房が必要な期間よりもずっとずっと暖房が必要な期間が長いのが特徴です。寒さに悩まされないためには、家のつくり方を工夫する必要があるのです。日本よりも寒い国にある家のほうが、日本の家よりも暖かいのですから。

1 「冬日」と「真冬日」の違い

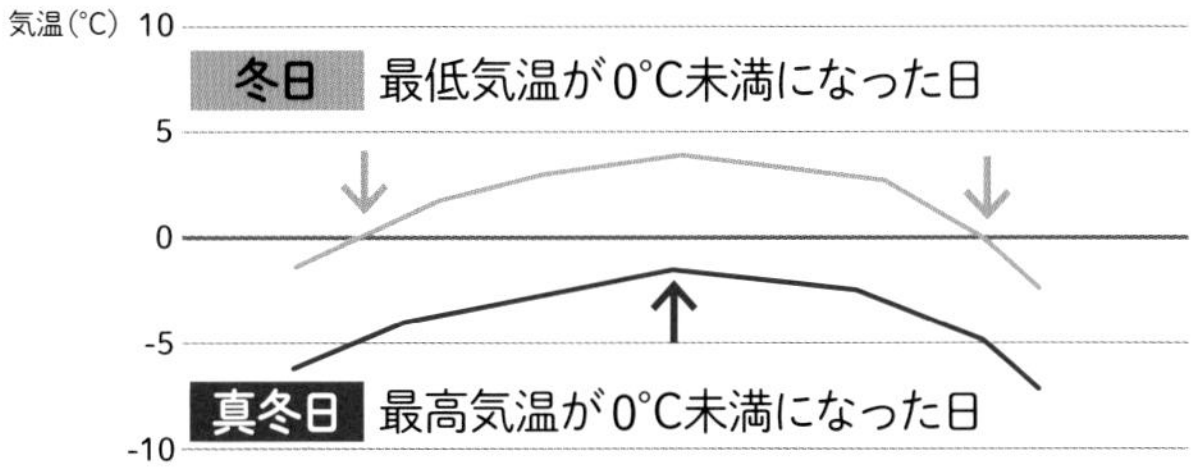

「冬日」では朝の最低気温が0℃を下回る。朝に霜が降り、池には氷が張る。「真冬日」は昼の最高気温が0℃以下となる〔※1〕

2 湿度の低い東京はシアトルよりも寒い

世界と日本の気候

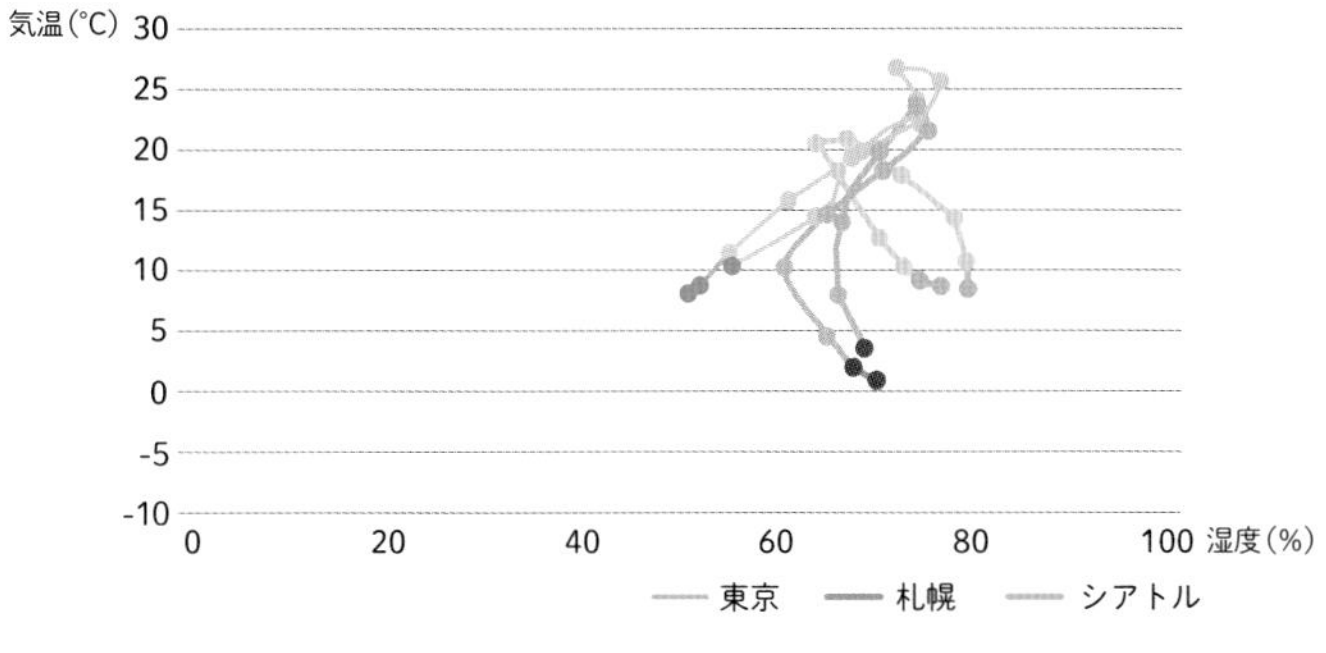

3つの都市を南から並べると、東京、札幌、シアトルの順。このなかで冬の気温（12・1・2月―色が濃い部分）が最も低いのは札幌で、東京とシアトルの気温はほぼ同じ。ただし、東京のほうがシアトルよりも湿度が約20%以上も低いので、体感温度は低く感じる〔※2〕

※1 冬日・真冬日の違い（ウェザーニュース）
※2 「理科年表2019」（国立天文台／丸善出版）

寒い家では水廻りへ行くのに防寒着が必要!?

温熱性能の悪い家では、建物内での温度差が大きくなります。暖房している部屋とそれ以外の部屋では、温度差がかなりあるのです。具体的には、リビングや寝室などの居室は室温が高く、暖房されない廊下やクロゼット、水廻りなどは室温が低くなります[1]。

ここで、寝室とウォークスルークロゼット、水廻りがひとつながりになった間取りを想像してみましょう。生活動線としては、とても理にかなった間取りといえます。

ただし、エアコンは寝室のみに付いているのが一般的。寝室では、それほど厚着しなくても、快適に過ごせますが、ウォークスルークロゼットに入った途端、寒気を感じ、ついついコートに手を伸ばしてしまい、薄着になるはずの水廻りでは、コートを身に纏っている、なんてことも。温熱環境の悪さは、こうした矛盾も生み出してしまうのです[2]。

1　温熱性能が悪いと水廻りがかなり寒い

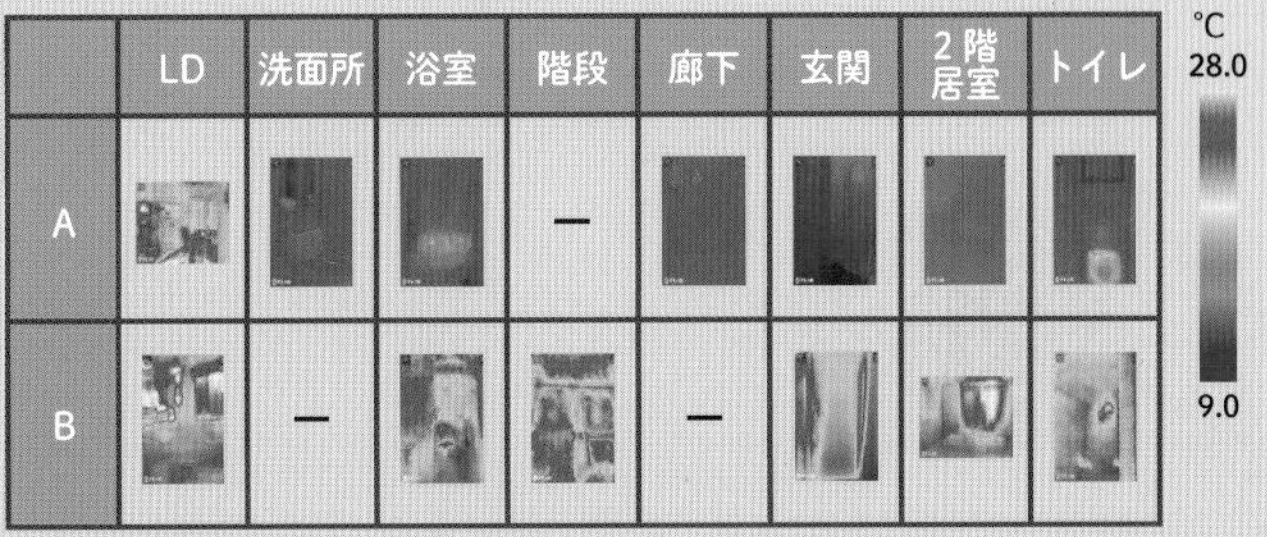

温熱性能の低い家[A]、温熱性能の高い家[B]の温度をサーモカメラで部屋別に測定した。Aは、暖房しているリビング・ダイニング以外の部屋が寒い。室温は約10℃。Bは、暖房しているリビング・ダイニング以外の部屋も暖かい。室温は約20℃

2　戸建住宅・マンションともに水廻りの満足度は低い

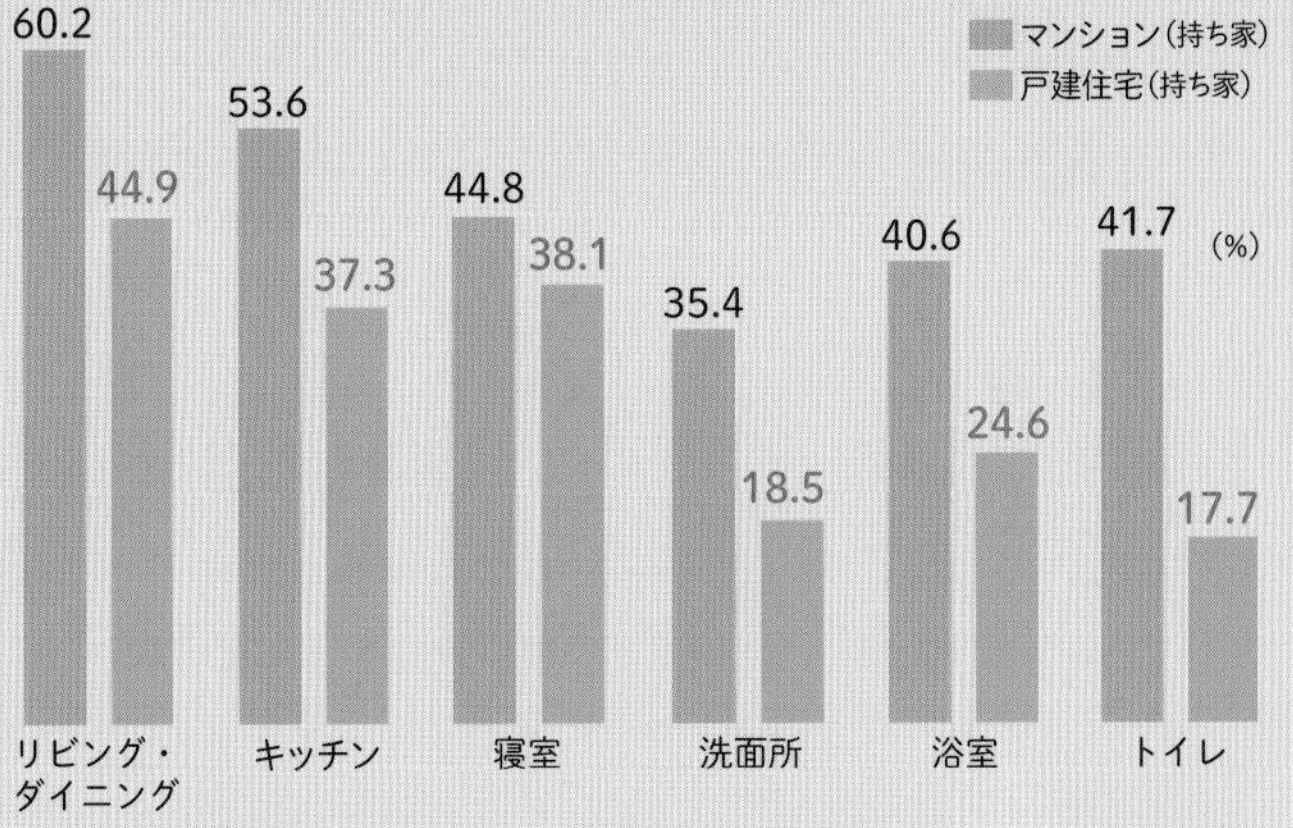

冬の温熱環境に関する満足度について、部屋別でその割合（たいへん満足＋やや満足）を示した。マンション・戸建住宅ともに、リビング・ダイニングの満足度は比較的高いが、水廻り（洗面所・浴室・トイレ）の満足度は比較的低い。加えて、いずれの部屋についても、マンションのほうが戸建住宅よりも満足度が高い［P72〜73］

寒い家の吹抜けは〝上が暖かく、下が寒い〟

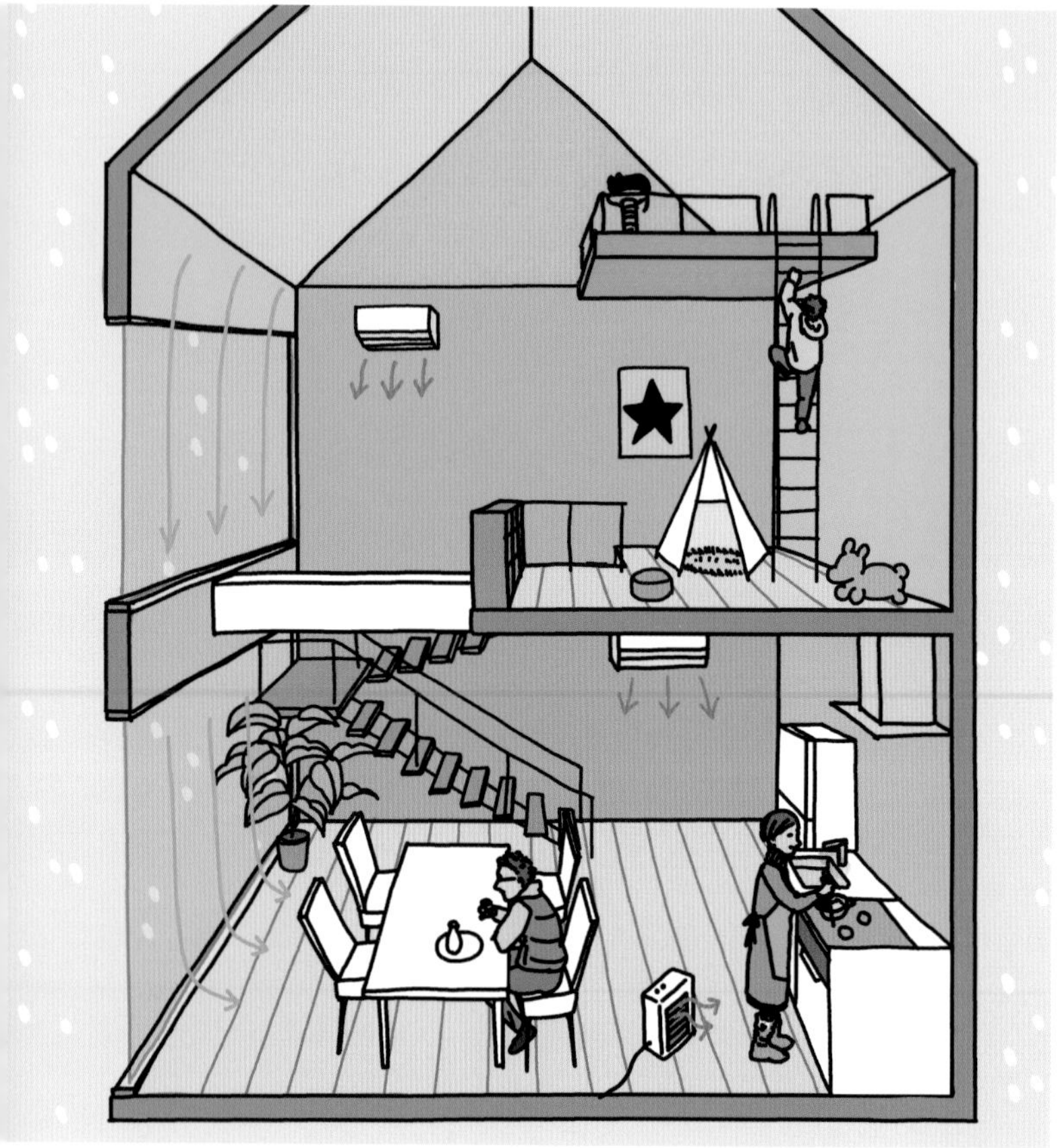

建物内での温度差は、上下方向にも発生します。原理的に、比重の軽い暖気は上部にたまり、比重の重い冷気は下部にたまります。その状態が最も顕著に感じられるのが吹抜け。2階建ての家では、吹抜けの天井高さは通常の約2倍。2階の壁面にエアコンを設置して、1階を暖めようとしても、暖気はなかなか1階に降りてきません。むしろ、屋根裏の空間にたまってしまいます。

しかも、断熱性能の低い家では上下間の温度差が顕著になります。吹抜けには、大きな窓を設けることが多く、1階では、窓面で冷やされた冷気が床近くを流れて足元が冷やされ、非常に寒く感じます[1]。

ペットや子供は、はしごを伝って暖かい小屋裏のロフトへ。母親はなべ焼きうどんつくりながら暖を取り、父親は熱燗[2]を飲む、というシーンが目に浮かびますね。

1　床の冷たさには窓の断熱性能も影響

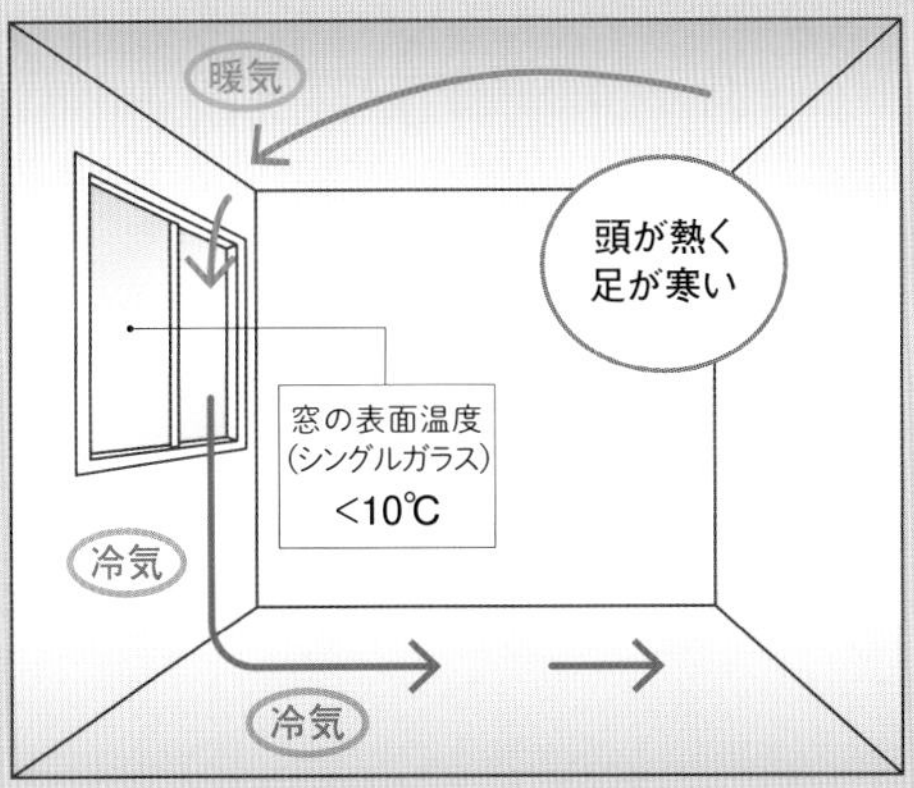

足元が冷たく感じるのはコールドドラフトが発生するから。この現象は、窓の表面温度が低いと起こる。天井付近の暖気が窓辺で冷却されて、床面に流れ込んでしまう。一方、窓の断熱性能を高めれば、コールドドラフトを抑制できる〔P118～119〕

2　寒い家では人は動かなくなる

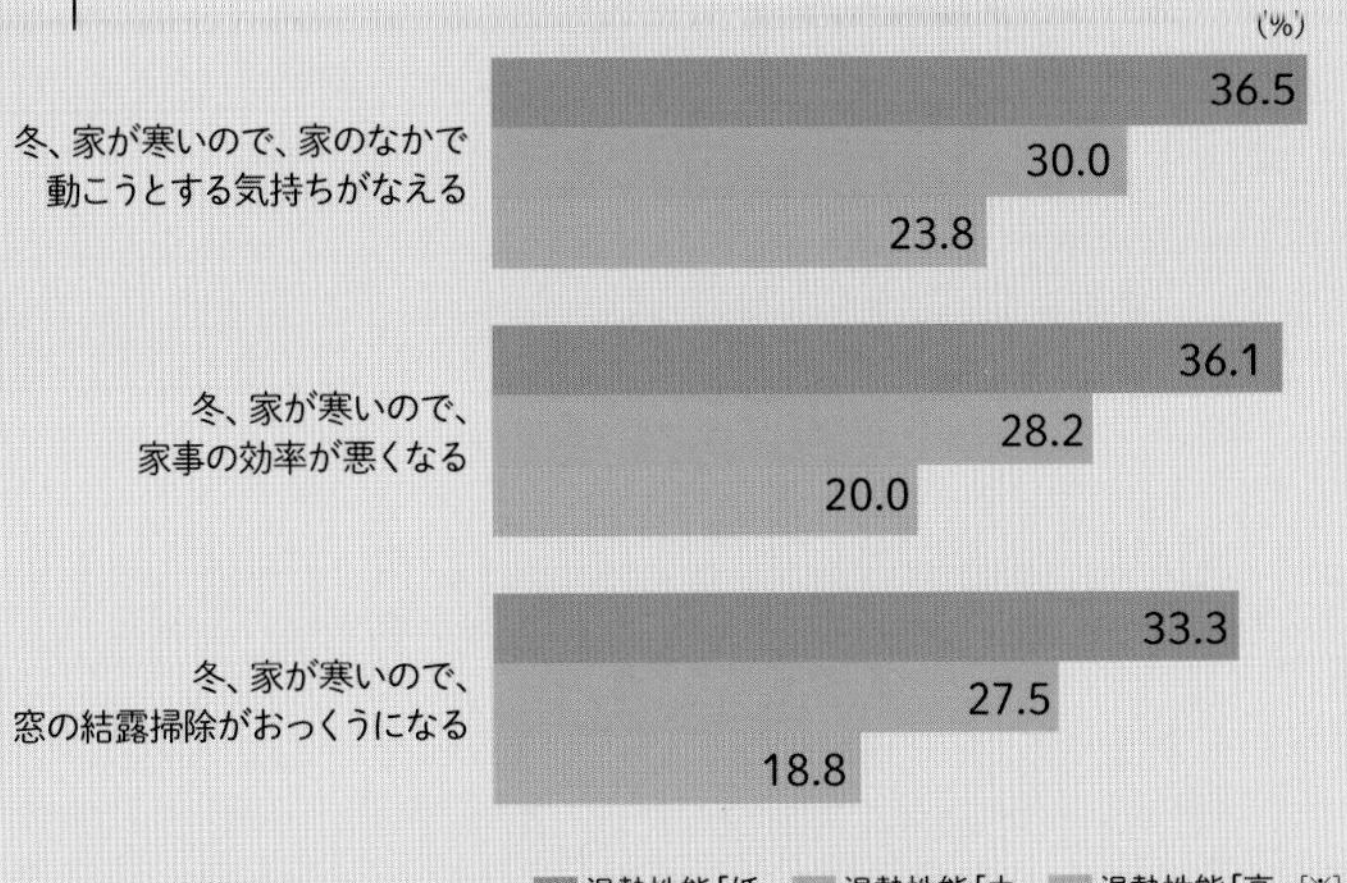

冬、家のなかでの活動について調査し、住宅の温熱性能別に示した。温熱性能の低い家では、家のなかでの活動量が減り、家事の効率も悪化する。窓に生じた結露の掃除もおっくうに感じる人が多かった〔P60～61〕

※　温熱性能「低」は窓がシングルガラス、「中」は窓がペアガラス、「高」は窓がLow-Eペアガラスまたはトリプルガラス（次頁以降のグラフも同様）。この分類は、実際の住宅全体の断熱性能と高い相関があることが確認されている

column

断熱性能の低い家はとにかく〝燃費〟が悪い

寒い家を技術的な言葉に置き換えると、断熱・気密性能の悪い家といえます。それは、せっかくの暖かさ（熱）を、性能の悪い屋根・壁・床・窓が逃がしてしまうから。大きなストーブをガンガン焚いても、家全体はなかなか暖まりません。

断熱・気密性能の悪い家は、暑い家でもあります。このような家の年間の暖冷房費は相当高くなります。現在の省エネ基準に従った計算法によると、東京・大阪など多くの大都市が属する地域に建つ1980（S55）年省エネ基準（過去の基準）相当の家では7万4千730円です。[1]

この基準では、壁や屋根に少しではありますが、断熱材（グラスウール・5cm厚）が入っているので、無断熱住宅の暖冷房費は当然これ以上、おそらく年間10万円以上かかるものと思われます。1980年基準の住宅は全国の既存住宅の37％、無断熱の住宅は35％なので［P138〜139］、日本の70％超の住宅で高額な暖冷房費を支払っており、建物の〝燃費〟は非常に悪いといえます。

逆に、断熱材を分厚くするなどして家の断熱・気密性能を高めれば、〝燃費〟は改善されます。現在の断熱基準（2016［H28］年省エネ基準）で建てた家の試算値は年間5万6千53円と、1980年基準の家より1万8千677円安くなります。さらに断熱・気密性能を高めた「Sタウンの住宅」は同4万9千395円。断熱・気密性能を究極に高めた「ネオマの家」［P152〜163］では同2万4千606円になります。

加えて、「Sタウンの住宅」は、太陽光発電・太陽熱暖房給湯システムを導入しているので、給湯など含む1ヶ月の全光熱水費は8千89円で、一般的な戸建住宅の同2万6千688円に対して約30％で済みます。[2・※1] もちろん、高断熱・高気密化や自然エネルギーの導入には、初期費用がかさみますが、それらには暖冷房費が少なくなる以上の大きなメリットがあります。室内の温熱環境が大幅に改善され、快適性や健康性が格段に向上するのです。具体的な金額に換算できませんが、その効果は計り知れないもの。〝プライスレス〟な価値といえるでしょう。

1　断熱・気密性能が上がれば暖冷房費が減る

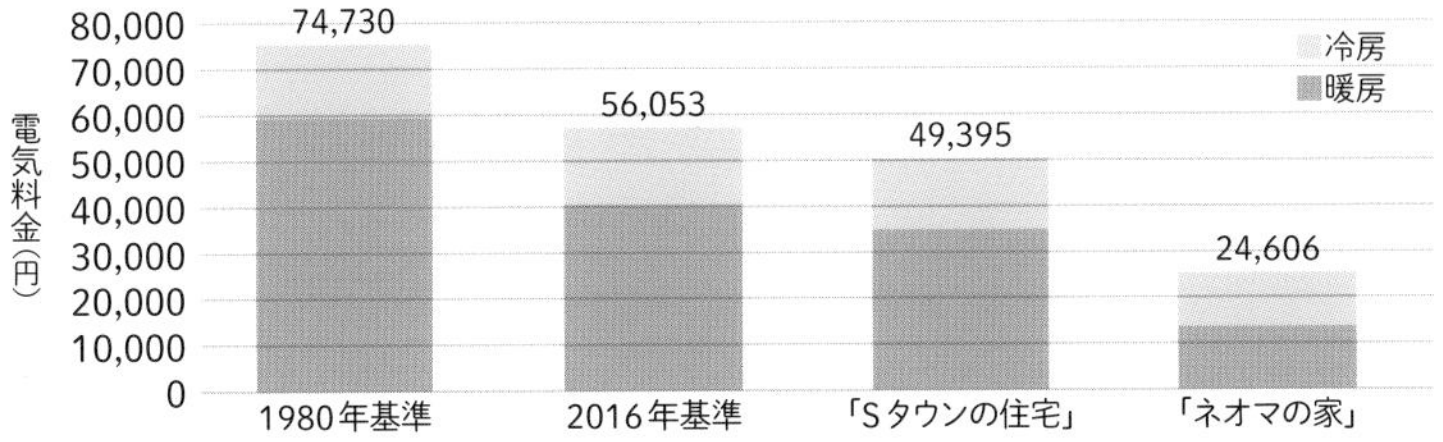

断熱・気密性能（外皮平均熱貫流率など）の異なる4つの住宅について、年間の暖冷房負荷から試算した暖冷房費を比較したグラフ。断熱性能が最も高い「ネオマの家」は、1980（S55）年省エネ基準相当の家に比べて32.9%しか暖冷房費がかかっていない［※2］

2　自然エネルギーを利用すれば建物の燃費はさらに向上

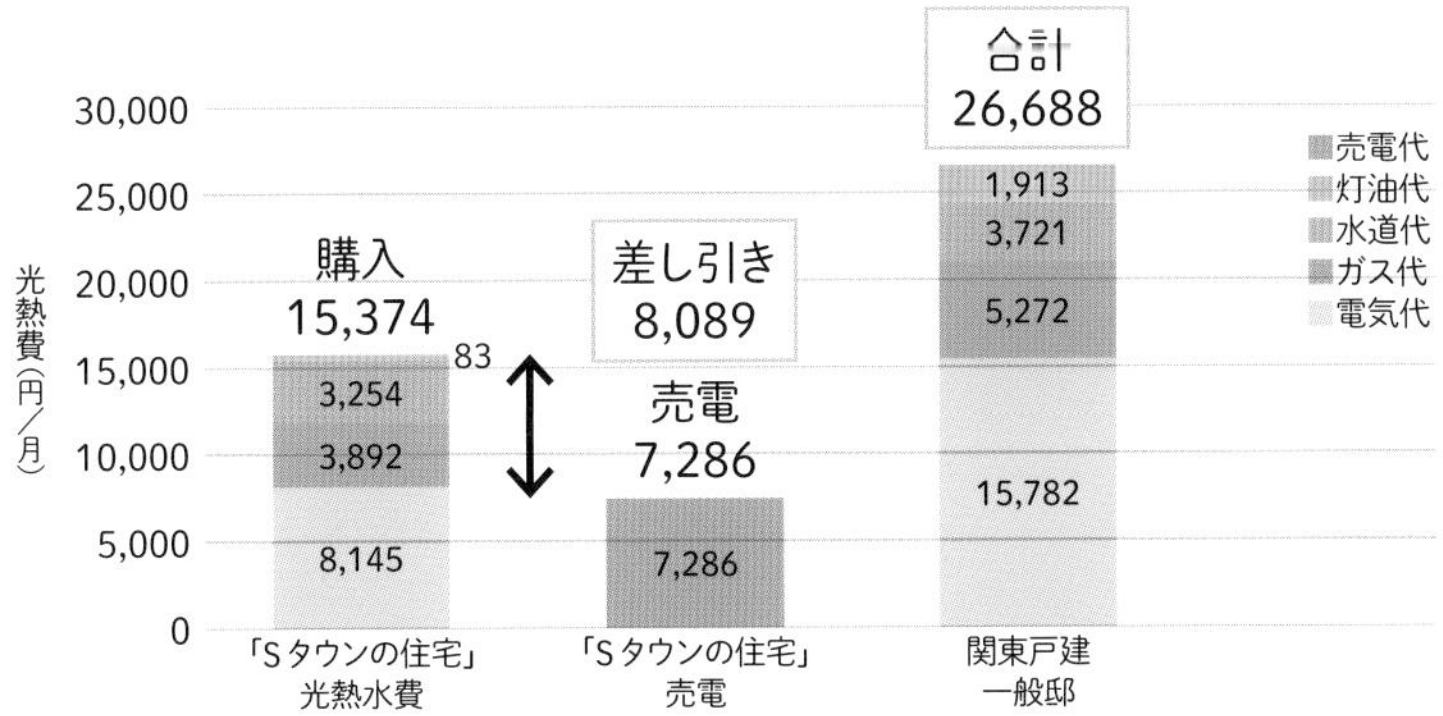

高断熱・高気密かつ太陽光発電・太陽熱利用システムを備えた高性能住宅「Sタウンの住宅」の全光熱水費の平均値、「Sタウンの住宅」の売電費、関東の一般的な戸建住宅の光熱水費の比較。家電や給湯などを含む住宅の1ヶ月当たりの全光熱水費では、関東の一般戸建住宅 26,688円に比べ、「Sタウンの住宅」の売電分を差し引いた金額は8,089円。30.3%とかなり安い［※3］

※1　太陽光発電の売却分7,286円を差し引くから。住宅の断熱性能を高くしたうえで自然エネルギーを利用すると、光熱費を大幅に安く抑えられる

※2　1980（S55）年・2016（H28）年省エネ基準相当の家のデータは一次エネルギー消費量を電気代に換算した値。「今後の住宅・建築物の省エネルギー対策のあり方について（第二次答申）」（国土交通省）。「Sタウンの住宅」および「ネオマの家」のデータは筆者などの試算値

※3　関東戸建一般邸のデータは「平成24年度エネルギー消費状況調査（民生部門エネルギー消費実態調査）報告書」（経済産業省 資源エネルギー庁）

夏の西日を浴びながらの夕食の準備は地獄

夏は昼間の時間が長く、特に晴れの日は一日中、太陽熱に家がさらされます。屋根や壁の温度が上がり、窓からの日差しで室温はさらに上昇します。特に朝方と夕方は注意。日中は太陽高度が高いため、軒の出があれば日射を遮れますが、太陽高度が低い朝方と夕方は家のなかに簡単に侵入してしまいます。

特に気温が高くなる夕方の西日は油断大敵。建物の西側にあるキッチンに日射が入り込むと、夕食の準備はとても大変です。実際に、暑さを感じると料理をおっくうに感じる人が多いようです[1・2]。

キッチンに日除けのない大きな窓があると、いくら料理好きの人でも、ガラス越しの日射にさらされ、身も心もストレス満タン。家族に揚げ物をリクエストされた日には、気が滅入りますね。家を建てる際には、夏の日射対策を忘れずに。

1　夏のキッチンとトイレには7割超の人が満足していない

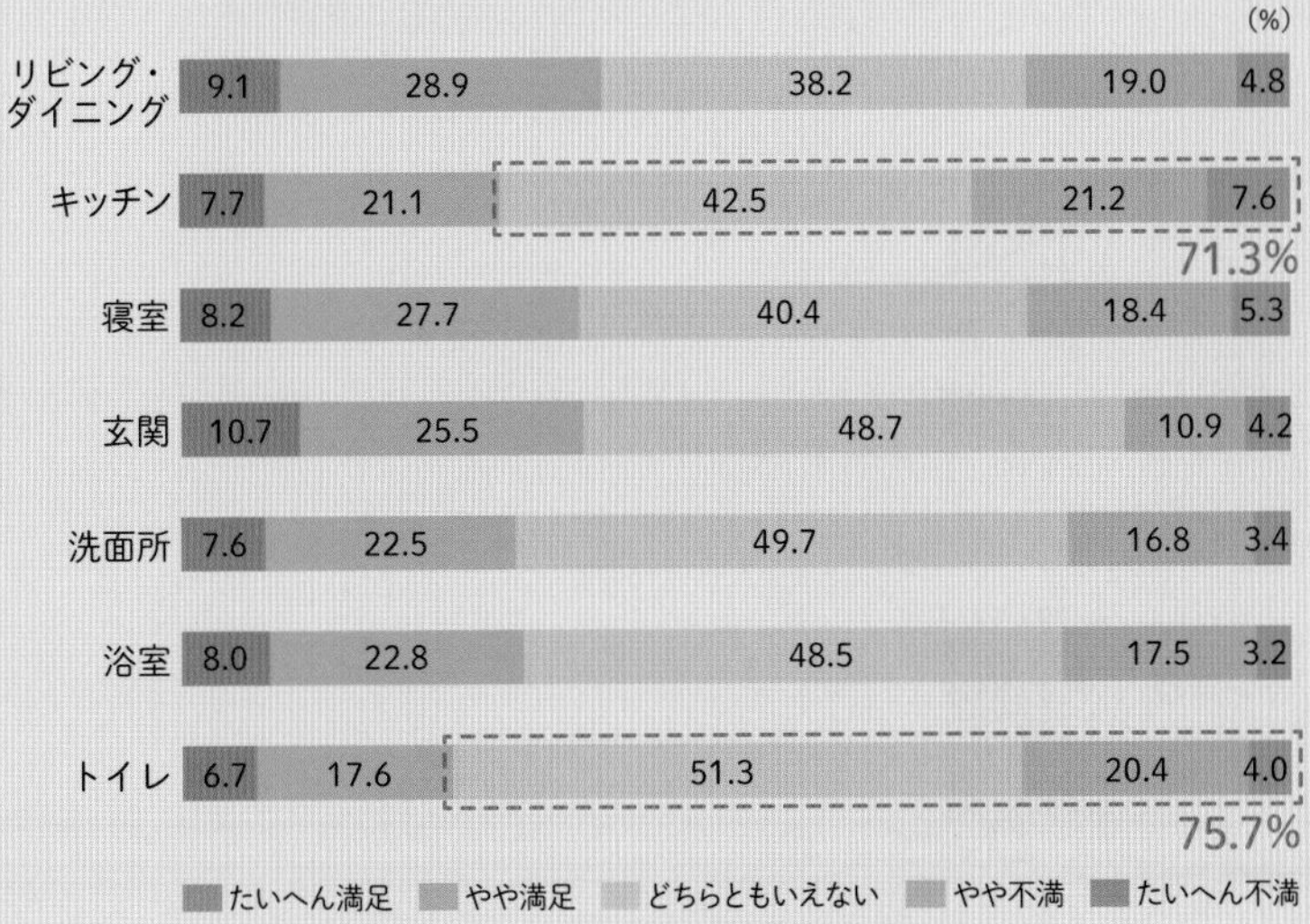

夏の温熱環境に関する満足度を部屋別に調査した。満足していない人（どちらともいえない＋やや不満＋たいへん不満）の割合が最も多いのはトイレで75.7%。第2位はキッチンで同71.3%にものぼった。いずれも部屋が小さく、熱がこもりやすい

2　温熱性能の低い家では料理したくない

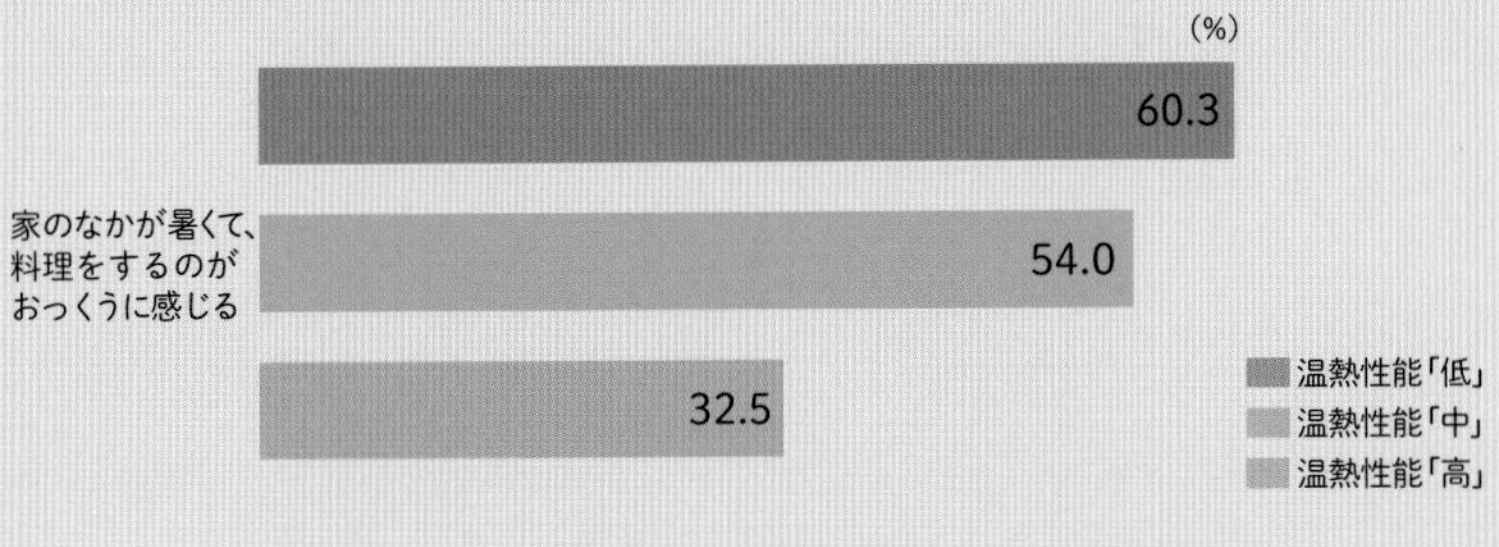

暑い夏の日における料理ついての意識を調査し、住宅の温熱性能別に示した。温熱性能の高い家では、料理をおっくうに感じる人が32.5%にとどまったのに対し、温熱性能の低い家では同60.3%と約2倍にものぼった

夏のトイレ掃除は汗が止まらない

真夏の日射は、家全体を暑くします。窓から注ぎ込む日差しはもちろん、壁のなかをジワリジワリと侵入する熱にも注意を払う必要があります。断熱性能の低い壁では、暑い太陽の熱をシャットアウトできません。むしろ、窓がなくて適度な通風が行えない部屋は、サウナのような状態になるに違いありません。

その代表格といえるのがトイレです。一般的にトイレは壁に囲まれた小さな空間。壁から侵入した熱によって温度が上昇します。たとえば、狭小地の住宅では、空間の有効活用を目的として、階段の下にトイレを設けることも少なくないですが、夏はまさしく熱のたまり場。風が通り難く、エアコンを付けるスペースもありません[1]。

その暑さはトイレ掃除も嫌になるほど[2]。激しい運動もしていないのに、思わずスポーツドリンクが欲しくなりますね。

1　冷房しない部屋は当然のように暑い

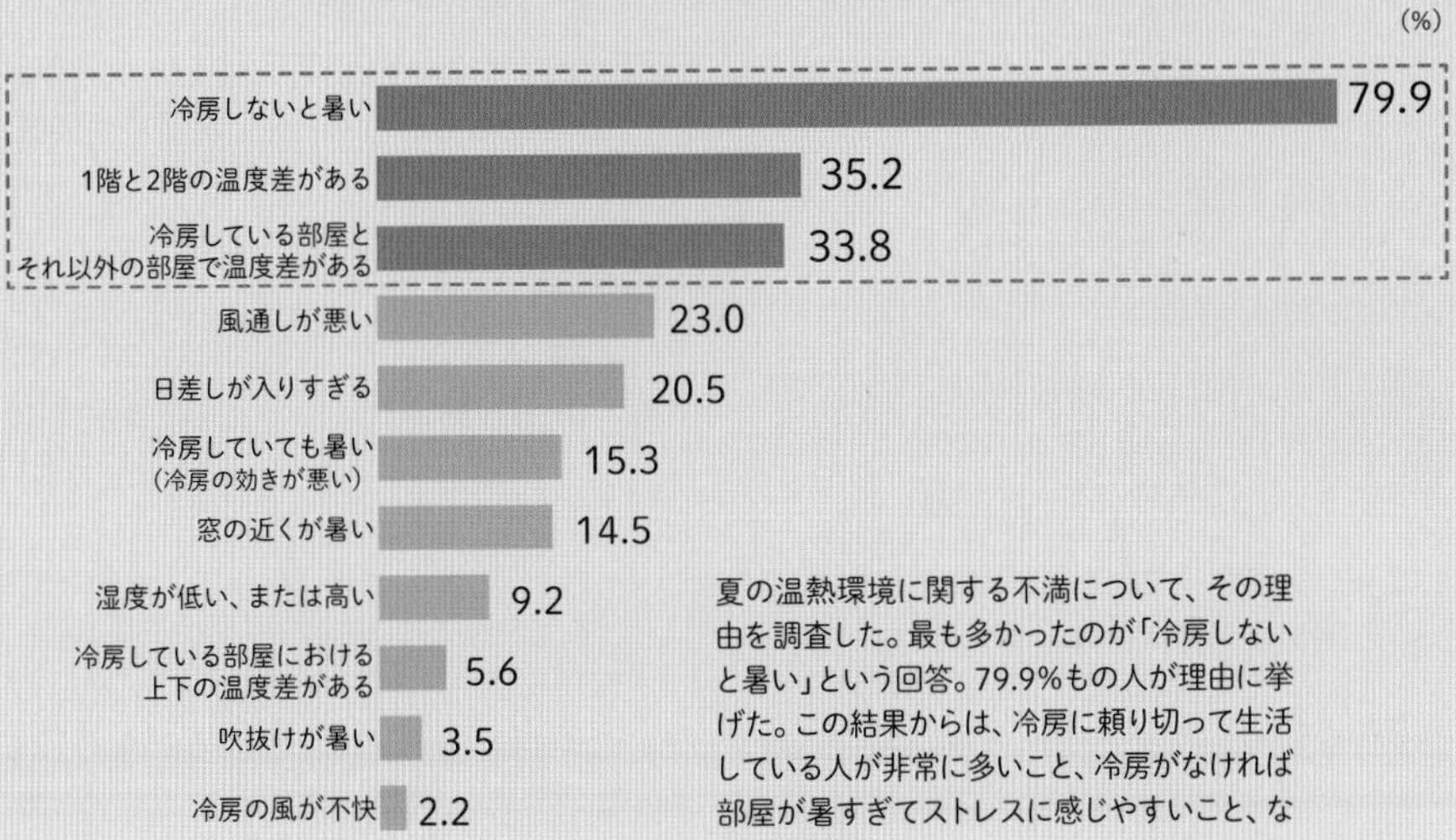

夏の温熱環境に関する不満について、その理由を調査した。最も多かったのが「冷房しないと暑い」という回答。79.9%もの人が理由に挙げた。この結果からは、冷房に頼り切って生活している人が非常に多いこと、冷房がなければ部屋が暑すぎてストレスに感じやすいこと、などが推測できる

Voice

短い時間を過ごすトイレでも、自宅だと汗だくだったけど、温熱環境のよい「ネオマの家」（P152〜163）では、ストレスを感じませんでした［Aさん］

2　温熱性能の低い家では掃除がおっくうになる

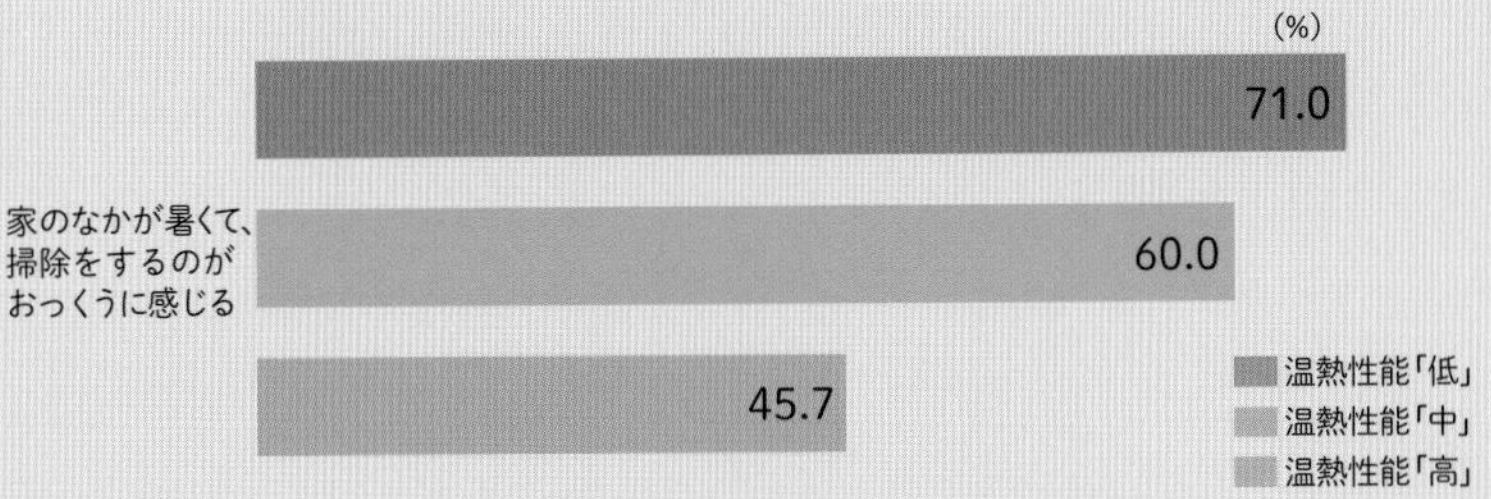

暑い夏の日の掃除についての意識を調査し、住宅の温熱性能別に示した。温熱性能の高い家では、掃除をおっくうに感じる人が45.7%にとどまったのに対し、温熱性能の低い家では同71.0%にものぼった

夏の寝苦しさは熱中症の一歩前!?

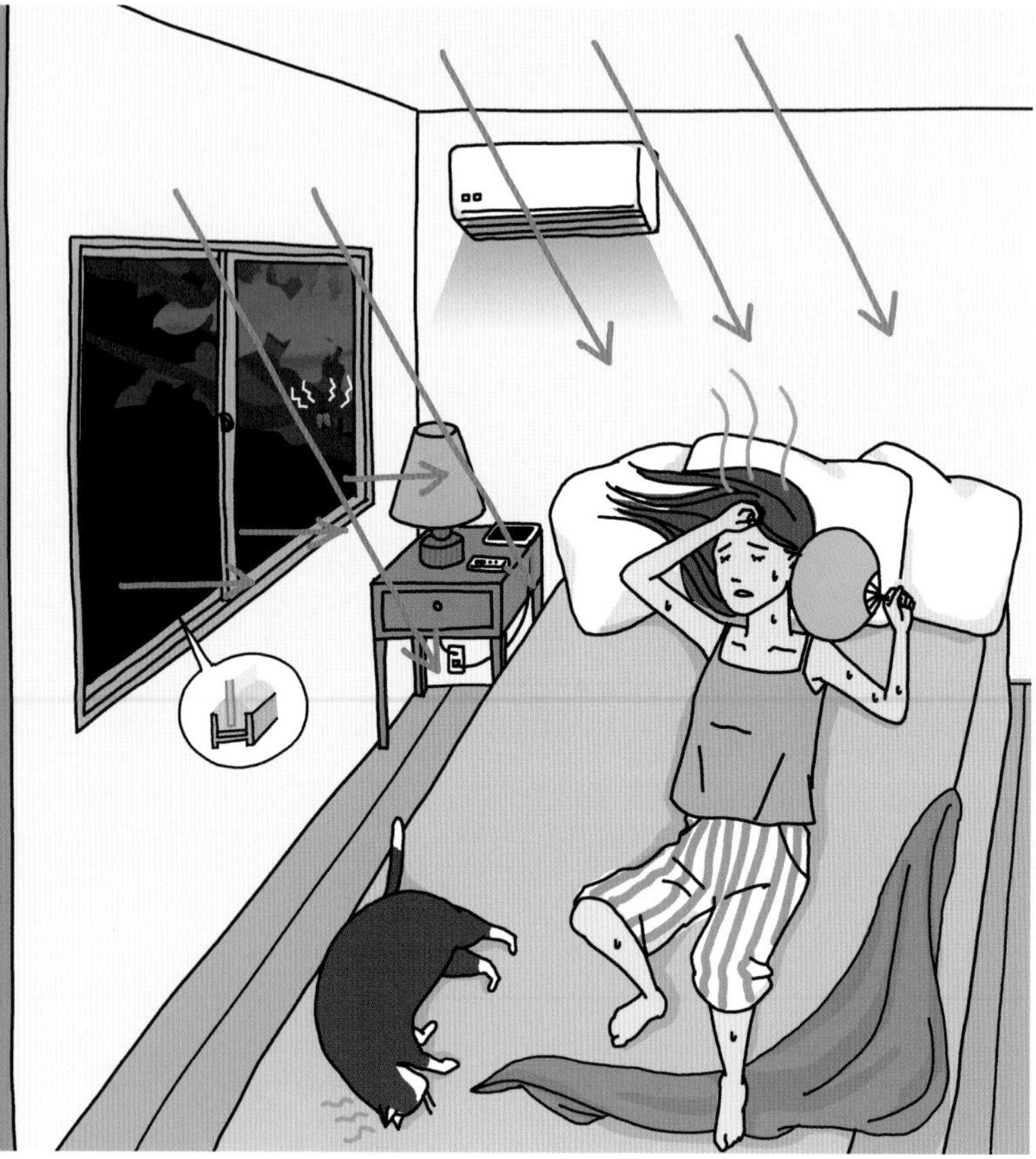

近年、熱帯夜は増加傾向にあります。室温と湿度の高さが相まって、寝苦しさを感じやすくなります。

最悪の場合、熱中症になるリスクも考えられます。特に、暑さ指数（WBGT[P84〜85]）が28℃以上になると、厳重な警戒が必要です。家のなかで熱中症を発症する人は少なくありません[1]。部屋別では、熱中症の発症率は寝室が第1位[2]。何らかの方法で室温と湿度を快適に保つ必要があります。

室温、特に湿度を下げるためには、エアコンの力を借りましょう。ただし、断熱性能の低い家では、エアコンの効きが悪くなります。壁・天井の表面温度がなかなか下がらないので、運転の強度を高めることになり、送風音や風当たりを不快に感じる人もいるでしょう。熱帯夜になると、夜中にセミが鳴くことも。音が気になりますます眠れなくなるでしょう。

1　家のなかで熱中症になるのは10人に1人

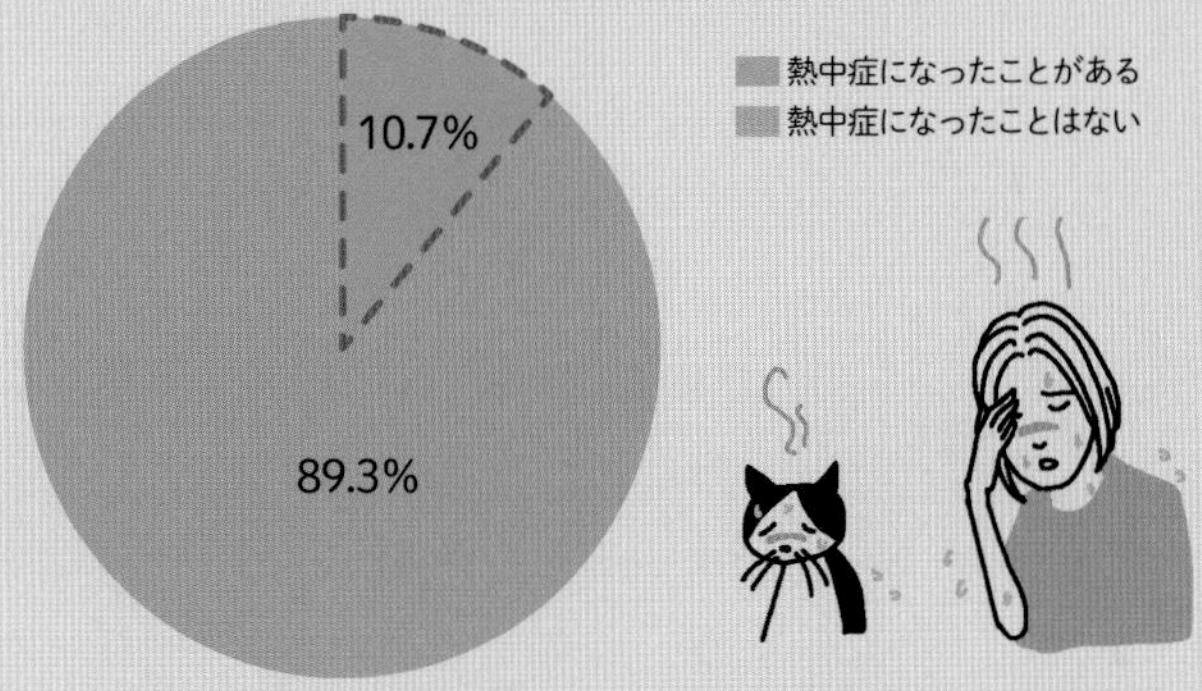

家（戸建住宅）のなかで、最近2〜3年以内に、疑いも含めて熱中症になったことがあると回答した人は10.7%（回答者数は1,175名）。たとえ室内でも、熱中症が発生するリスクが決して低くないことを示す

2　寝室とリビング・ダイニングは熱中症の発生場所（複数回答）

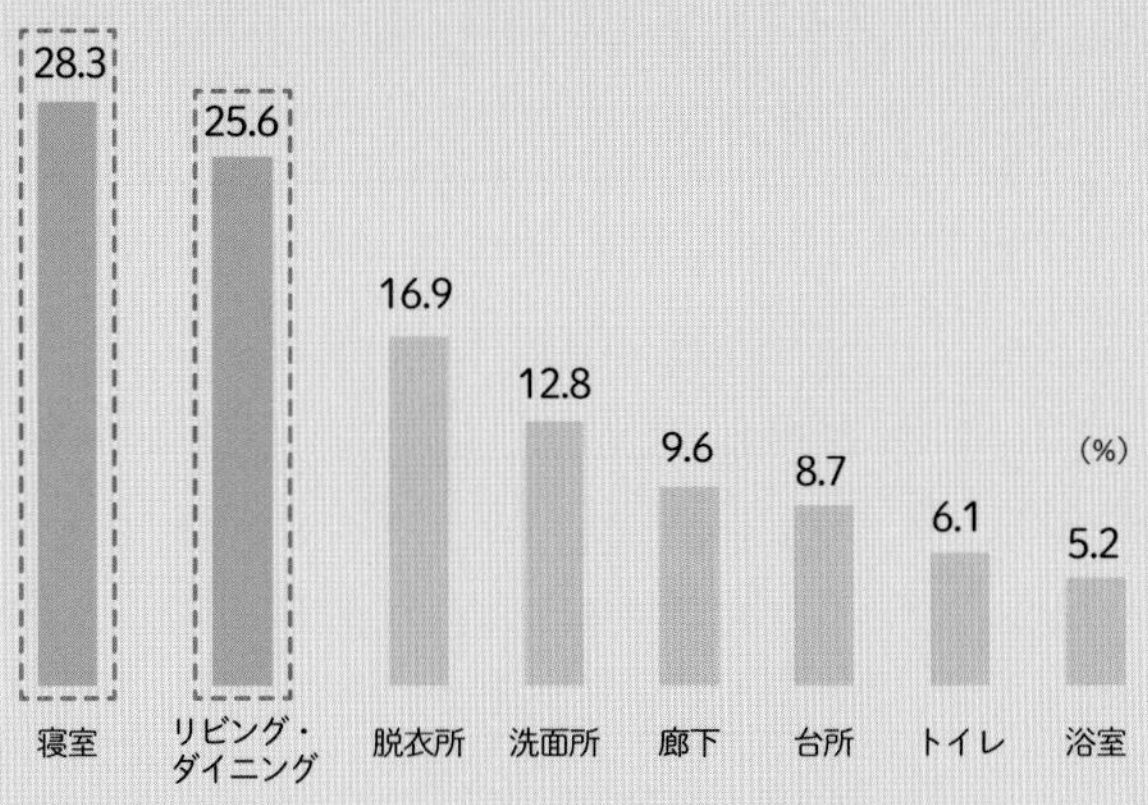

熱中症（疑いも含めて）になったことがあると回答した人のうち、住まいのどの場所で熱中症になったかについて調査した結果。寝室が第1位、リビング・ダイニングが第2位となった。普段過ごす時間の長い場所で、熱中症になっている傾向にあることが確認できる

温熱性能の高さが可能にする最高の眠り

「夏に使いたくない部屋」の第1位は寝室です[1]。高温多湿な環境がもたらす寝苦しさが要因となっているのでしょう。これを避けるには、断熱性能を上げることが最も効果的です。そうすればエアコンの効きがよくなり、運転強度を高めなくても、温度・湿度を快適なレベルに保てます。

実際に、断熱性能をどの程度上げればよいのでしょうか。温熱性能のレベルを〝低〟〝中〟〝高〟の3つに区分して考えると、〝高〟にすれば約7割弱の人が、自分の睡眠環境は快適であると実感しています[2]。

睡眠の質に関する研究や情報発信が活発に行われるようになった昨今では、睡眠グッズにこだわりをもつ人が増えています。ただし、最高の眠りを手に入れるためには、睡眠グッズよりも先に、寝室の温熱環境に目を向ける必要があるのです。

1 夏に暑くて使いたくない部屋の１位は寝室

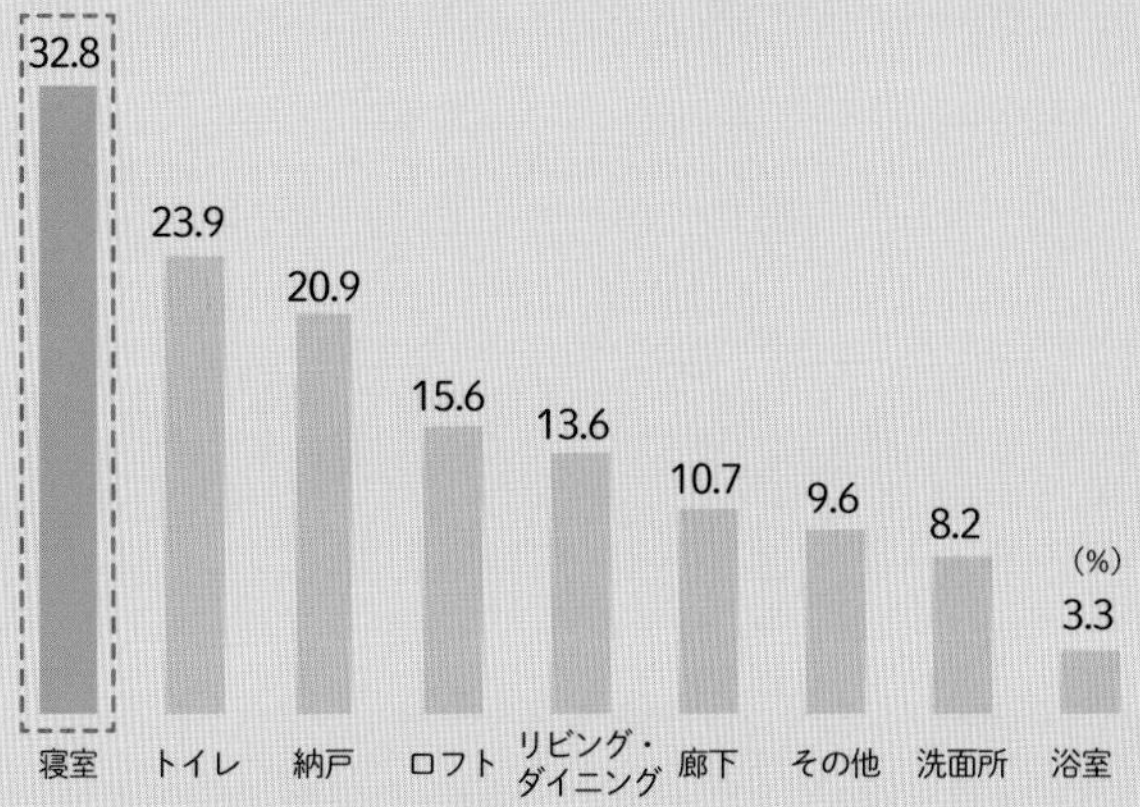

夏に使いたくない部屋の１位は、２階にあることが多く、熱がたまりがちな寝室。約３割にのぼる。２位はトイレ、３位は納戸、４位はロフトで、いずれも、窓が少なく、熱がこもりやすいスペースが上位にランクインしている

2 温熱性能が高い家の約７割は睡眠環境が良好

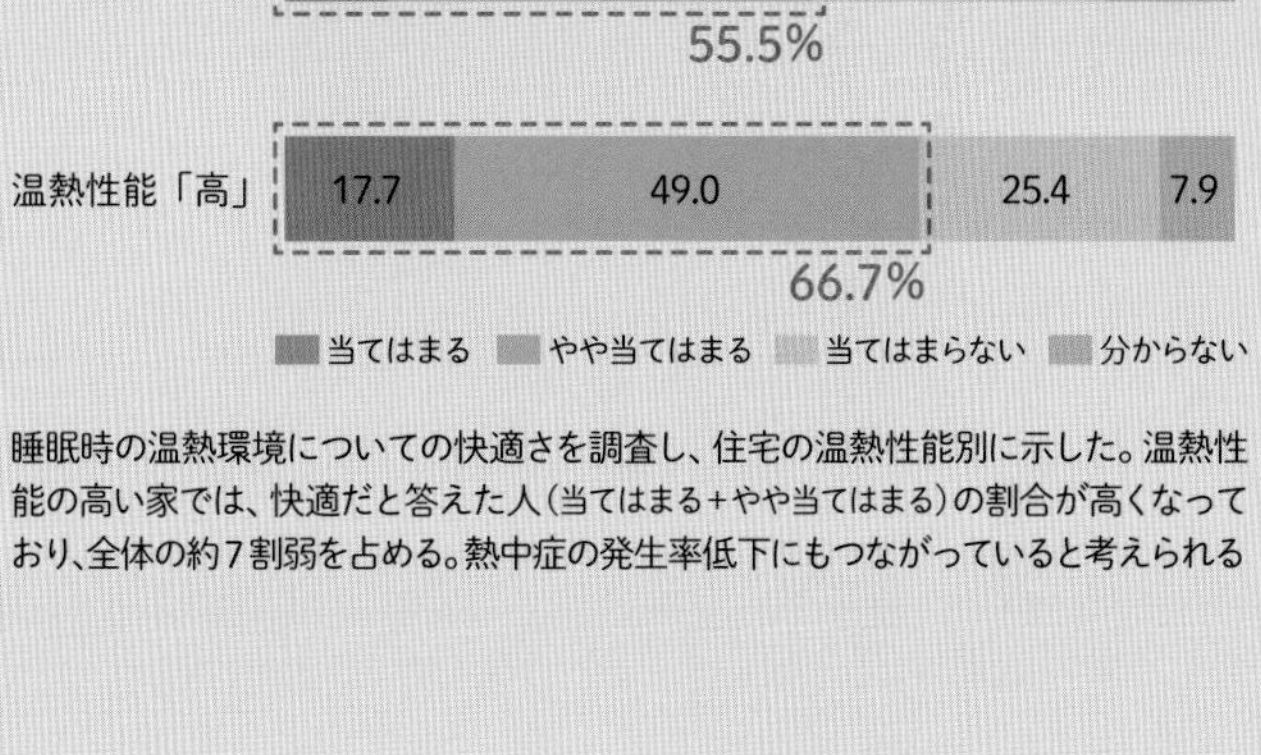

睡眠時の温熱環境についての快適さを調査し、住宅の温熱性能別に示した。温熱性能の高い家では、快適だと答えた人（当てはまる＋やや当てはまる）の割合が高くなっており、全体の約７割弱を占める。熱中症の発生率低下にもつながっていると考えられる

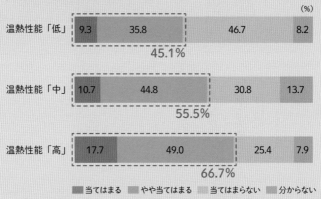

column

熱中症は家のなかで起きている

熱中症は、高温多湿な環境に、人間の身体が適応できないことで生じるさまざまな症状の総称で、日本社会において大きな問題となる病です。めまいや顔のほてり、筋肉のけいれん、吐き気、などの症状が代表的です。重症化すると、死に至る危険性もあります。

ここで、熱中症について知っていてほしいことは2つ。1つ目は、熱中症が高齢者（65歳以上）に起こりやすい、ということ。2019年5月～9月における、熱中症による全国の救急搬送者数は7万1千317人になりますが、年齢区分別にみると、高齢者（満65歳以上）が最も多く3万7千91人（52・0％）になっています[1]。これは高齢者が、暑さに対する感覚・調節機能が低下し、体内の水分が不足しがちになるためです。

2つ目は、熱中症は屋外だけでなく、屋内でも発生しているということ。2019年5月～9月における発生場所別の救急搬送人員を見ると、住居が最も多く2万7千500人（38・6％）。身体が直射日光にさらされる、道路1万1千137人（15・6％）や公衆（屋外）8千944人（12・5％）よりも多い、というデータがあります。しかも、2013年のデータにはなりますが、熱中症が原因となる死亡事故の約半数は住居内で発生したという報告[2]や、寝室やリビングなど、多くの時間を過ごす場所で発症しているとの報告もあります［P30～31］。

熱中症は、私たちの身近にあるリスクです。熱中症が原因と考えられる年間死亡者数は1千人を超えます（2018年は1千581人）。決して他人事とは思わず、過信せず、適切な対応をすることが大切です。「暑くても我慢できる」「エアコンの電気代がもったいない」「汗をかいて寝るのが好き」という人もいますが、マニラ並みに暑い今の日本では、あまりにリスクが高すぎます［P14～15］。

温熱環境の観点から、熱中症を予防するには、①空調設備や扇風機を上手に使うこと、②室内に温湿度計を置いてこまめにチェックすること、などの対策が有効です。温度や湿度を気にかけて暮らすことをはじめてみませんか？

1 高齢者は熱中症にかかりやすい

年齢区分別の救急搬送人員（2019年5月～9月）

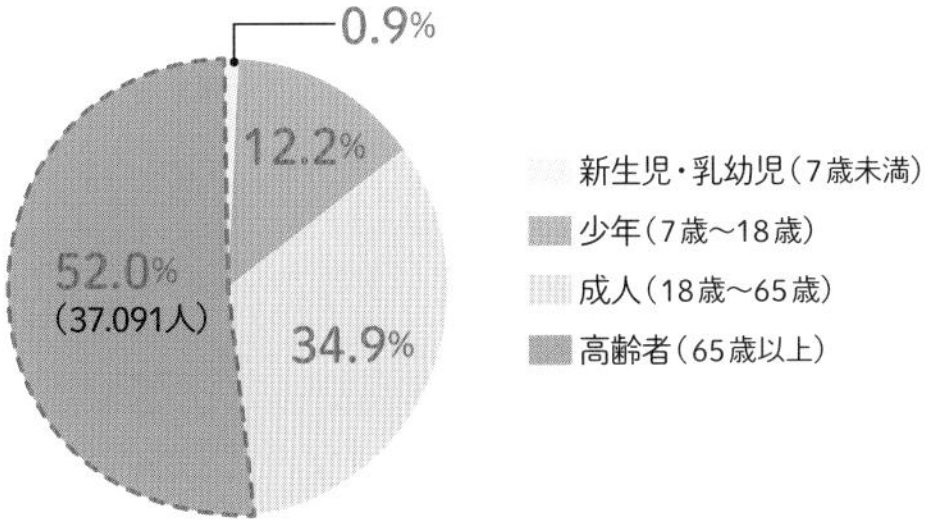

熱中症は高齢者が特にかかりやすい。全体の約半数を占める。ただし、高齢者以外の割合も少なくないので、熱中症対策は全世代にとって重要といえる［※1］

2 熱中症で亡くなる人の約半数は家のなか

発生場所別の熱中症死亡数の割合（2013年：総数1,077人）

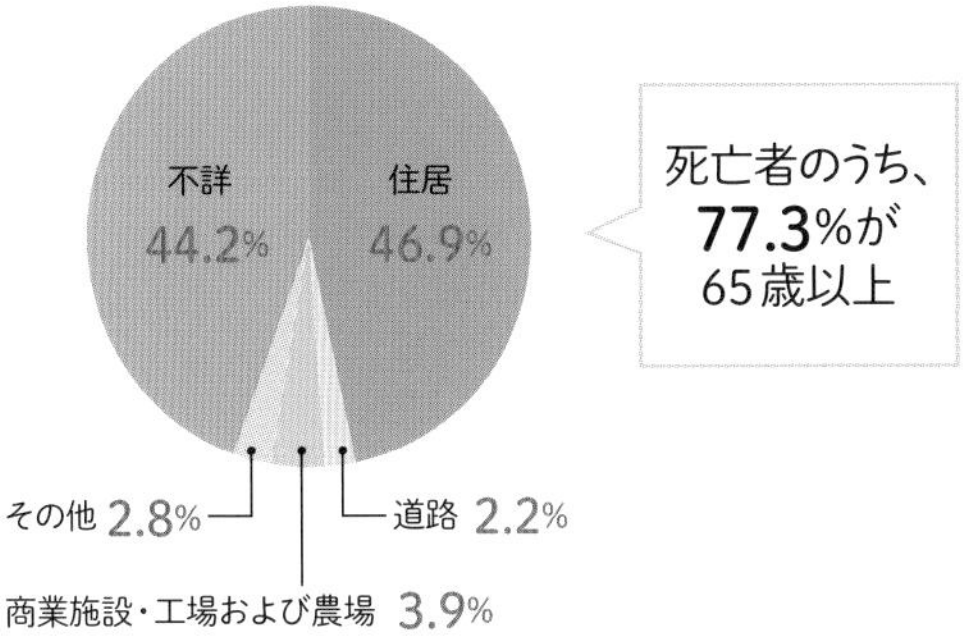

熱中症による死亡事故の約半数は家のなかで発生している。断熱・気密性能の低い家では、家のなかが外よりも暑くなるなど、劣悪な環境［P14～15］。エアコンや扇風機などを使用して、適切に室温・湿度を管理することの重要性がうかがえる［※2］

※1 「平成30年（5月から9月）の熱中症による救急搬送状況」（総務省 消防庁）
※2 「平成27年我が国の人口動態―平成25年までの動向―」（厚生労働省）

冬の水廻りは寒すぎて使いにくい

冬、家のなかで身の凍えるような寒さを体験した人は少なくないでしょう。実際に〝冬、洗面所や浴室、トイレは寒い〟というのが実態です[1]。エアコンや床暖房で温められたリビング・ダイニング、キッチンさえ、6割近くの人が温熱環境に満足していません。水廻りは最悪。満足していない人の割合は7割超にも達します。それは、水廻りの室温は居室に比べてさらに低いから。

居室と水廻りの寒暖差は、身体に大きな負担をかけます。その現象を〝ヒートショック〟といいます［P40〜41］。それが原因で亡くなる人も少なくありません。交通事故で亡くなる人の数よりも多い、というのが実態です。水廻りの温熱環境は、命にも関わるので、細心の注意を払いましょう。特に、各機能が一体となった3in1や2in1など、開放的でお洒落な水廻りをお望みであれば…。

1 水廻りの寒さで7割超の人が満足できていない

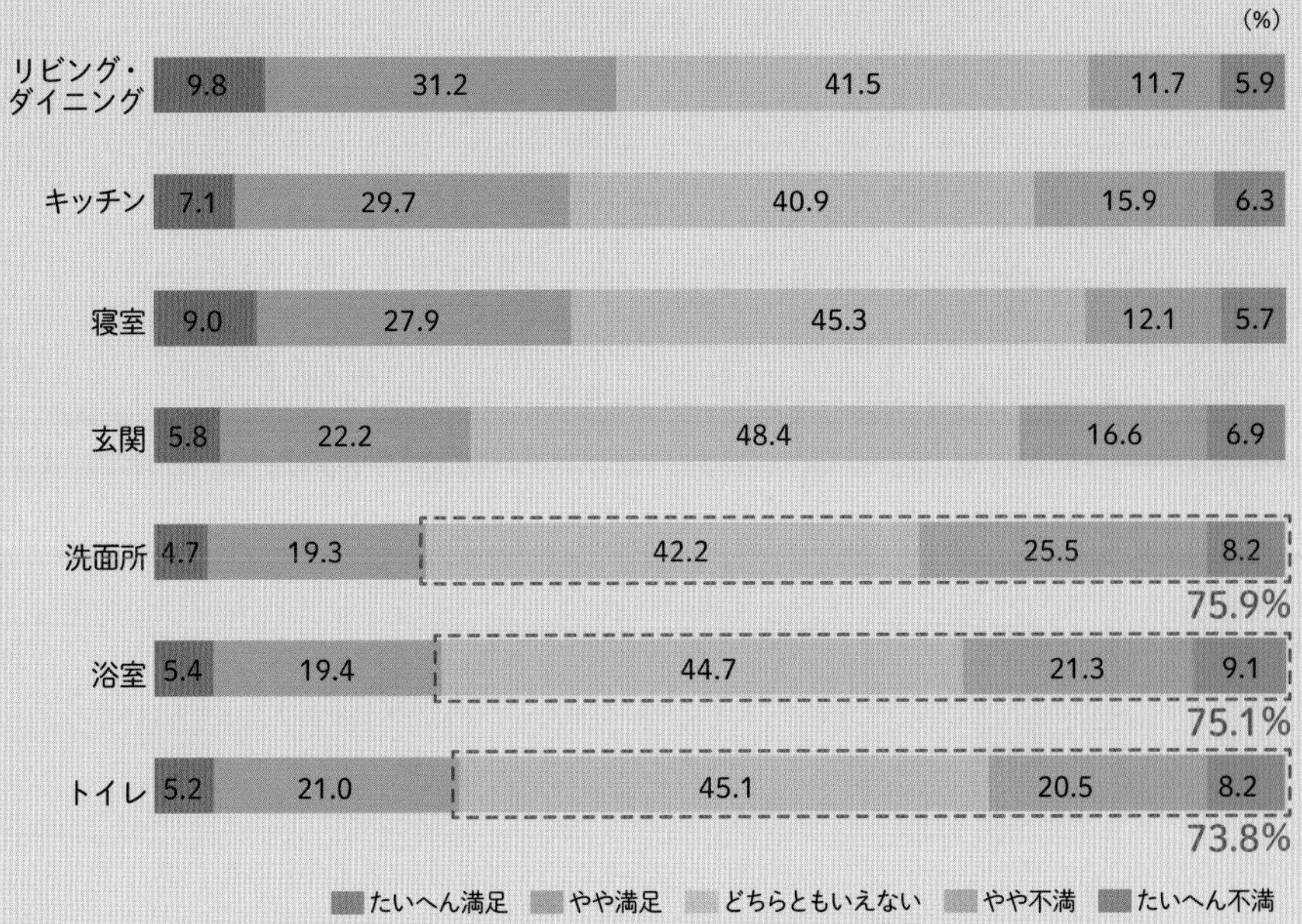

冬の温熱環境について、部屋別での満足度を調査。居室に比べて、水廻りは満足度(たいへん満足+やや満足)が特に低く、その割合は全体の3割にも満たない。7割超の人は満足感が得られていない。冬の水廻りで、ヒートショックの危険性が高いことを裏付ける結果でもある

北海道の家は本州の家より暖かい!?

冬の北海道は厳寒。特に内陸部では、一日の最低気温がマイナス10℃を下回る日も珍しくありません。一方、家のなかはとても暖かい建物が多い、というデータもあります[1]。ほかの地域に比べて、冬の温熱環境に関する満足度は高いのです。室温が20℃を超える家が少なくありません。

これは、ほかの地域に比べて断熱性能の高い家が多いから。屋根・壁ともに断熱層が分厚く、窓も樹脂サッシやトリプルガラス［P118〜119］を採用するなど、室内の熱が外に逃げていかないような工夫が徹底されています。

そうすれば、暖房の効きがよくなり、居室・水廻りを含む家全体を暖かに保てるので[2]、快適に過ごせるのです。初夏のような軽装で、シラカバに降り積もった雪景色を楽しむのも実に風流なものです。

1 北海道の家は冬も快適！

冬の温熱環境に対する満足度（たいへん満足の割合）を地域別・部屋別にまとめたグラフ。住宅の高断熱・高気密化がほかの地域に比べて進んでいる北海道では、寒冷地でもあるにかかわらず、ほかの地域に比べて、圧倒的に満足度が高い

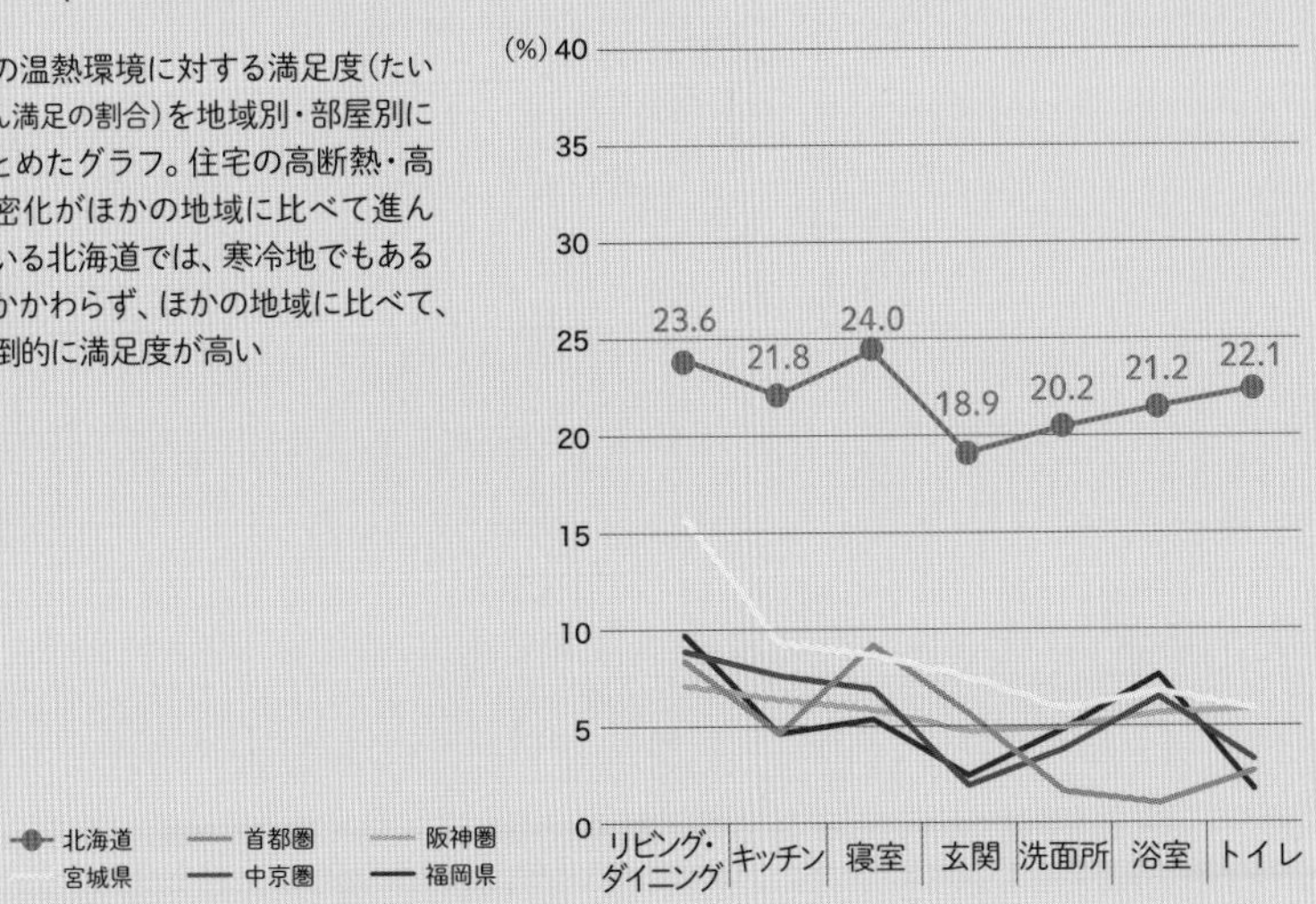

2 満足のヒミツは“温度差”のなさ

北海道では、部屋間・上下階間の温度差が少ないことが、温熱環境の満足度を高める要因となっている。いずれも全国平均を大きく上回る。これは、断熱性能が高く、家全体を暖かく保っているから。部屋間での温度差が少なければ、ヒートショックによる健康被害を防ぐこともできる

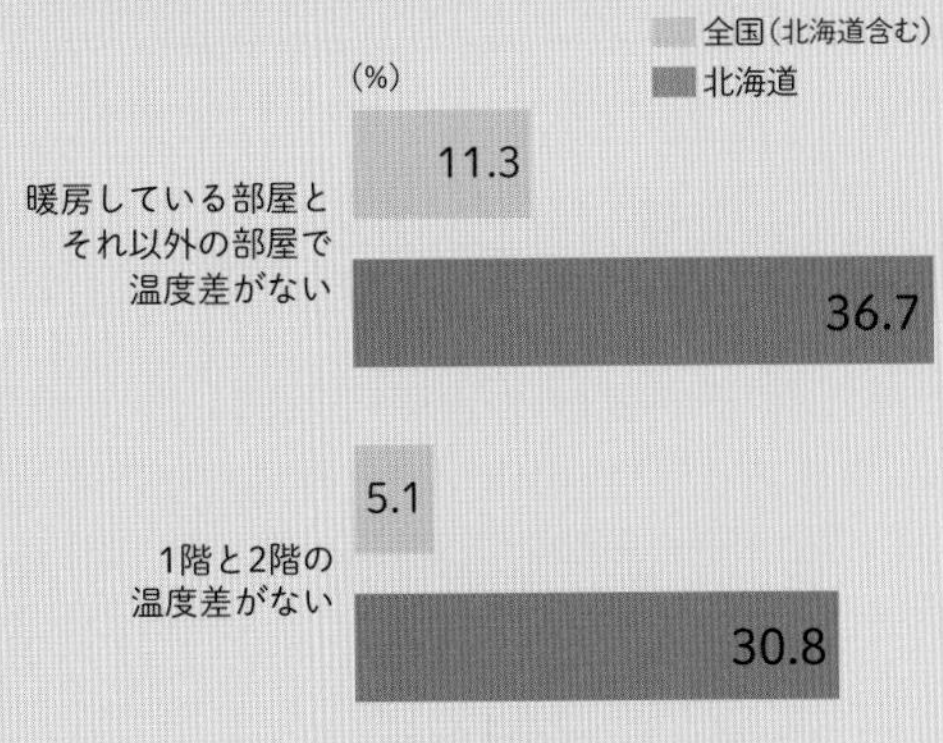

※　冬の温熱環境が「たいへん満足」「やや満足」と回答した人が理由として上げた割合

column

家のなかで寒くて亡くなる人は温暖地に多い

ヒートショックとは、急激な温度変化に伴う血圧の変化が、身体に大きな負担を与える現象のこと。特に冬の入浴時に起きやすいことが知られています。暖かいリビングと寒い水廻りの大きな温度差が、大きな血圧変動を生じさせるのです［P20～21］。

2011年の東京都健康長寿医療センター研究所による報告では、ヒートショック関連で入浴中に急死したとされる推定死亡者数は年間約1万7千人と、交通事故で命を落とす人の実に約3・7倍。しかも、寒冷地よりも温暖地のほうが多い、という驚きの事実もあります[1]。

最近では寒さと、健康のリスクについても研究が進んでいます。英国保健省では、冬の室温は18℃以上を推奨。18℃を下回ると健康リスクが生じはじめるとしています［P82～83］。寒ければ、沢山衣類を着ればよいと考えがちですが、冷たい空気を吸い込むと、肺の病気や喘息が悪化するリスク、心臓の血栓症や発作のリスクが高まります。

もう1つ、寒さで命を失うケースが増加傾向であることが報告されています。少し驚かれるかもしれませんが、それは凍死。低体温症（寒さで熱が奪われ、深部体温が35℃以下に下がる）が招く死です。凍死というと屋外での事象と思われがちですが、屋内での発症も報告されています。その死亡者数は2010年以降、毎年約千人超[2]。日本では、高齢者数の増加も一因ではありますが、寒さで命を落とす人が少なくないというのは紛れもない事実なのです。

それでは、私たちは冬の室温をどのくらいに保つべきなのでしょうか？ 18℃を下回れば血圧上昇と循環器疾患のリスクが増大します。16℃を下回れば、呼吸器系の病気に対する抵抗力が低下します。5℃を下回ると、低体温症のリスクが高まります。快適や健康に対する考え方は人それぞれですが、やはり最低16℃を下回らないように、家づくりを工夫するのがよいのではないでしょうか。

1　温暖地で寒さに凍えて亡くなるという矛盾

都道府県別高齢者の入浴事故発生率

上位		下位	
1	香川県	1	沖縄県
2	兵庫県	2	北海道
3	滋賀県	3	山梨県
4	東京都	4	青森県
5	和歌山県	5	高知県

高齢者1万人当たりの心肺停止状態発生件数順

ヒートショックで亡くなる人は年間約17,000人。しかも、北海道のような寒冷地よりも、温暖地の方が多い。これは、寒冷地では断熱・気密性能が高い家に住んでいる人が多い一方［P38～39］、温暖地では住宅の高断熱・高気密化があまり進んでいないから、と考えられる［※1］

2　家の中で凍死する人は年間1,000人超

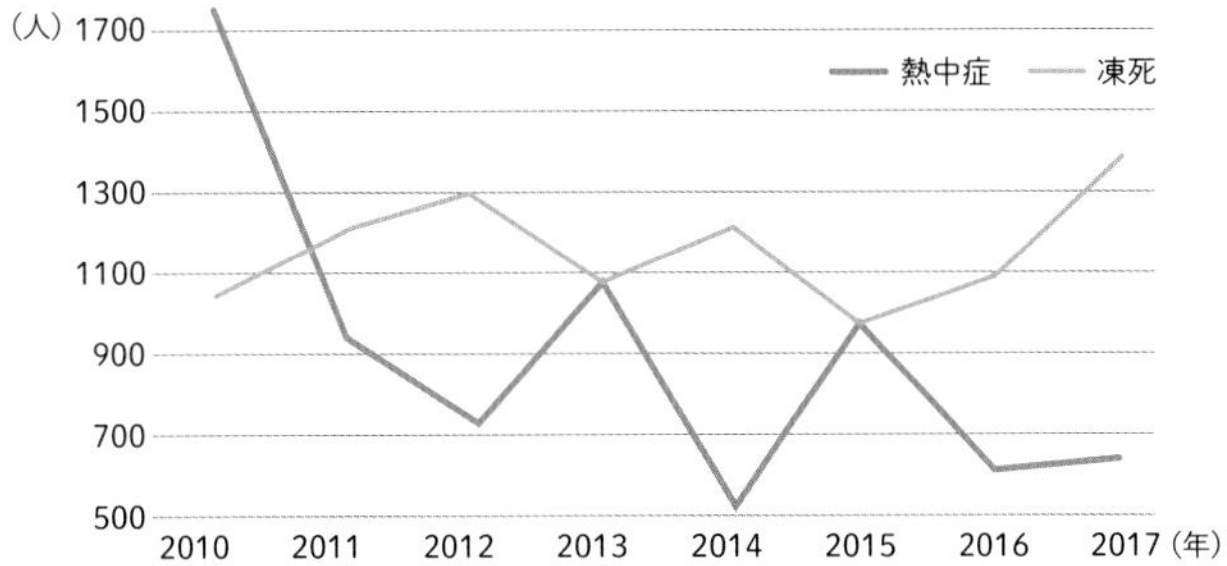

2017年における凍死した人は全国で1,371人。熱中症で死亡した人数（635人）を大きく上回る結果となった。年ごとで数値にばらつきはあるものの、日本では凍死する人の方が多い［※2］

※1　「わが国における入浴中心肺停止状態（CPA）発生の実態―47都道府県の救急搬送事例9360件の分析―」（地方独立行政法人東京都健康長寿医療センター研究所）

※2　「平成29年我が国の人口動態―不慮の事故の種類別にみた年次別死亡率及び率（人口10万対）」（厚生労働省）

暖かい浴室では冬景色を思う存分楽しめる

夜景が美しいのであれば、リビングだけではなく、浴室にも大きな窓を設けたいところ。月明かりのような光で輝く、雪化粧のツバキを眺めていると、心が癒され、一日の疲れも知らずしらずのうちに取れてしまうでしょう。

ただし、冬の浴室で長い時間過ごすには、建物や窓の断熱性能を高める必要があります。浴室は室温のとても低い家が多い、というのが実態［P36〜37］。お湯につかって体を温めても、湯船から出た瞬間に、急に寒さを感じるのは、何とも辛いものです[1]。

浴室に暖房器具を設置すればよいのですが、光熱費はどうしても高くなってしまいます。ならば、浴室の廻りをしっかりと断熱しましょう。そうすれば、浴室はかなり快適な空間へと様変わりすることでしょう。風呂上がりにリラックスして長い時間過ごせるようになります[2]。

1 温熱性能の高い脱衣所・浴室は寒さで身が震えない

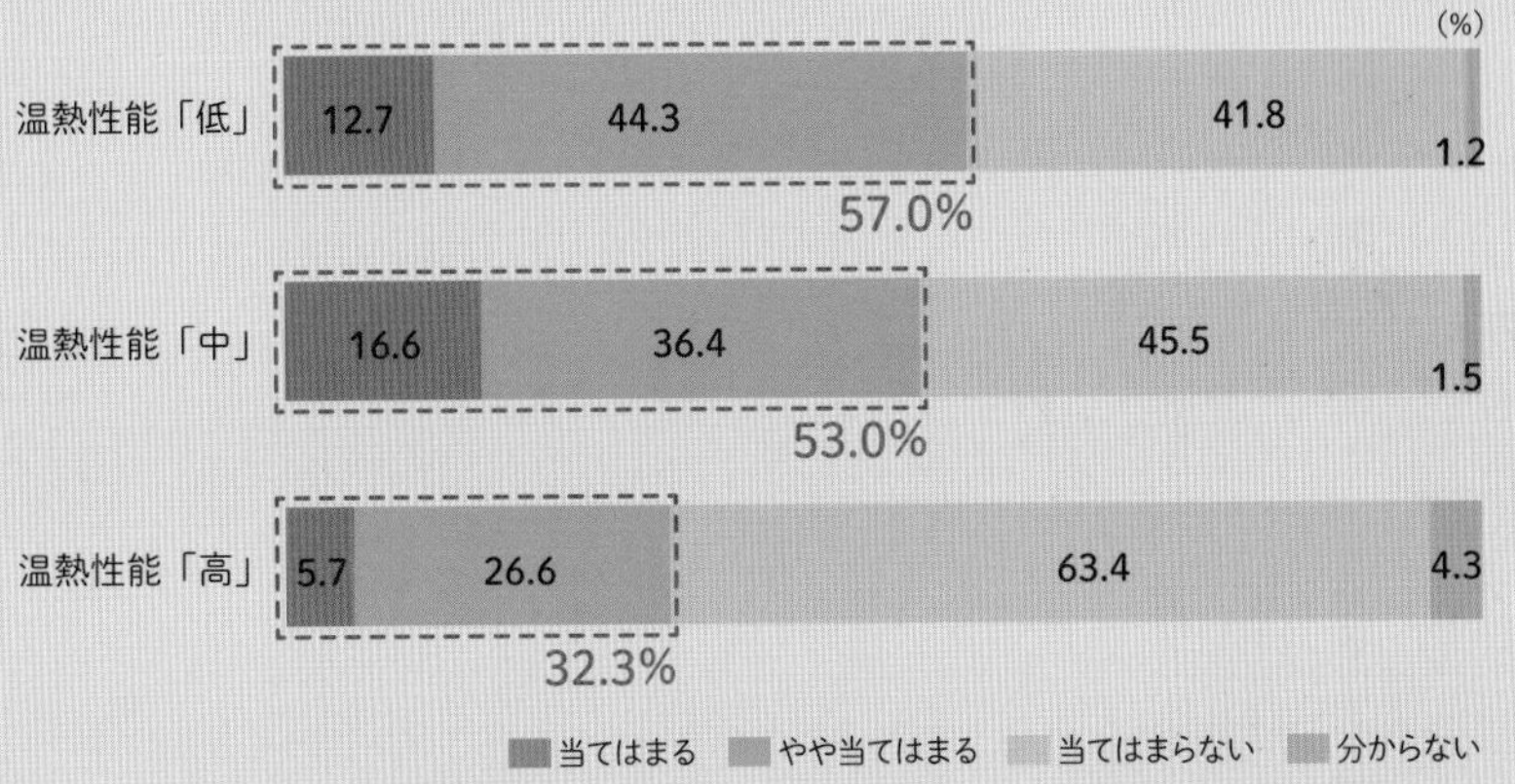

冬の脱衣所・浴室で寒さに震えたことがあるかどうかを調査し、住宅の温熱性能別に示した。温熱性能の低い家、および温熱性能の中くらいの家では、寒さに震えたことがあると答えた人（当てはまる＋やや当てはまる）の割合が50%を超えたのに対し、温熱性能の高い家では同32.3%にとどまった

Voice

今の家は脱衣所が暖かく、浴室も寒くありません。妻は血圧が高いので、温度差がないのはとても安心です［訪問調査Fさん］

2 温熱性能の高い家は浴室の温熱環境への満足度が高い

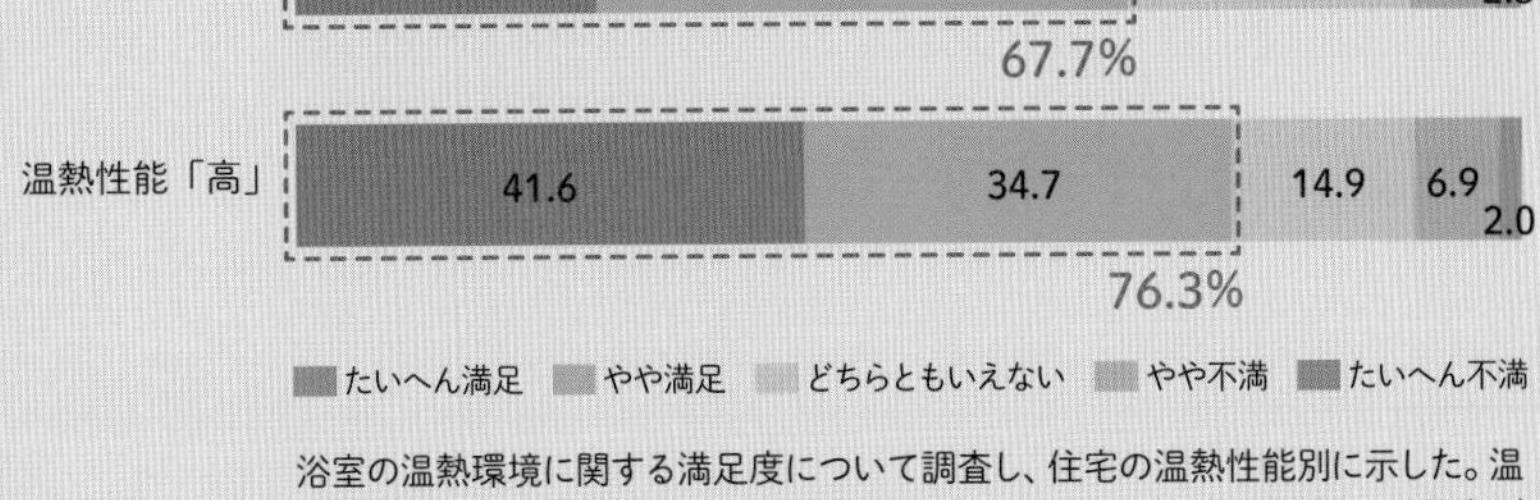

浴室の温熱環境に関する満足度について調査し、住宅の温熱性能別に示した。温熱性能の低い家では、満足していると答えた人（たいへん満足＋やや満足）の割合が36%にとどまったのに対し、温熱性能の高い家では同76.3%にものぼった

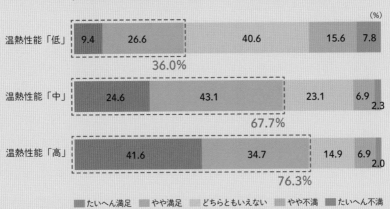

暖かい洗面・脱衣室は洗濯と化粧が快適

リビングに比べると少ないですが、洗面・脱衣室の滞在時間は意外と長いもの。特に、女性は、洗濯や化粧などにかなりの時間を割きます。しかし、冬の洗面・脱衣室はリビングに比べて室温の低い家が多いのが実状。特に、リビングを日当たりのよい南面に、洗面・脱衣室を日当たりの悪い北面に配置すると最悪。寒さに凍えてしまうでしょう。

一方、温熱性能の高い家では、北面でも洗面・脱衣室の室温を高く保て、自然と滞在時間も長くなります。[1・2] 室温の高さは、洗濯にとっても朗報。室内で干しても、外で干すより、洗濯物の渇きが早く、生乾きに悩まされずに済みます。

予算に余裕があれば、断熱性能の高い天窓を設置するのがお勧め。北側の天空光を取り込めば、より明るく、より使い勝手のよい洗面・脱衣室になるでしょう。

1 温熱性能の高い家では洗面・脱衣室の滞在時間が長い

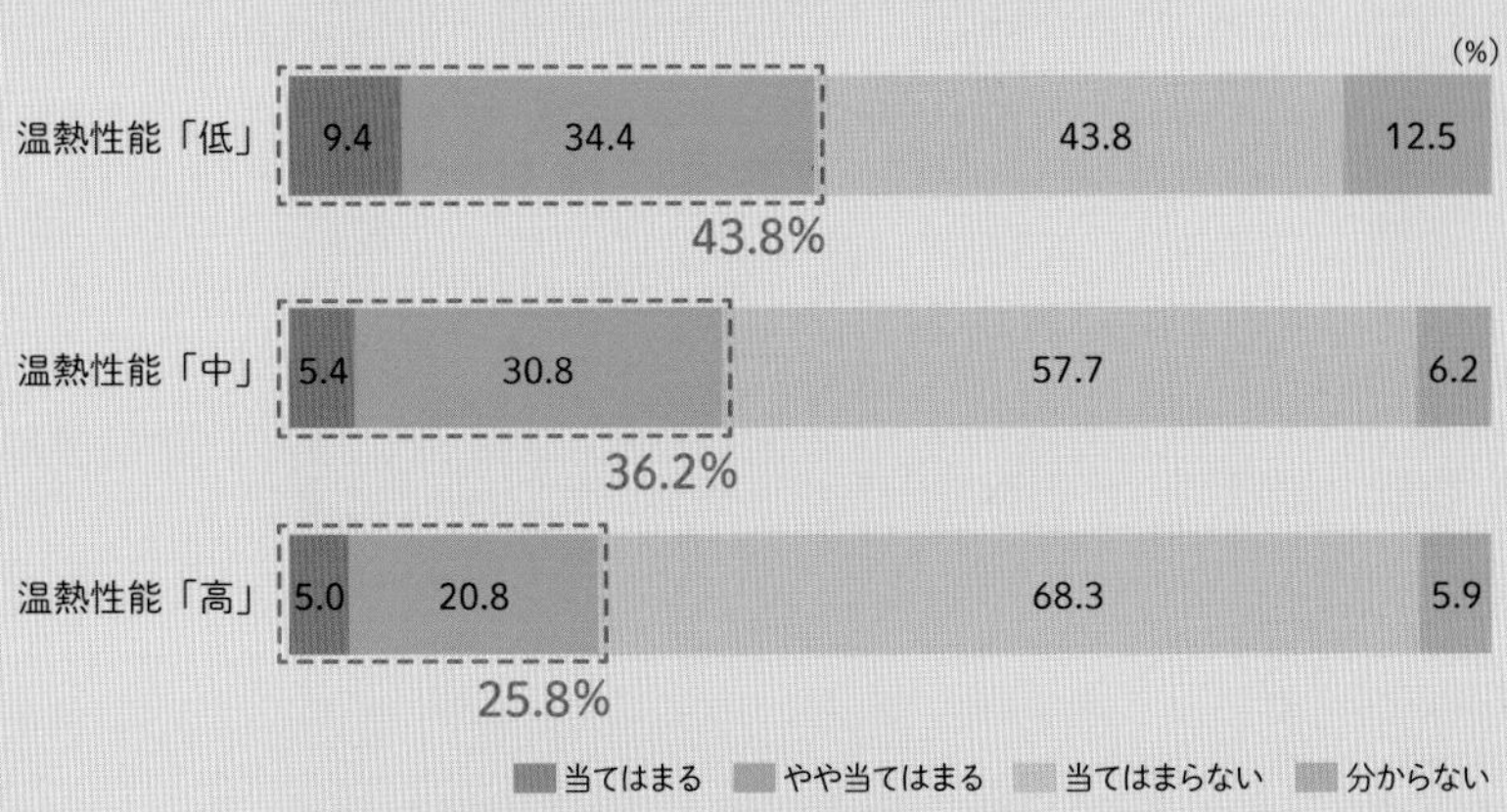

冬における洗面・脱衣室の滞在時間が短いかどうかについて調査し、住宅の温熱性能別に示した。温熱性能の低い家では、短くしていると答えた人(当てはまる+やや当てはまる)の割合が43.8%であったのに対し、温熱性能の高い家では同25.8%にとどまった

2 温熱性能の高い家は居室と水廻りの温度差で身震いしない

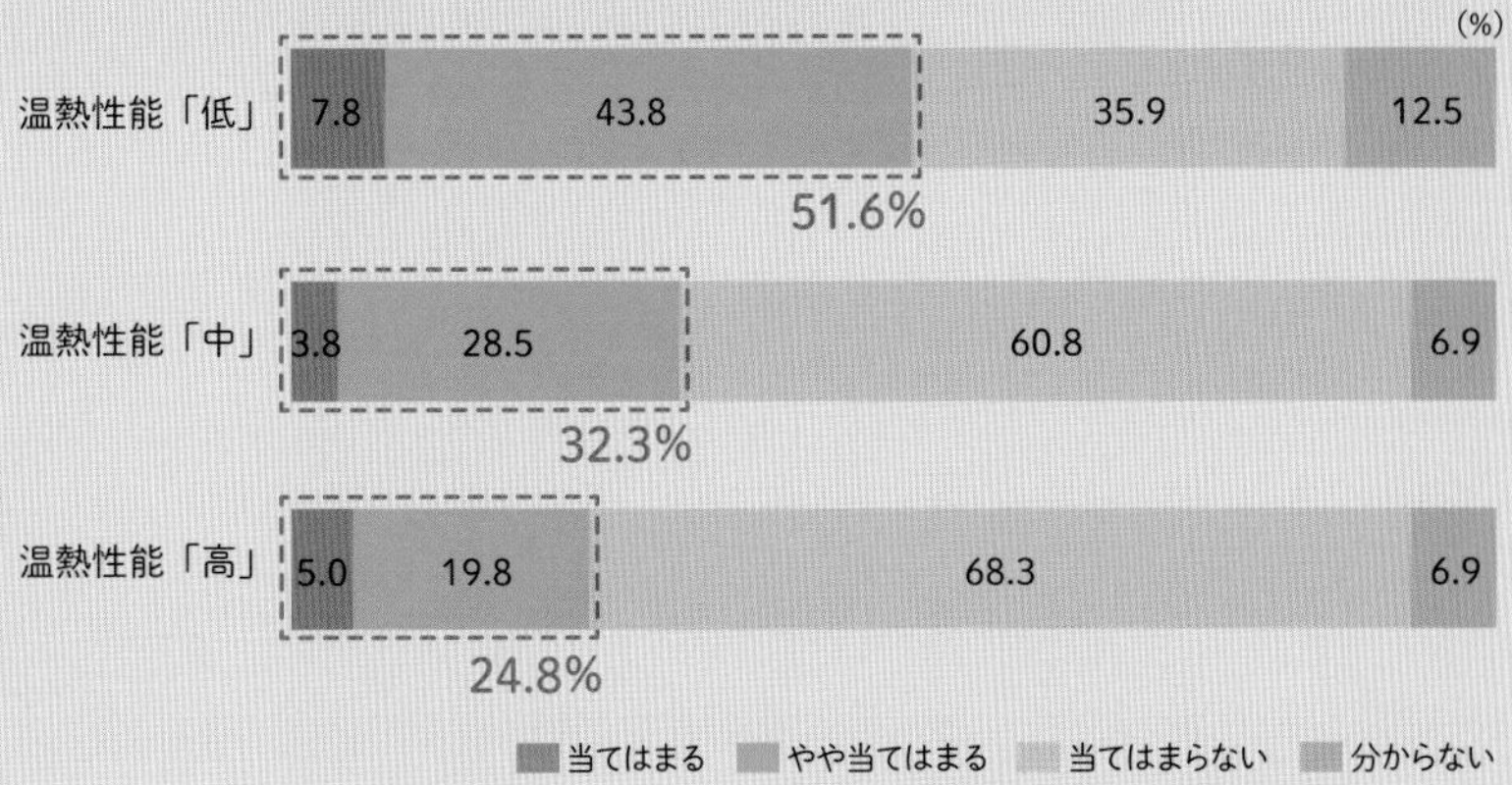

冬において、暖房された部屋(リビングなど)と暖房されていない洗面・脱衣室の温度差に震えることがあるかどうかについて調査し、住宅の温熱性能別に示した。温熱性能の低い家では、震えることがあると答えた人(当てはまる+やや当てはまる)の割合が51.6%になったのに対し、温熱性能の高い家では同24.8%にとどまった

暖かい家では自然と体を動かしたくなる

冬に家のなかが寒いと、つい部屋着も着込んでしまうものです。着ぶくれすると、肩が動かしにくく、凝ってしまうなど、体にいろいろなストレスがかかりがち。洗濯物の量も増えるため、家事も何かと煩わしく感じられるでしょう。

しかし、温熱性能の高い家に住んでいる人は、部屋着を着込む必要がありません。寒くないので、個人差はありますが、長袖のシャツを2枚程度（0.8clo）［P98～99］着るだけで、快適に過ごせるようです[1]。

加えて、寒い家ではありがちな〝毛布やひざ掛けをかける〟などの防寒行動が減ります[2]。暖かい家は、まさにストレスフリー。自然と体を動かしたくなるでしょう。大型のテレビで迫力満点のラグビーを観戦しながら、ヨガやストレッチなどで気持ちのよい汗をかいてみませんか？

1　暖かい家では厚着しなくてもよい

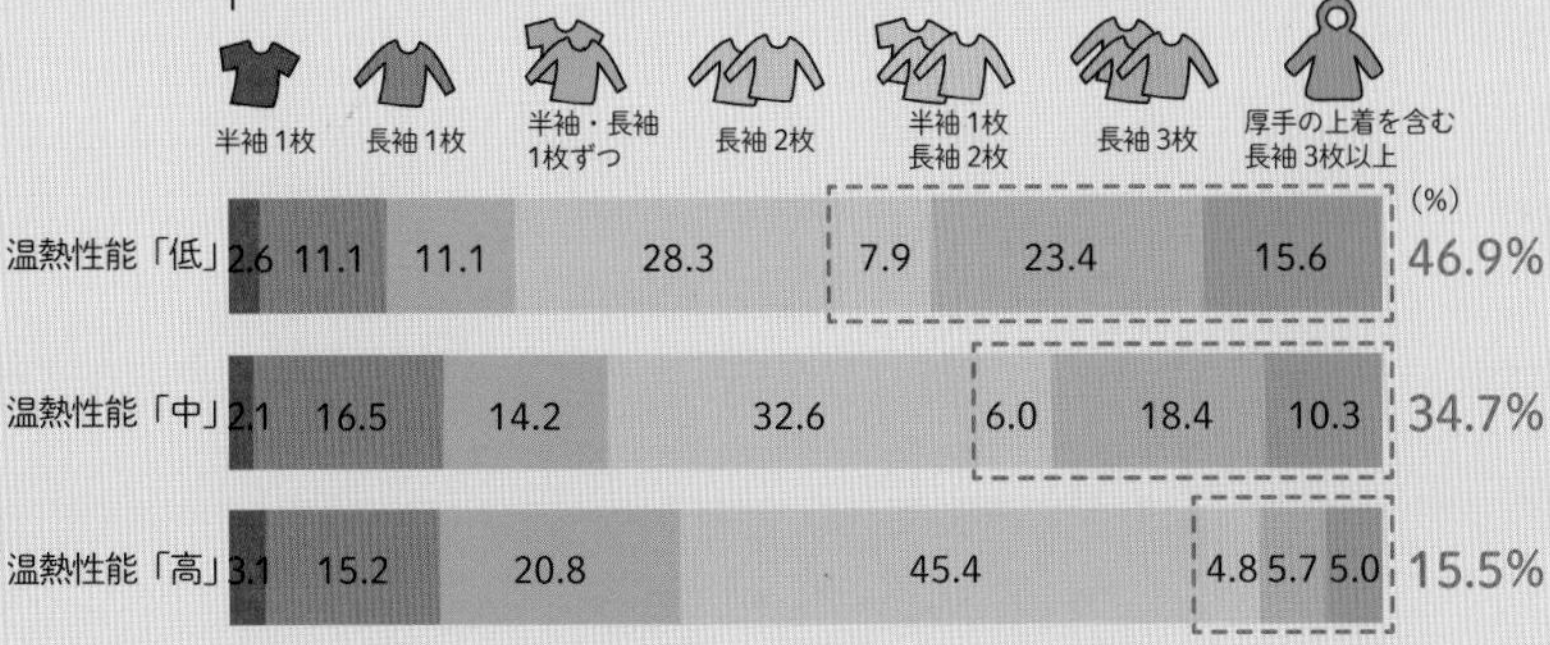

冬のリビング・ダイニングにおける着衣量を調査し、住宅の温熱性能別に示した。温熱性能の低い家では、厚着（半袖1枚＋長袖2枚以上）の占める割合が46.9％であったのに対し、温熱性能の高い家では同15.5％と少なかった

2　暖かい家では防寒行動が少なくなる

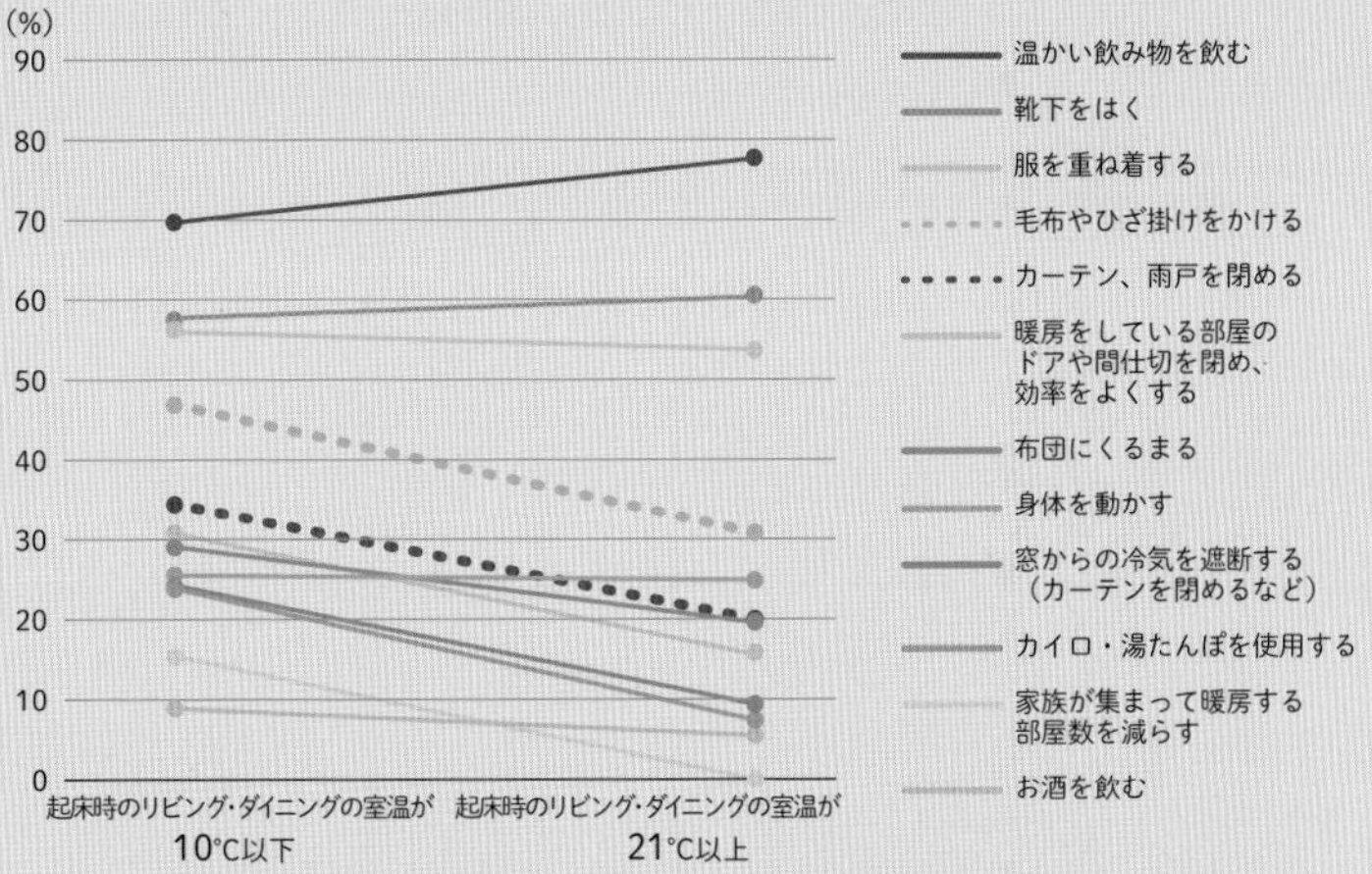

冬の日常生活において防寒行動（部屋が寒いと感じたときの行動）の実態を調査した。リビング・ダイニングの室温が10℃以下の場合と、同21℃以上の場合を比較してみると、後者の場合は、“毛布やひざ掛けをかける”“カーテン、雨戸を閉める”という行動が大幅に減少した［※］

※　室温は自己申告された値。分からないと答えた人のデータは除く

Voice

前の家では隣の部屋に行くときに、上着を羽織って移動していましたが、今の家になってからその必要がなくなりました［訪問調査Eさん］

冬にスッキリ目覚めるには暖かさが必要

冷え込みが厳しくなる冬の朝。スッキリ目覚められず、布団からなかなか出られない、という人は少なくないでしょう。その大きな原因は、断熱性能の低い家では、起床時における寝室の室温が低く、体温が上がりにくいから。スッキリ目覚めるには、あらかじめ、エアコンなどで部屋を十分に暖めておく必要があります。

しかし、断熱性能の高い家では、起床時の室温が下がりにくいため、室温を上げる必要がありません[1]。カーテンを開ければ、冬のさわやかな朝日が、体にスイッチを入れてくれるでしょう。

布団の枚数を減らせるメリットも。個人差はありますが、温熱性能の高い家では、布団1枚でも快適に眠れます。厚手の布団が減ると、オフシーズンの収納スペースが少なくて済むので、空間の有効活用にもつながります[2]。

1 温熱性能の高い家は冬の起床時室温が高い

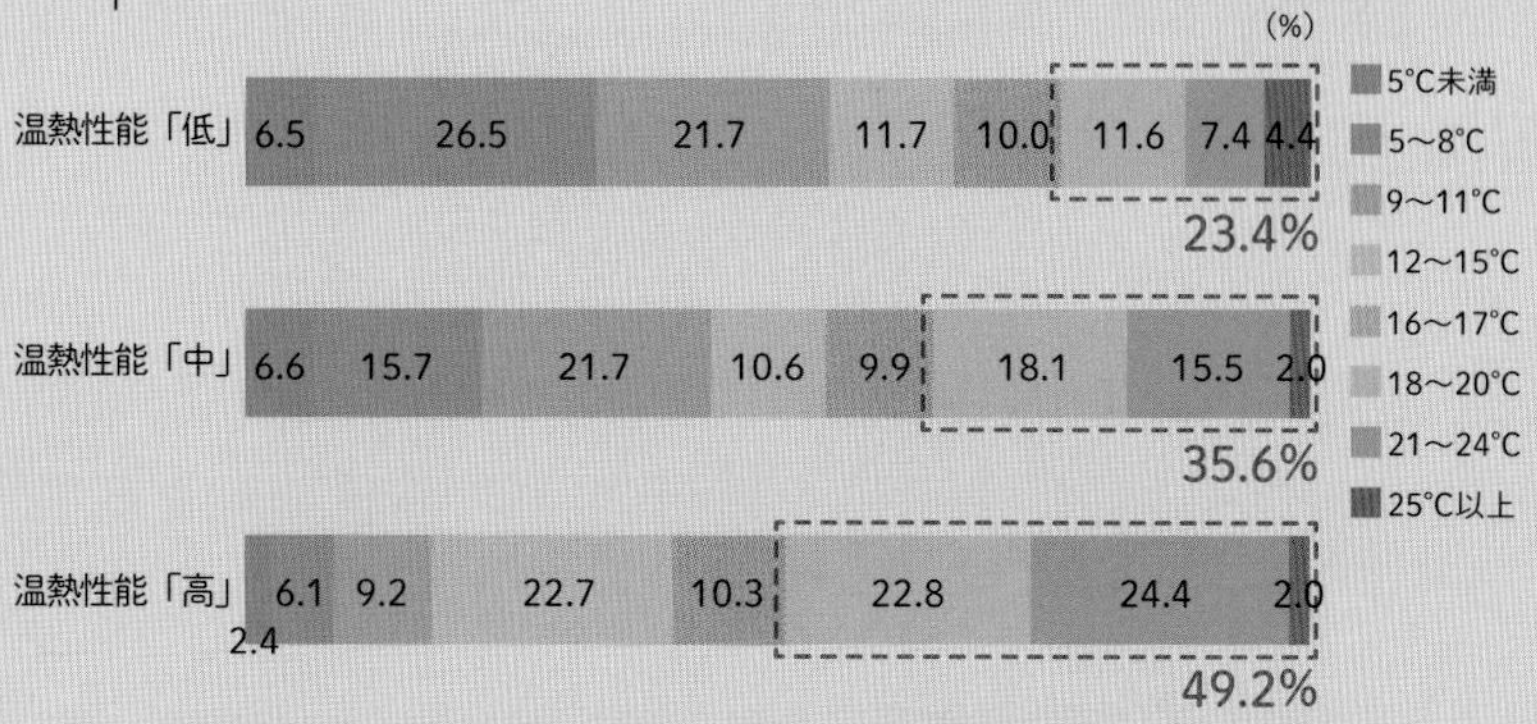

冬の寝室における起床時室温を調査し、住宅の温熱性能別に示した。温熱性能の低い家では、18℃以上となる割合が23.4%にとどまったのに対し、温熱性能の高い家では同49.2%にものぼった［※］

2 暖かい家では布団の枚数が減らせる

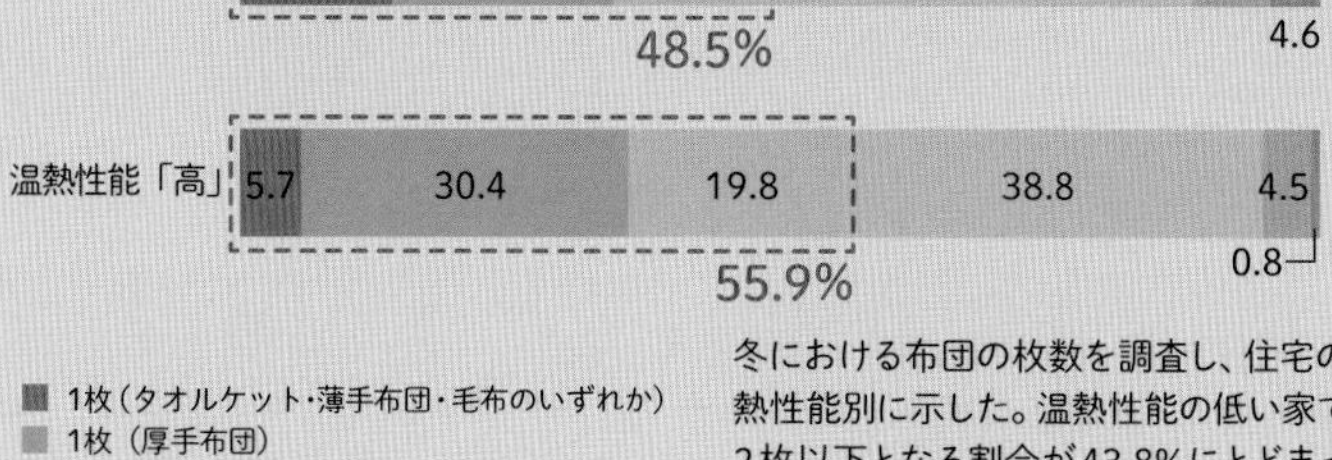

1枚（タオルケット・薄手布団・毛布のいずれか）
1枚（厚手布団）
2枚（薄手布団・タオルケット・毛布のいずれか）
2枚（厚手布団含む）
3〜4枚
その他（掛け4枚以外 ※主に羽毛布団）

冬における布団の枚数を調査し、住宅の温熱性能別に示した。温熱性能の低い家では、2枚以下となる割合が43.8%にとどまったのに対し、温熱性能の高い家では同55.9%にものぼった。3枚以上かける人の割合は、温熱性能の低い家が13%であるのに対して、温熱性能の高い家は同5.3%となる

※ 室温は自己申告された値。分からないと答えた人のデータは除く

Voice

朝起きたとき、暖房を付けることなく、パジャマだけで動けます。前の家では電気毛布を使っていましたが、今は冬でも羽毛布団1枚で大丈夫です［訪問調査Gさん］

暖かい家では冬もドアを開けっ放しにできる

一般的に、リビングとダイニングをワンルームにすると、空間に開放感が生まれます。ただし、断熱性能の低い家ではエアコンの効きが悪くなります。暖気が天井付近にたまり、冬はとても寒く感じるでしょう。

しかし、建物の断熱性能が高ければ、エアコンの効きがよくなります。実際、温熱性能の高い家では、ワンルームではなくてもドアを開けて開放的に生活している人が多く、温熱環境に対する満足度も高いようです[1・2]。

ドアを開けたままの生活には、家族の気配が感じられるというメリットも。ダイニングテーブルで学校の宿題をする子どもに目をやりながら、リビングのソファでくつろぐ母親の姿が想像できますね。

このとき、ドアは天井いっぱいの高さにするのがお勧め。暖気を遮る垂壁がなく、温風を遠くに届けられるからです。

1　温熱性能が高いほど ドアを開けたまま暮らす人が増える

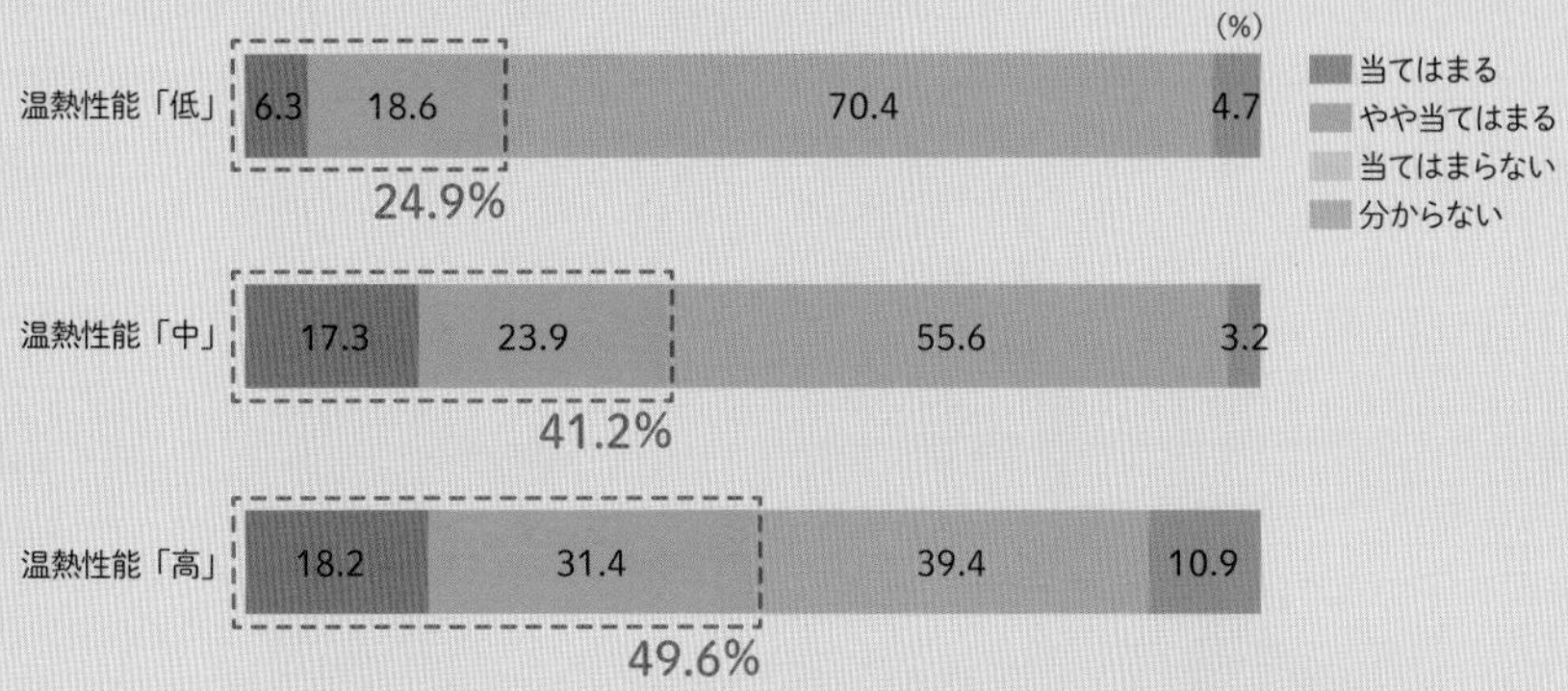

冬のリビング・ダイニングで、ドアを開けたまま過ごしているかどうかを調査し、住宅の温熱性能別に示した。温熱性能の低い家では、ドアを開けたまま過ごす人（当てはまる＋やや当てはまる）の割合が24.9%にとどまったのに対し、温熱性能の高い家では同49.6%にものぼった

2　室内ドアを開けて暮らしているほど 温熱環境に満足している

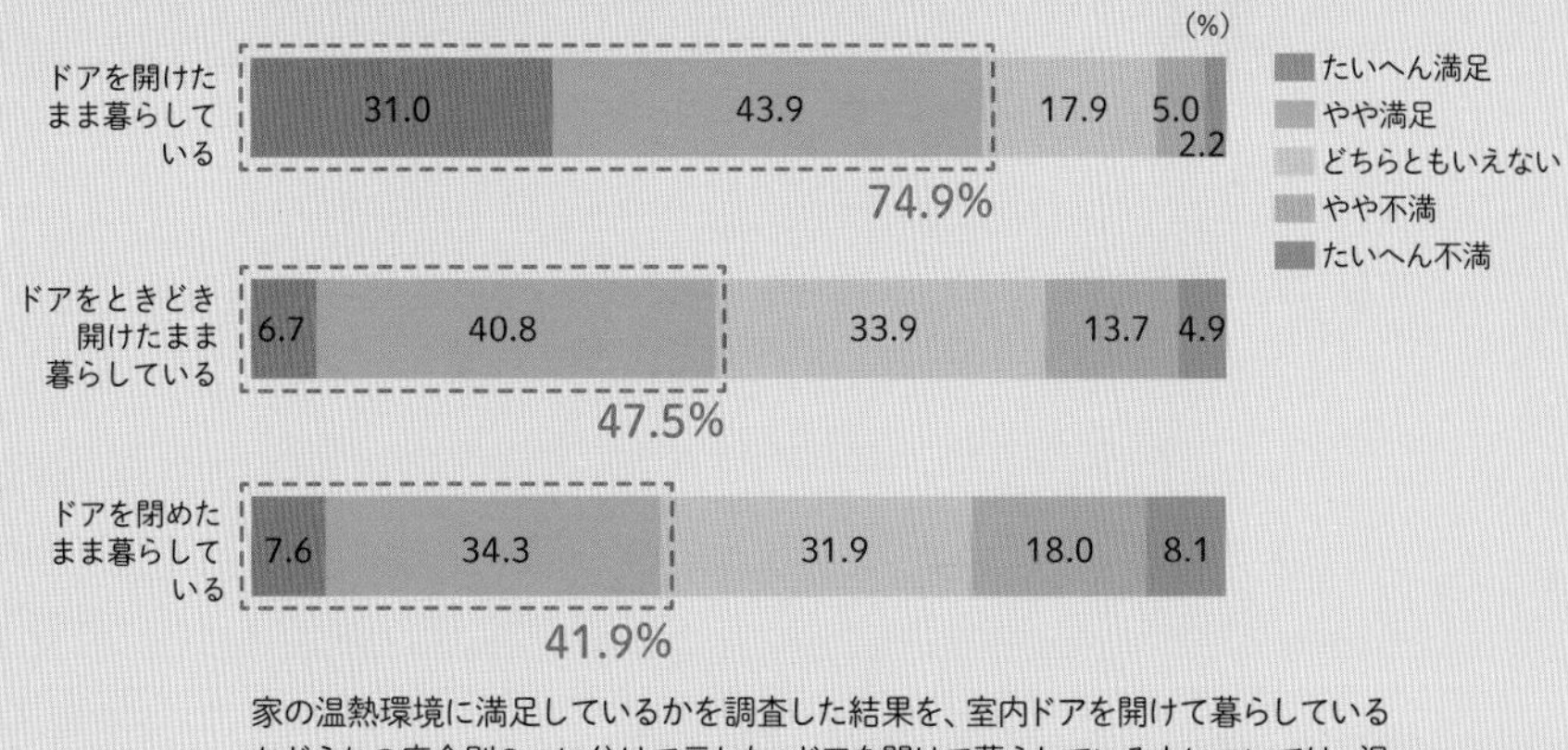

家の温熱環境に満足しているかを調査した結果を、室内ドアを開けて暮らしているかどうかの度合別3つに分けて示した。ドアを開けて暮らしている人については、温熱環境に満足している人（たいへん満足＋やや満足）が全体の74.9%にも達した

温熱性能の高い家は玄関・廊下も暖かい

冬に寒くて長居したくない空間の代表格といえば、暖房器具のないことが多い玄関と廊下[1]。その寒さを助長するのが、玄関の開口部廻りから吹き込んでくる隙間風と、コンクリートの冷たさでしょう。

これを防ぐには、建具の気密性能を高めつつ、基礎コンクリートもしっかりと断熱する必要があります。玄関と廊下の凍えるような寒さが解消され、空間の有効活用にもつながるでしょう[2]。

近年は空前のアウトドアブーム。玄関土間のスペースを広めに確保して、お気に入りのアウトドアグッズのギャラリーとする人も増えています。ロードバイクなどは日ごろのメンテナンスも大切。チェーンのクリーニングなどを寒い玄関では行いたくありませんよね。アウトドアライフを満喫したいのであれば、玄関の温熱環境をよくしましょう。

1 寒くて使いたくない空間の1位は廊下

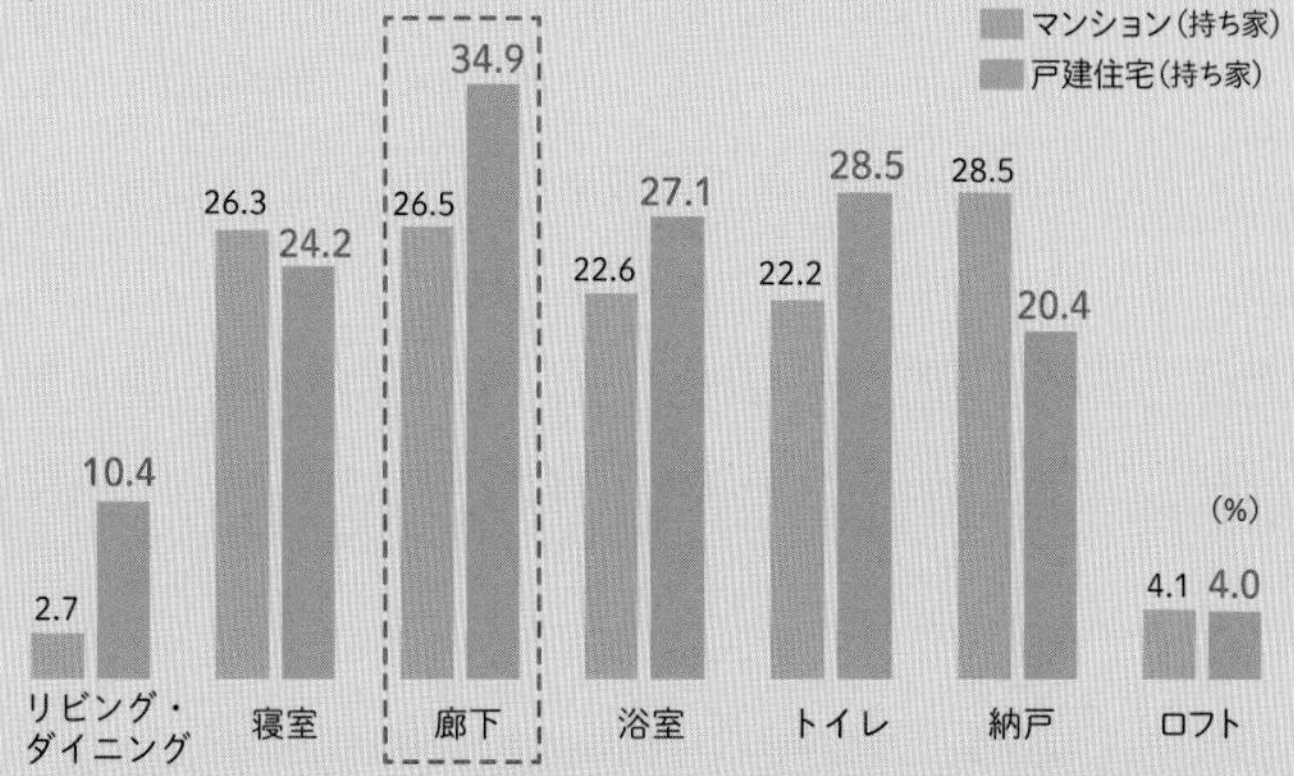

マンション・戸建住宅の居住者に対して、寒くて使いたくない空間を尋ねた結果のグラフ。暖房器具のあるリビング・ダイニングの割合が少ないのに対して、廊下の割合が多い。戸建住宅では34.9%にも達した

2 温熱性能の高い家では寒くて使いたくない部屋が減る

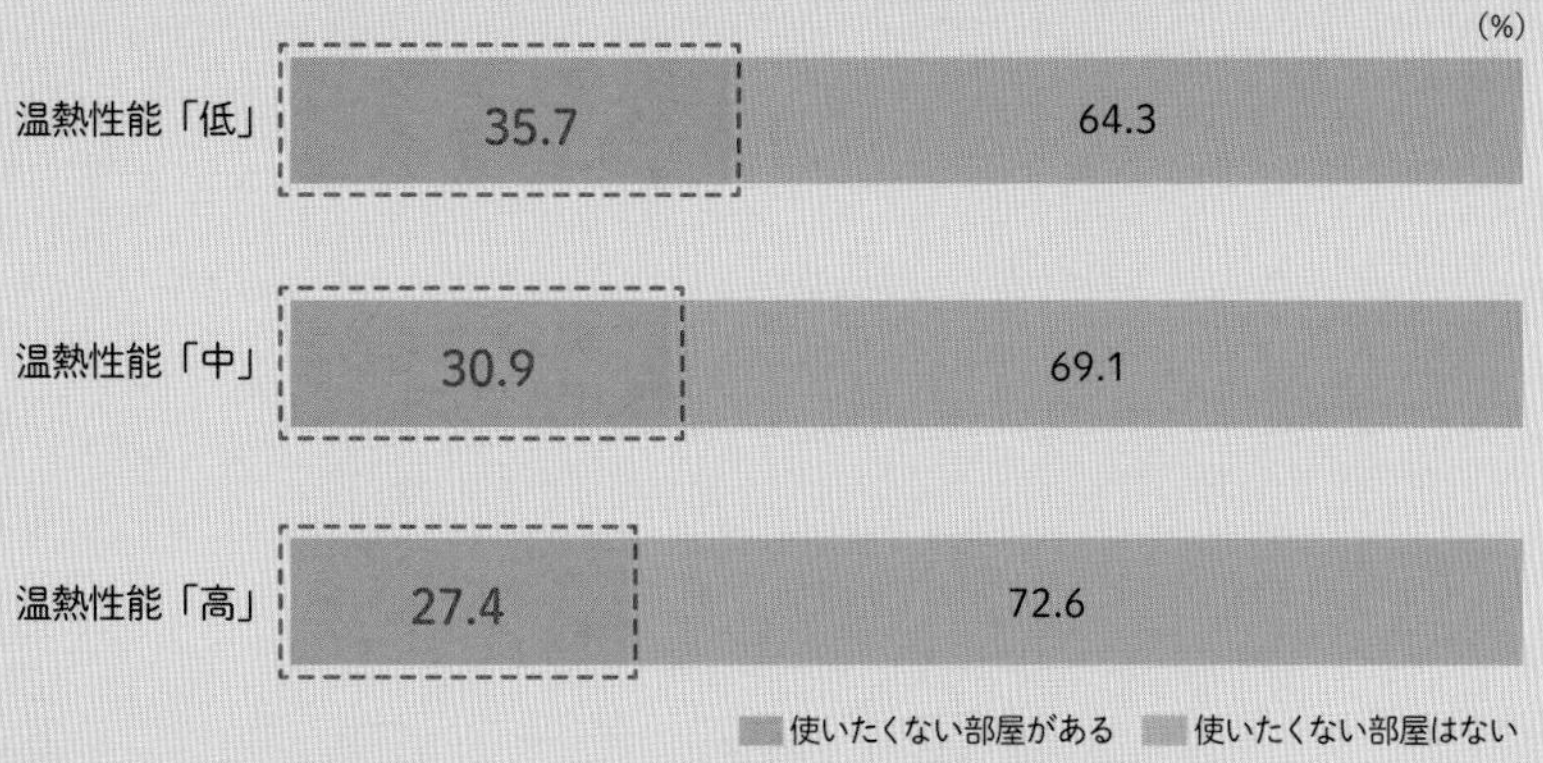

寒くて使いたくない部屋の有無について調査し、住宅の温熱性能別に示した。温熱性能の低い家では“ある”と答えた人の割合が35.7%であったのに対し、温熱性能の高い家では同 27.4%にとどまった

Voice

温熱性能の高い家では「階段を勉強スペースに利用しています」［訪問調査Gさん］「2階の廊下を、洗濯物を干す空間に有効活用しています」［訪問調査Dさん・Gさん］という声も

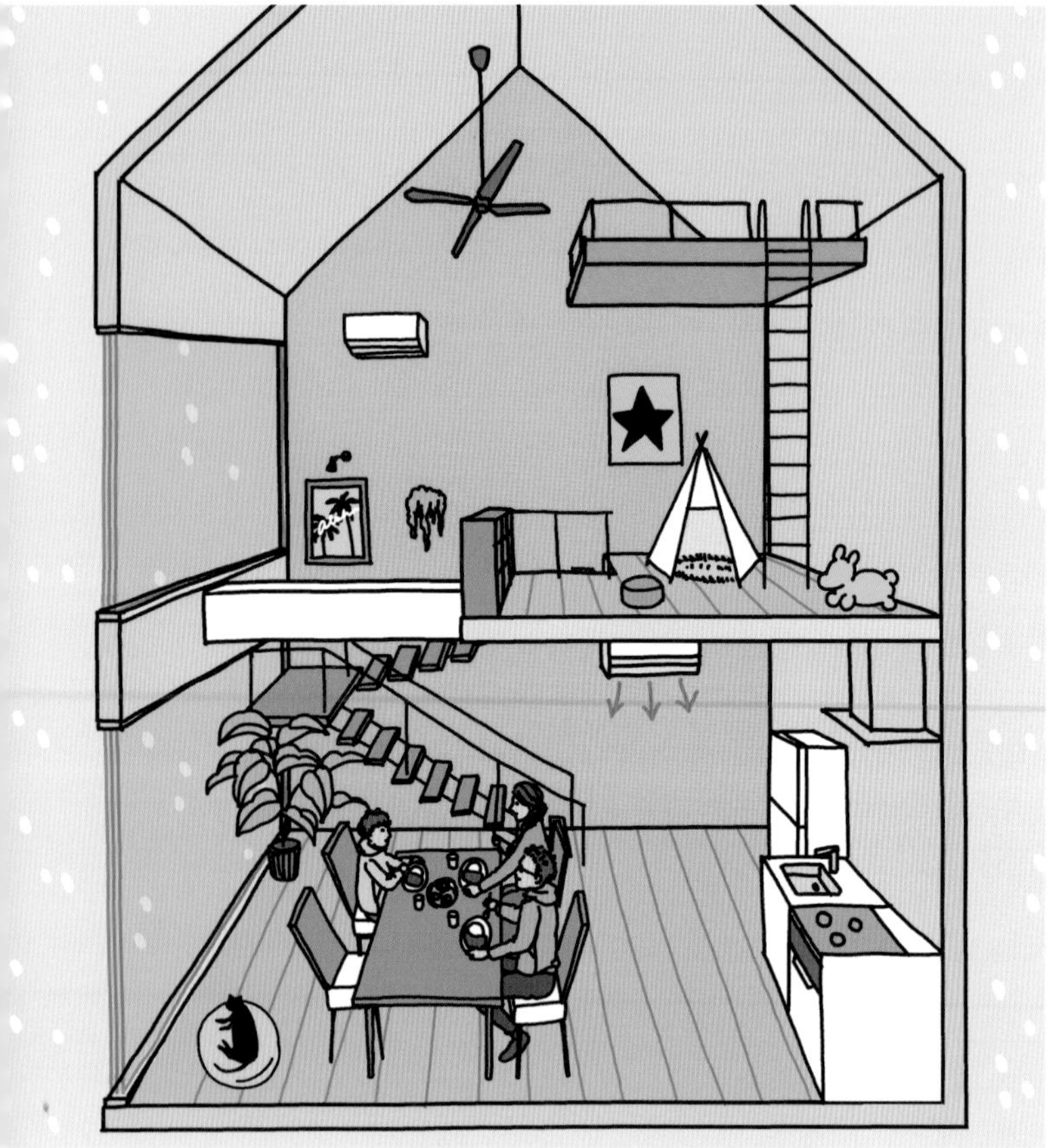

温熱性能の高い家は吹抜けが心地よい

吹抜けを設けても、断熱性能が高い家では上下間の温度差がそれほど大きくならず、窓辺でのコールドドラフトも発生しません。家全体が暖かいので、ペット、子ども、夫婦が1階のリビング・ダイニングで一堂に会して楽しく過ごす情景が目に浮かびます。実際に、温熱性能の高い家では吹抜けが多く、その満足度も高い、というデータがあります[1・2]。

ただし、断熱性能が高くても、〝暖気は上に、冷気は下に〟という原理は不変。吹抜けを効果的に暖めるには、暖房方法の工夫が必要でしょう。エアコンの温風で上から温めるのではなく、床暖房や床下エアコンを利用し、下から温めるのです[P134〜137]。足元の暖かさは、女性にとって何よりでしょう。

逆に、夏は上部に設置したエアコンを利用すればよいのです。そうすれば、一年中快適な吹抜けとなるでしょう[P152〜163]。

1　温熱性能の高い家は吹抜けが多い

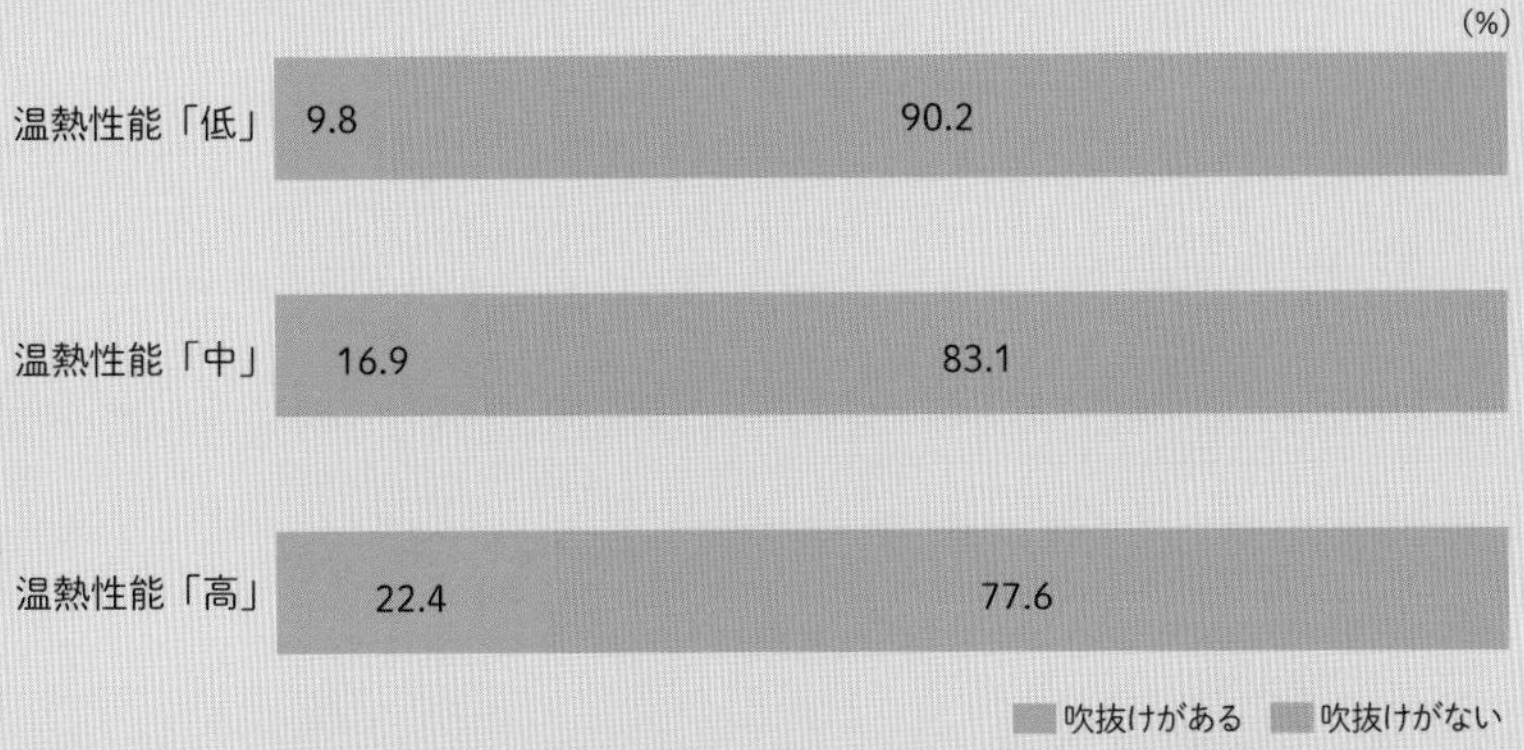

吹抜けの有無について調査し、住宅の温熱性能別に示した。温熱性能の低い家では、吹抜けのある割合が9.8%であったのに対し、温熱性能の高い家では同22.4%となった

2　温熱性能の高い家は吹抜けがあっても満足度が高い

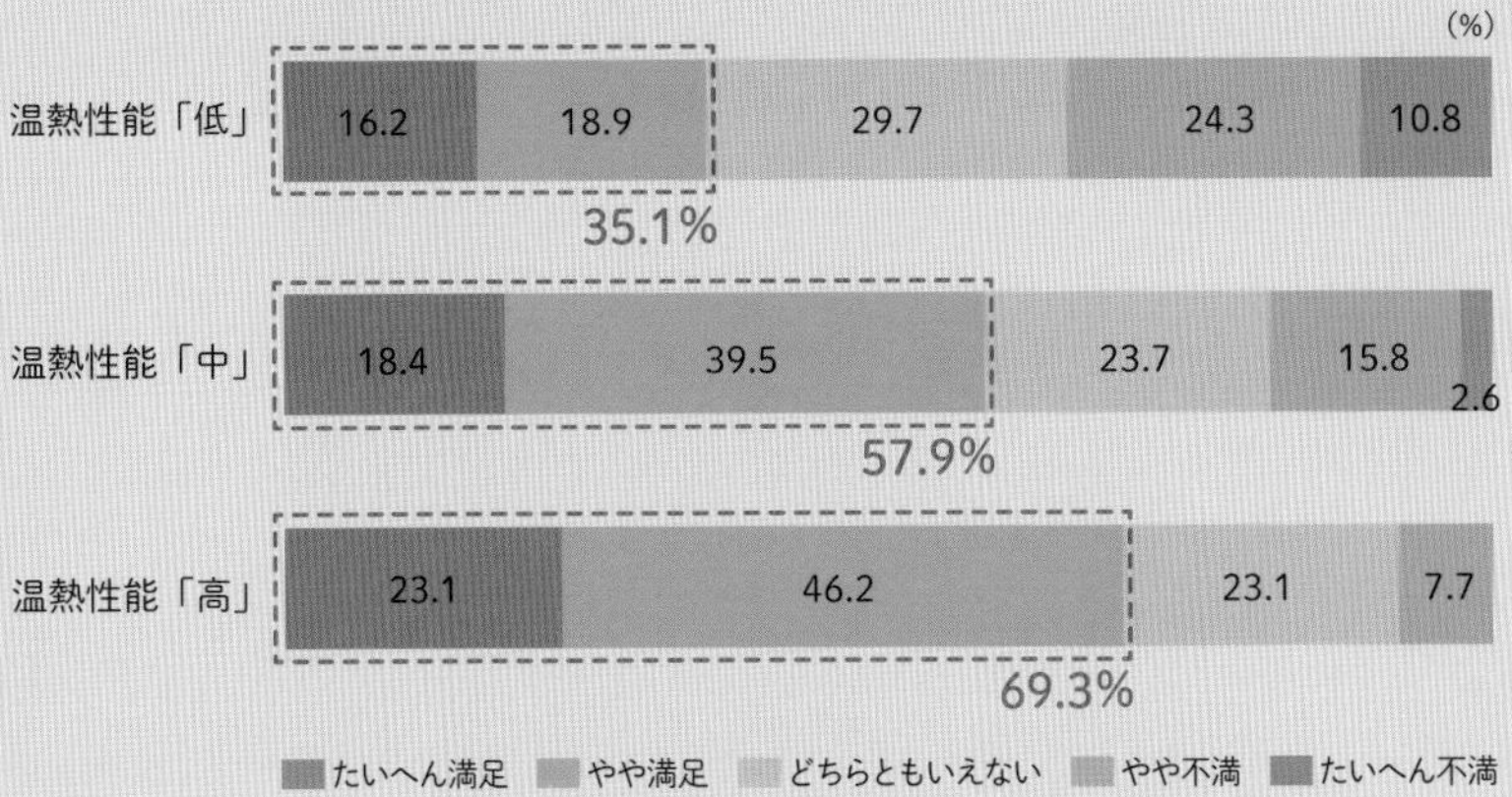

吹抜けのある家で、冬における温熱環境の満足度を調査し、住宅の温熱性能別に示した。温熱環境の低い家では、満足していると答えた人（たいへん満足+やや満足）の割合が35.1%にとどまったのに対し、温熱環境の高い家では同69.3%にものぼった

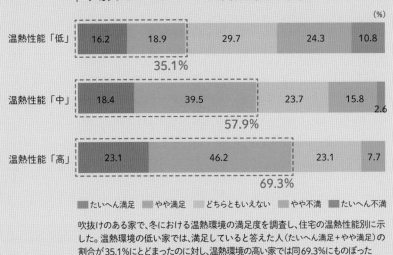

暖かい家の吹抜けは明るくて気分爽快

吹抜けをつくる大きなメリットは、家全体が明るくなるということ。大きな窓を設ければ、明るさは増し、満足度の高い空間となります[1]。建物が明るくなれば、人は自然と活動的に。家のなかでエクササイズする機会も増えることでしょう。

吹抜けの天井高さを利用して、壁の一面を流行りの〝ボルダリングウォール〟とするのもよいでしょう。そこは、大人も子どもも楽しめる空間。壁を軽やかによじ登る母親を子供が応援する、という微笑ましい光景も目に浮かびますね。

ただし、こうした状況が生まれる背景には、建物に十分な温熱性能が必要[2]。誰も、夏暑く、冬寒い空間で運動したくはありませんよね。そのためには、断熱性能を高める必要があります。特に、窓については、熱の出入りの少ないものを選びましょう［P118～119］。

1 吹抜けのある家は明るさへの満足度が高い

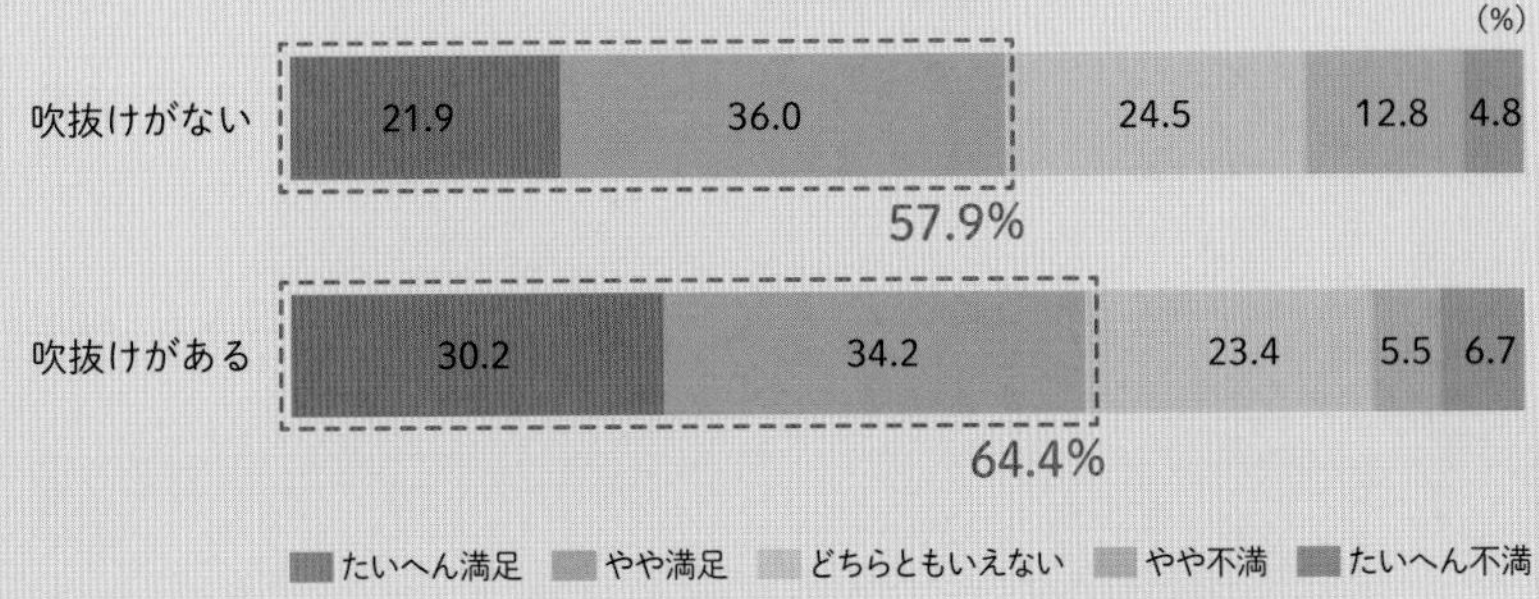

吹抜けのある家とない家に分けて、明るさに関する満足度について調査した。吹抜けのない家では、満足していると答えた人（たいへん満足＋やや満足）の割合が57.9%にとどまったのに対し、吹抜けのある家では同64.4%にものぼった

2 温熱性能の高い家は明るさへの満足度が高い

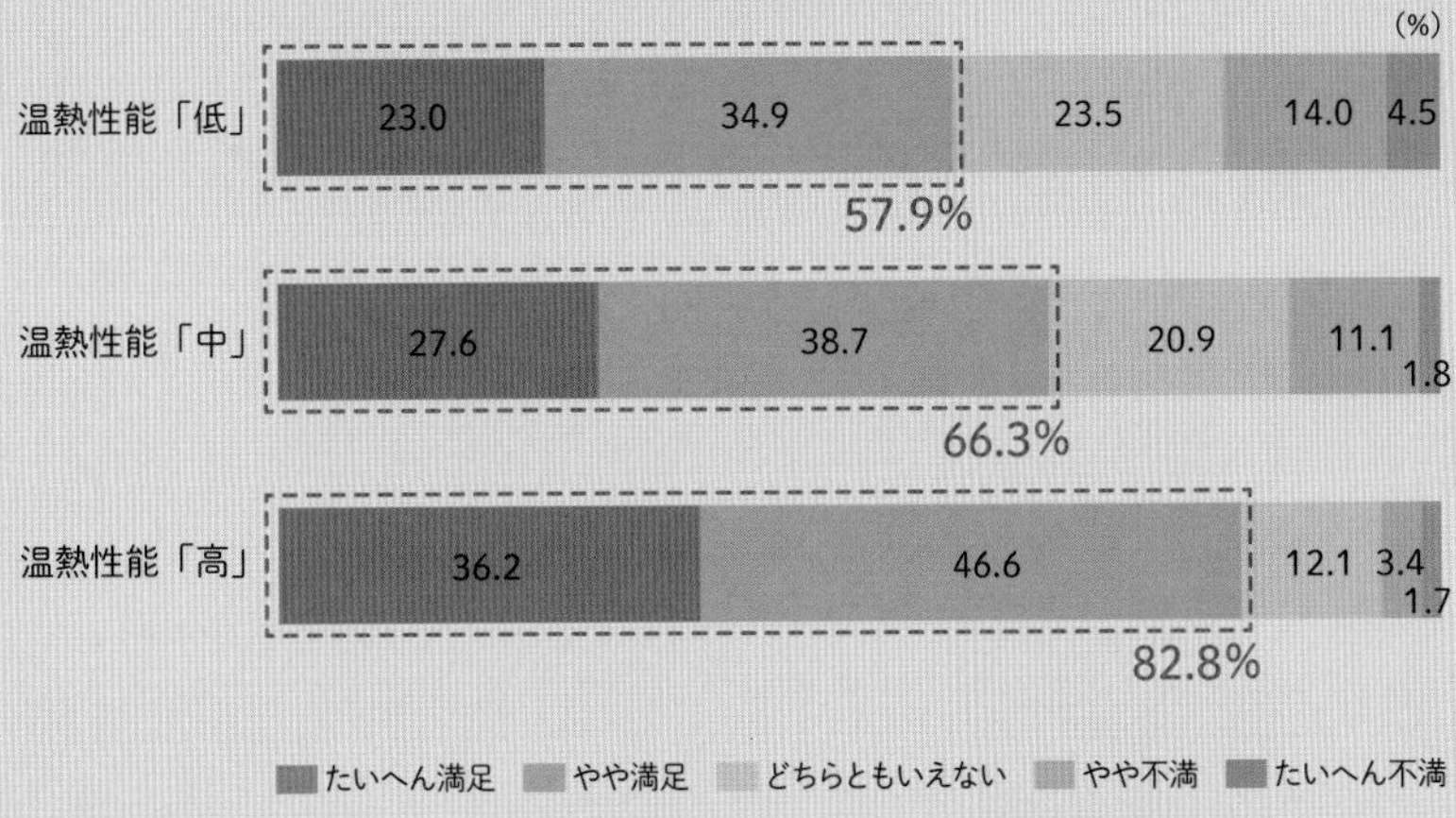

冬における明るさの満足度について調査し、住宅の温熱性能別に示した。温熱性能の低い家では、満足していると答えた人（たいへん満足＋やや満足）の割合が57.9%にとどまったのに対し、温熱環境の高い家では同82.8%にものぼった

column

日本は断熱基準において世界の〝後進国〟

日本はG7の一員として、世界の〝先進国〟として位置づけられていますが、断熱基準については、悲しいことに〝後進国〟です。日本では、夏暑くて、冬寒い家が多いというのが実状。しかし、日本よりも高緯度にあるドイツやフランス、イギリスなどの家は、寒い冬も含めて一年中快適に過ごせる家が多いのです。

それでは、断熱基準の違いを具体的に考えてみましょう。断熱基準の指標となるのが、U_A値（外皮平均熱貫流率）。建物のなかから建物の外へと逃げる熱の量を外皮（屋根・外壁・窓・床など）の合計面積で割った値になります。値が小さいほど、夏は外から熱が入りにくく、冬は内から熱が逃げにくくなるので、建物（外皮）の断熱性能がよい、と判断できます。

ドイツなどの欧州各国では、断熱基準が厳しく設定されています。したがって、小さな暖冷房負荷で一年中家のなかを快適な温熱環境に保つことができる家が普及しています。

一方、日本の断熱基準は、北海道をはじめとする寒冷地を除いては、世界基準とは大きな乖離があります[1]。東京をはじめとする温暖地で推奨されるU_A値は0・87W/（㎡・K）と、欧州各国の基準に比べて2倍以上の差がある、というのが事実です。

しかも、建物規模の小さな戸建住宅に関しては、2020年の時点では、断熱基準への対応は〝努力義務〟であり、必ずしも守る必要はありません。したがって、温熱環境のよい家に住むためには、みなさんの意識を高めていく必要があるのです。

幸いにも、HEAT20（2020年を見据えた住宅の高断熱化技術開発委員会）の取り組みなど、断熱基準のレベルアップに向けた機運は徐々に高まっています［P104〜105］。目指すU_A値は国の基準を大きく凌駕するハイレベル。住宅を購入する際にはU_A値という指標に注目してください。サッカーと同じく、断熱基準も世界のレベルに一日も早く追いつきましょう[2・3]。

1 日本の温暖地は世界基準と大きく乖離

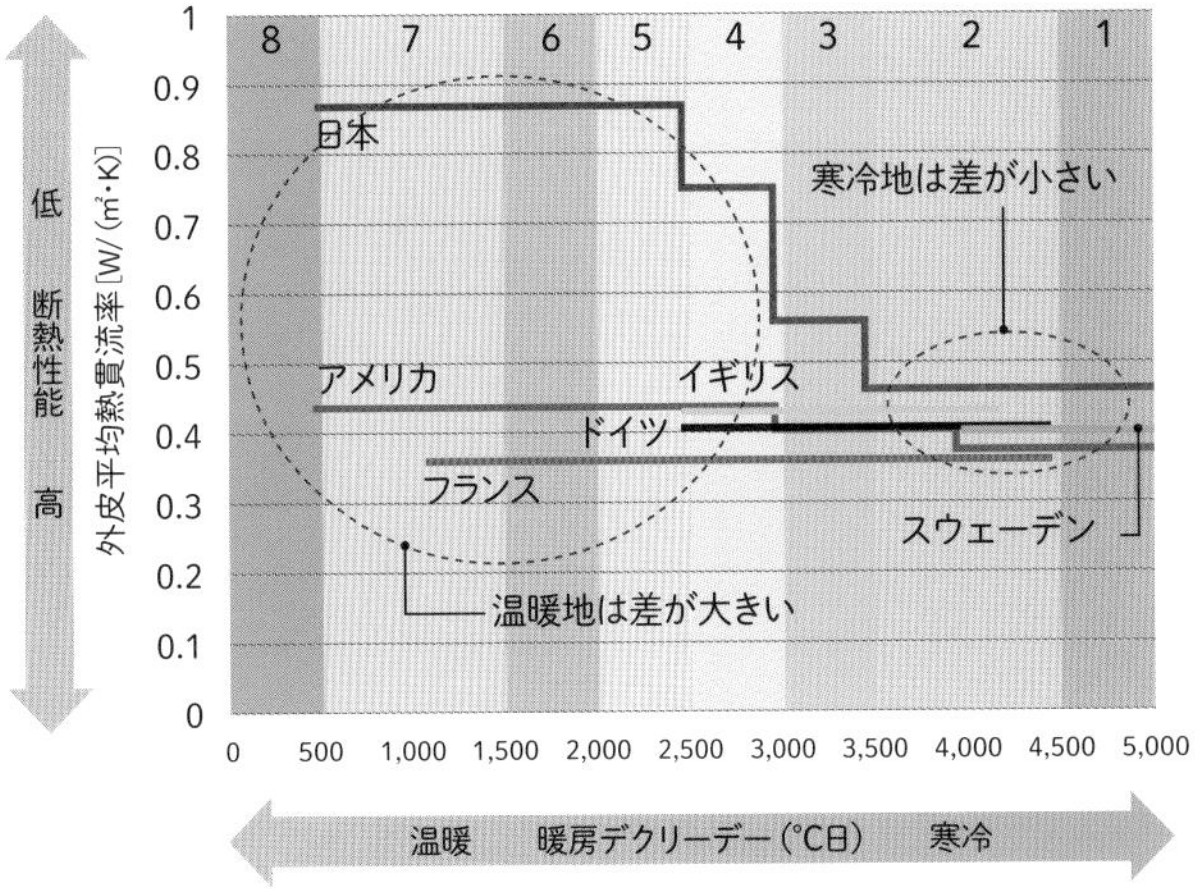

1 地域（旭川）
2 地域（札幌）
3 地域（盛岡）
4 地域（仙台）
5 地域（宇都宮）
6 地域（東京23区）
7 地域（長崎）
8 地域（那覇）

UA値の基準と暖房デグリーデー[※1]のグラフ。寒冷地では、日本と欧米のUA値はほぼ同じ水準であるのに対して、温暖地では日本と欧米の間でUA値に大きな隔たりが確認できる[※2]

2 冬も暖かいドイツ

断熱基準が世界最高水準であるため、冬も厚着しなくてよい。冷たいビールを片手に、ウインナーを食べる姿が想像できる

3 冬は寒い日本

断熱基準が低いので、寒い家で冬にお酒を楽しむには、それなりの厚着が必要。湯豆腐や熱燗などが自然と欲しくなる

※1 毎年の暖房が必要な期間中の日平均気温と暖房温度を掛け合わせたもの。数値が大きくなるほど、暖房に必要となるエネルギーが大きくなる。したがって、暖房デグリーデーの大きい地域は寒冷地

※2 「設計WGからの報告 設計ガイドブック2016＋の内容と新たな住宅外皮性能グレード」（HEAT20［2020年を見据えた住宅の高断熱化技術開発委員会］）

寒い家は冬の窓掃除が大変。体調も崩しやすい

日当たりがよく、見晴らしのよい場所にあるリビングには大きな窓を設けて、ソファに体を預けながら、外の景色を楽しみたいもの。しかし、窓の断熱性能が低いと、冬は結露の餌食となり、外が見えづらくなってしまいます。

結露すると、窓ガラスだけでなく、窓枠、さらには窓際の床も水滴で覆われ、木のフローリングもかびが生えたり、腐りやすくなります。しかも、窓面から床へと冷気が流れ、足元を冷やします。足元が冷えると、人は寒さを感じ、動くのがおっくうになるので、窓や部屋の掃除などもおざなりに[1]。

しかも、冷え性の女性にとって、足元が寒いのは致命的。風邪などで体調を崩しやすく、ますます活動量が減ってしまいます[2]。温熱環境が悪いと、せっかくの開放的なリビングも、モノが散らかり気味になり、キレイな空間とはいえなくなってしまうのです。

1 寒い家は結露が起きやすい

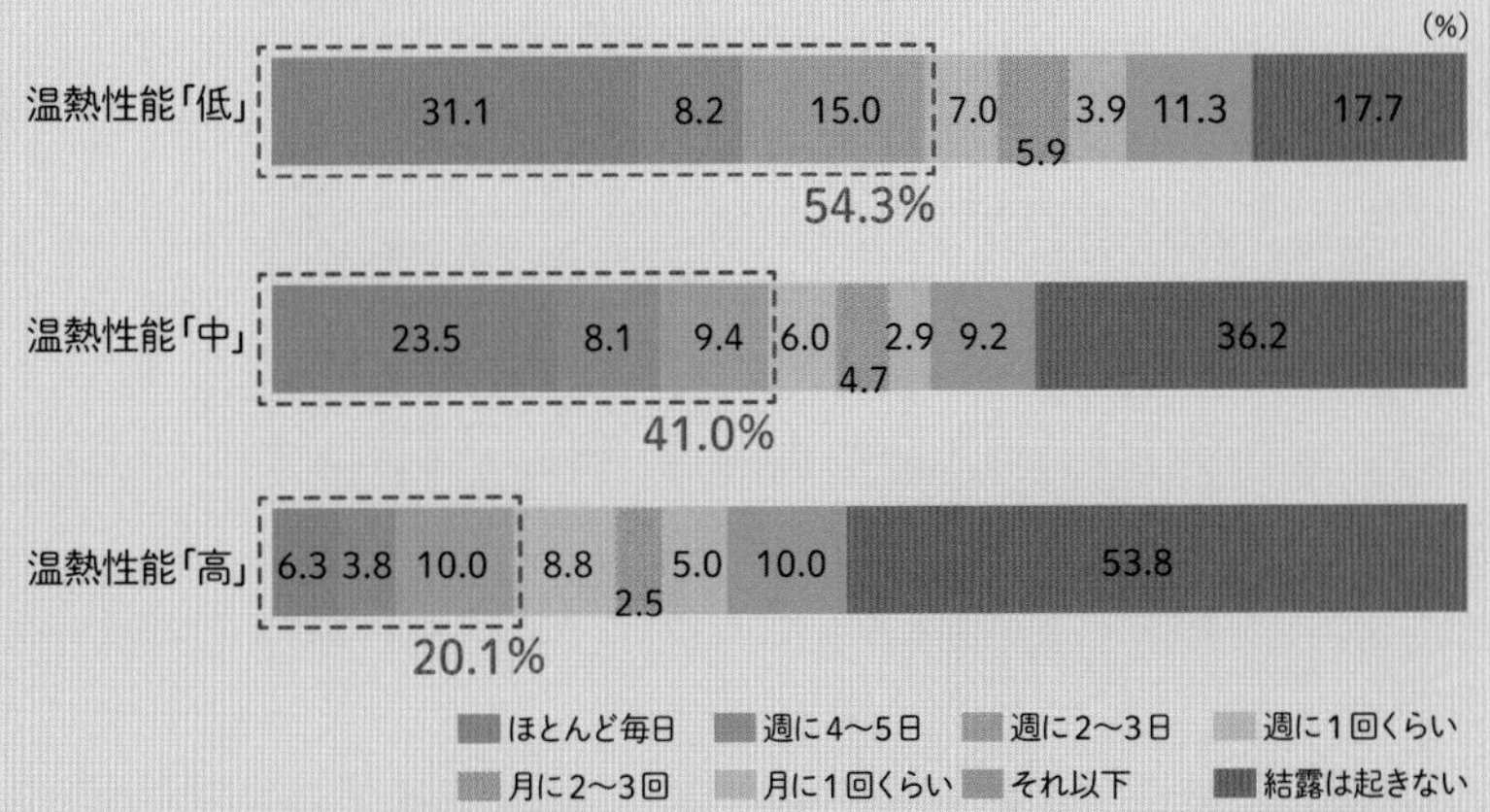

冬、窓に生じる結露の頻度について調査し、住宅の温熱性能別に示した。温熱性能の低い家では、週に2〜3日以上発生する割合が54.3%になった。一方、温熱性能の高い家では同20.1%となった。ただし、結露が発生しにくい窓でも、家のなかで加湿器を多用したり、鍋物など長時間料理したりなど、室内に多くの湿気が発生する場合は、どうしても結露が生じてしまう場合もある

2 寒い家では家事がおっくうになる

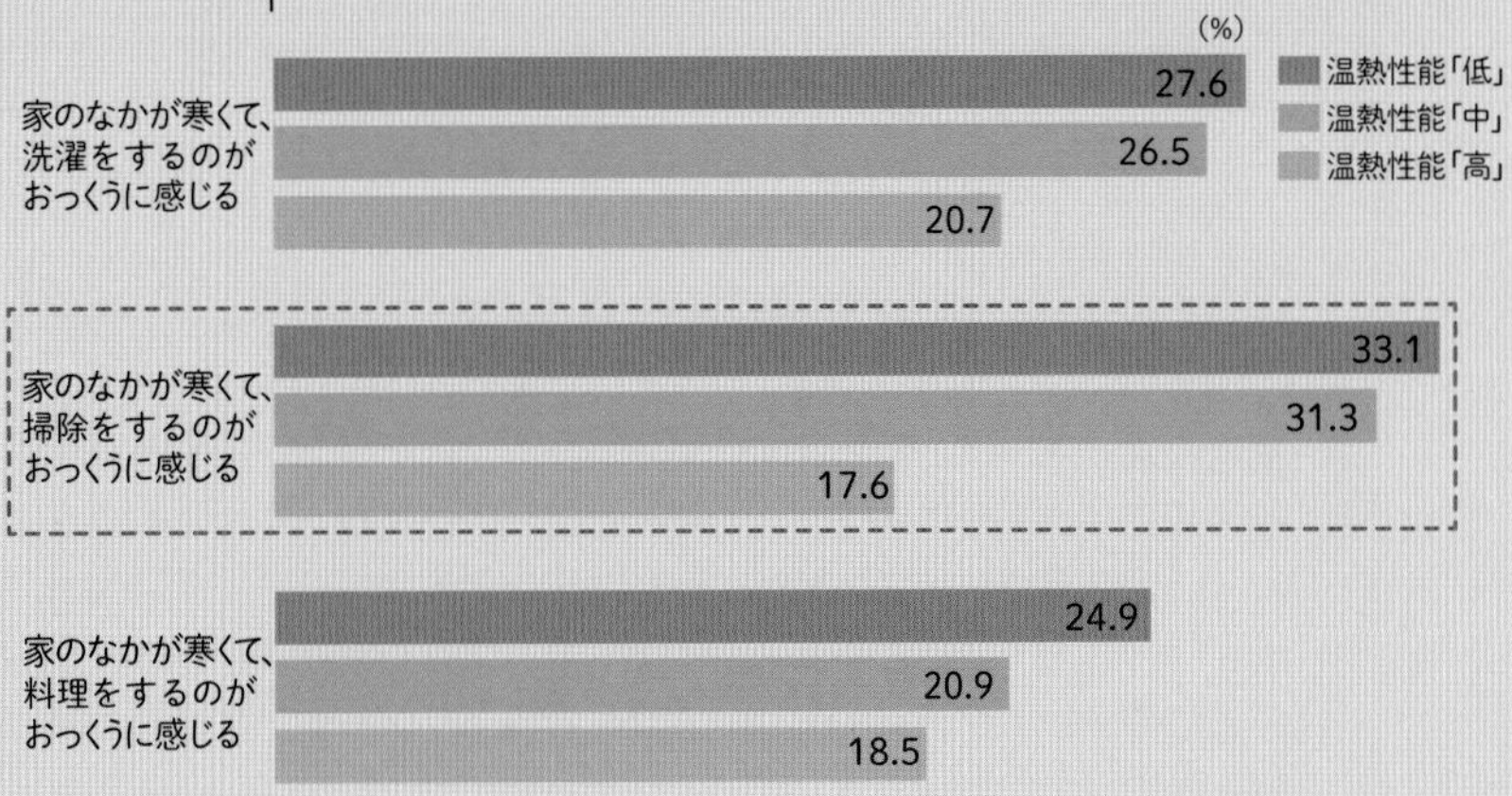

冬における家事(洗濯・掃除・料理)に対する意識を調査し、住宅の温熱性能別に示した。温熱性能の低い家では、家事をおっくうに感じる人が多く、温熱性能の高い家では家事をおっくうに感じる人が少なかった

暖かい家は家事が楽。冬景色も楽しめる

大きな窓の外に広がる冬景色を楽しむには、窓の結露とコールドドラフトをなくす必要があります。そのためには、窓の断熱性能を高くしなければなりません。ガラスの枚数を1枚ではなく2～3枚に、ガラスを囲むサッシをアルミではなく木や樹脂にすれば、窓の断熱性能は上がり、結露とコールドドラフトをなくせます［P118～119］。

結果として、エアコンの効きがよく、リビングも暖かくなるので、自然と活動的になり、掃除などの家事も積極的になります。冷え性に悩む女性も、元気いっぱい。常にモノが整理された開放的なリビングとなるでしょう。

海が近い高台に建つ家を想像しましょう。大きな窓越しに見える、冬の日差しに照らされた海を眺めていると、自然と心も温かくなるもの[1]。その快適さを手に入れるには、家の温熱環境について考える必要があるのです。

1 日当たりと暖房の効きがいい家は満足度が高い

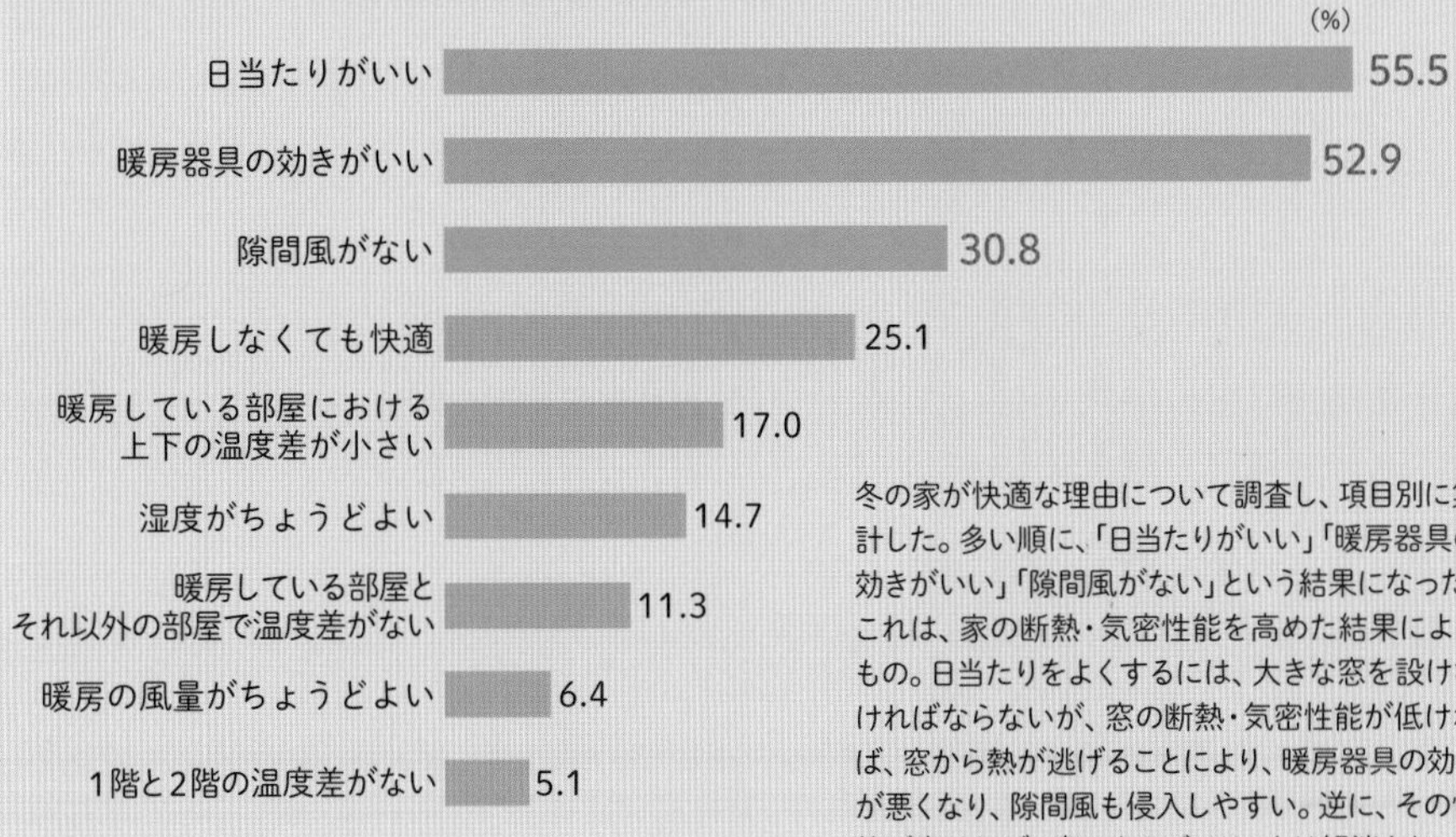

冬の家が快適な理由について調査し、項目別に集計した。多い順に、「日当たりがいい」「暖房器具の効きがいい」「隙間風がない」という結果になった。これは、家の断熱・気密性能を高めた結果によるもの。日当たりをよくするには、大きな窓を設けなければならないが、窓の断熱・気密性能が低ければ、窓から熱が逃げることにより、暖房器具の効きが悪くなり、隙間風も侵入しやすい。逆に、その性能が高ければ、窓によるデメリットは解消され、自然の恵みを最大限に生かせる

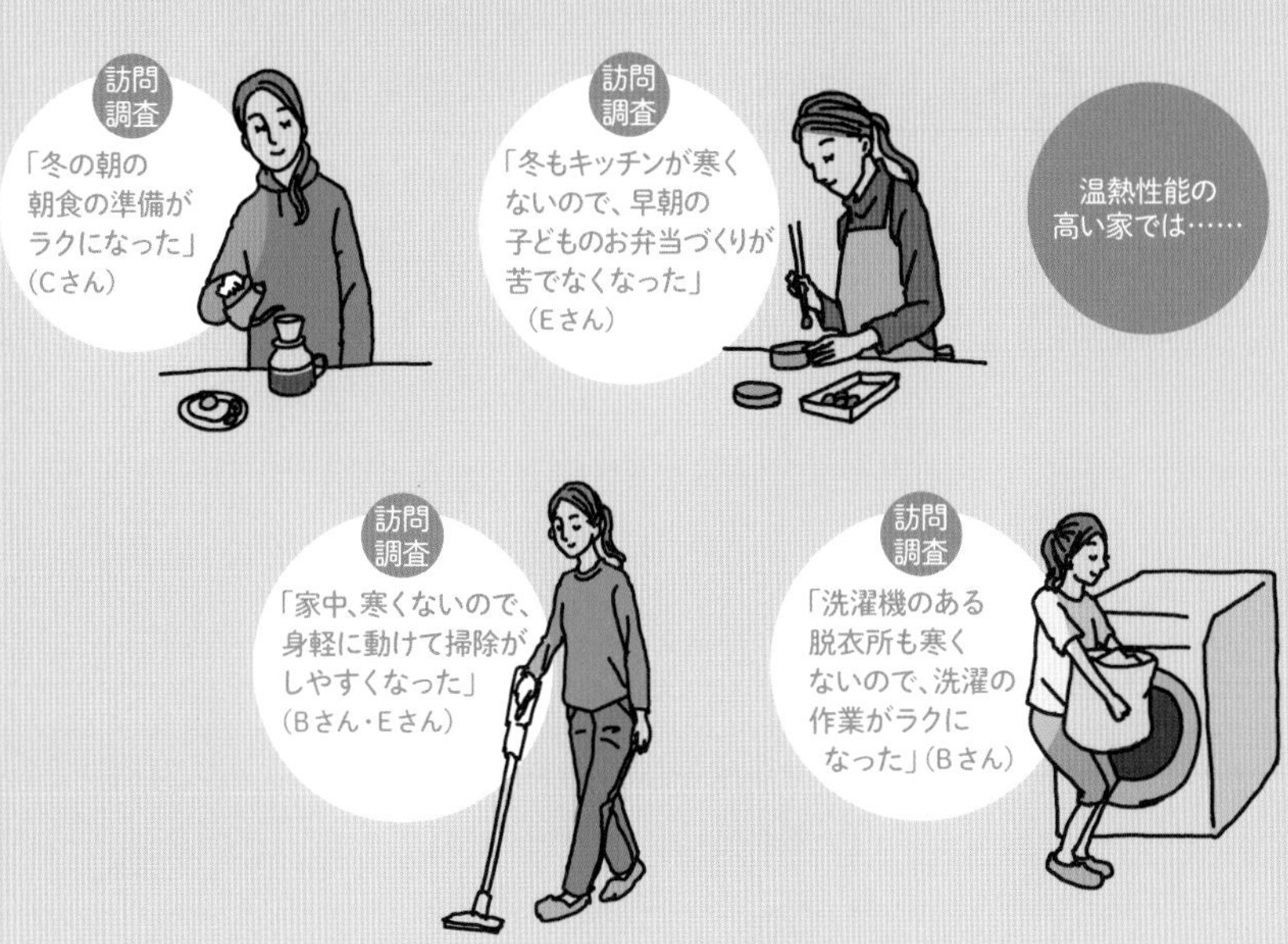

家を買ってから温熱環境を学んでも後の祭り

新しい家に住む前に、建物の温熱環境に気を配る人は、少数派なのが現実です。それは、温熱環境に対する知識不足が招いたという結果にほかなりません。立地やデザイン、金額などの項目が優先されるのでしょう。

実際に、お金をかけて断熱・気密工事を行っても、その効果が身に染みて理解できるのは、住みはじめてから。「寒い冬の日に暖房を切ったまま長時間外出したのに、家に帰ってからも部屋が暖かく、断熱・気密性能の高さに驚いた」というのは、よくある話です。

たしかに、コンクリートをむき出しにした家はカッコいいです。でも、コンクリート自体の断熱性能は低く、断熱材を室外側に設置（外断熱）しないと冬はとても冷たくなります[※]。家を買う前には、お洒落な住宅雑誌を読み漁るのもいいですが、温熱環境の大切さを説く本にも目を通しておきましょう。

1　温熱環境への知識不足が快適な暮らしを阻む

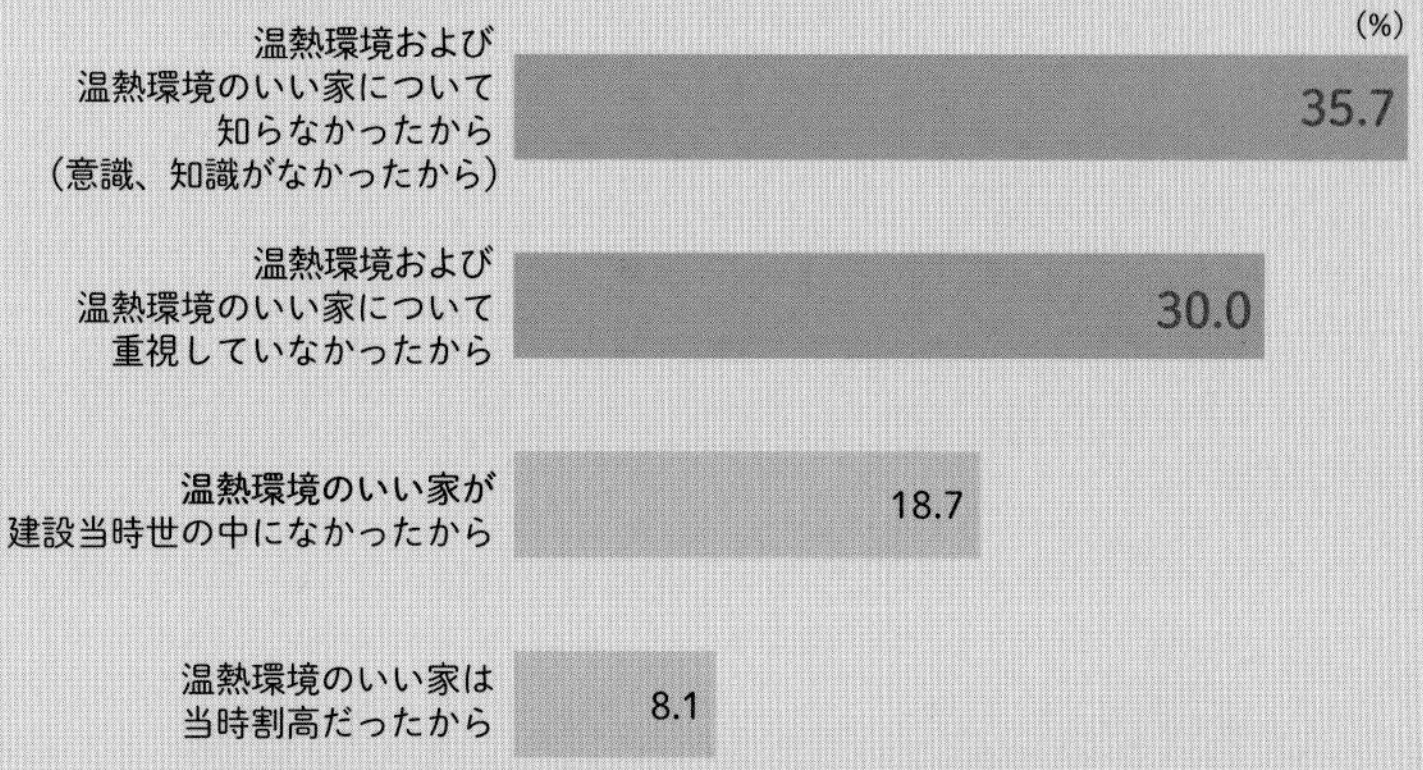

温熱環境のいい家に住むことができなかった理由の結果を集計した。温熱環境に対する知識不足や、優先順位の低さが、理由の上位を占めた

2　情報収集を行えば快適な家に住める

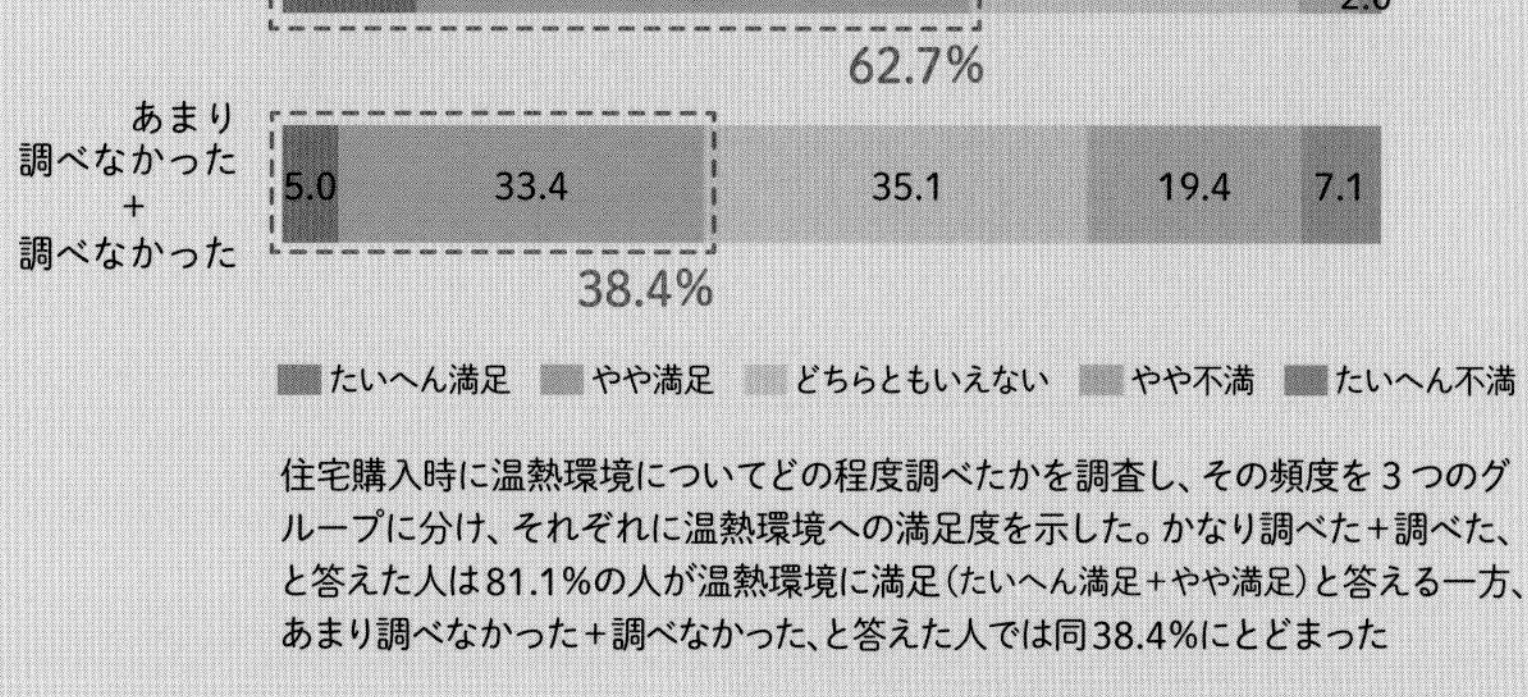

住宅購入時に温熱環境についてどの程度調べたかを調査し、その頻度を3つのグループに分け、それぞれに温熱環境への満足度を示した。かなり調べた＋調べた、と答えた人は81.1％の人が温熱環境に満足（たいへん満足＋やや満足）と答える一方、あまり調べなかった＋調べなかった、と答えた人では同38.4％にとどまった

※　コンクリートは一度冷えるとなかなか暖まらない

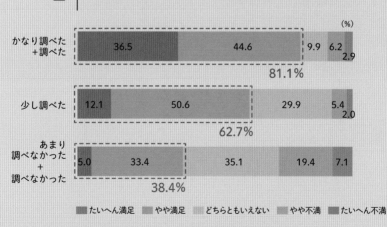

専門用語の意味は子どもに聞かれる前に!!

分譲住宅や分譲マンションの広告やチラシを見ると、キャッチコピーや写真などから売り手のメッセージを読み取れます。いまだに、立地や周辺環境、見晴らしのよさなどを訴えかけるものが多いものの、近年では、温熱環境のよさを前面に押し出すものも見かけるようになりました。実際に、その広告効果で、受注件数を伸ばしている企業もあります。

ただし、そこにはさまざまな専門用語が…。かつては、業界の人しか知らなかった言葉が実際に使われはじめています。

しかし、一般の人で、その意味を理解している人はほとんどいません[1]。テレビ番組で専門用語を耳にした子どもから、唐突に言葉の意味を質問され、慌ててスマホで検索して答える親、というシーンが容易に想像できますね。親の威厳のためにも、時代の変化に対応していく努力も必要です。

1 専門用語を理解している人はほとんどいない

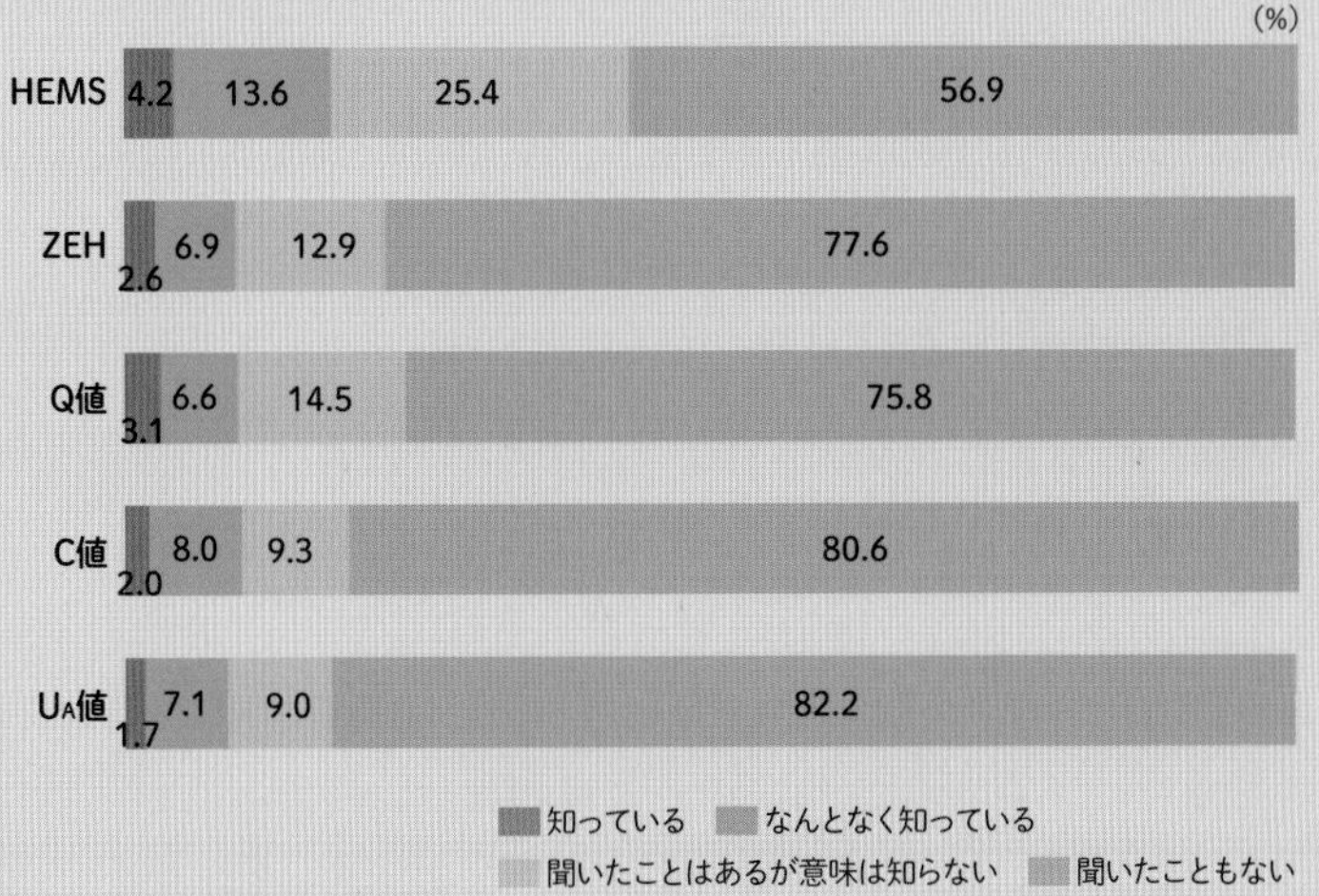

温熱環境に関する言葉の認知度について調査した。いずれの言葉も認知度は低く、最も認知度が高いHEMSでも、言葉の意味を理解している人(知っている+なんとなく知っている)の割合はわずか17.8%にとどまった

HEMS	Home Energy Management System(ホーム・エネルギー・マネージメント・システム)の略。家のなかで使用する家電製品や電気設備などのエネルギー使用量を見える化しつつ、自動制御するシステム
ZEH	Zero Energy House(ゼロ・エネルギー・ハウス)の略。ゼッチと読む。年間エネルギー使用量が差し引き0の家。太陽光発電などでつくるエネルギー量が、家のなかで使用する電気・ガスなどのエネルギー量を上回る家を指す
Q値	住宅の熱損失係数。建物のなかから建物の外へと逃げる熱の量(熱損失)を床面積当たりで示す。値が小さいほど、建物の断熱性能がよい
C値	相当隙間面積。建物全体にある隙間面積(㎠)を延床面積(㎡)で割った数値。値(隙間)が小さいほど気密性能が高い
U_A値	外皮平均熱貫流率。建物のなかから建物の外へ逃げる熱の量を外皮(屋根・外壁・床・窓など)の合計面積で割った値。値が小さいほど、建物の断熱性能がよい

暖かい家は健康で家計にやさしい暮らしを生む

温熱環境のよい家に住めば、暮らしはより豊かになるでしょう。その豊かさとは〝健康〟と〝家計〟という観点で説明できます。

実際に、温熱性能の高い家に住んでいる人は、自身の健康に対して意識が高い人が多いのです[1]。「健康診断を定期的に受ける」「規則正しい食生活を送る（朝食を欠かさない）」など、具体的な行動として実践しています。

〝家計〟に関しても、光熱費をはじめとする生活費に気をかける人が多いのです[2]。事実として、年間の暖冷房費は安くなります［P24～25］。加えて、風邪やインフルエンザなどの病気にもかかりにくくなるので、通院や医薬品購入にかかる費用も抑えられるでしょう。

結果、家計には余裕が生まれます。浮いたお金をアウトドア用品の購入や海外旅行に回せます。暖かいリビングでの家族団らんも、とても楽しい時間となるでしょう。

1 温熱性能の高い家に住む人は健康への意識が高い

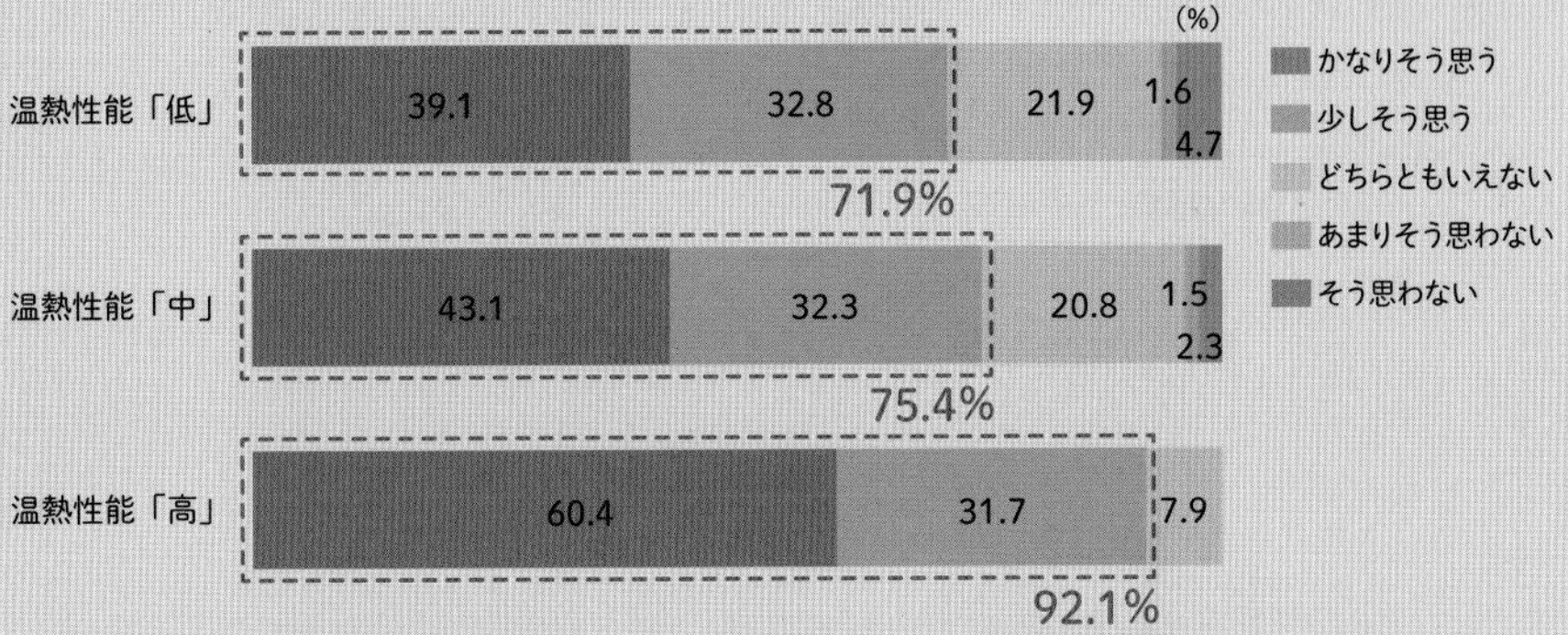

日常生活における健康の大切さについて調査し、住宅の温熱性能別に示した。温熱性能の低い家では、大切に考えている人(かなりそう思う+少しそう思う)の割合が71.9%にとどまったのに対し、温熱性能の高い家では同92.1%にものぼった

2 温熱性能の高い家に住む人は光熱費に気を配る

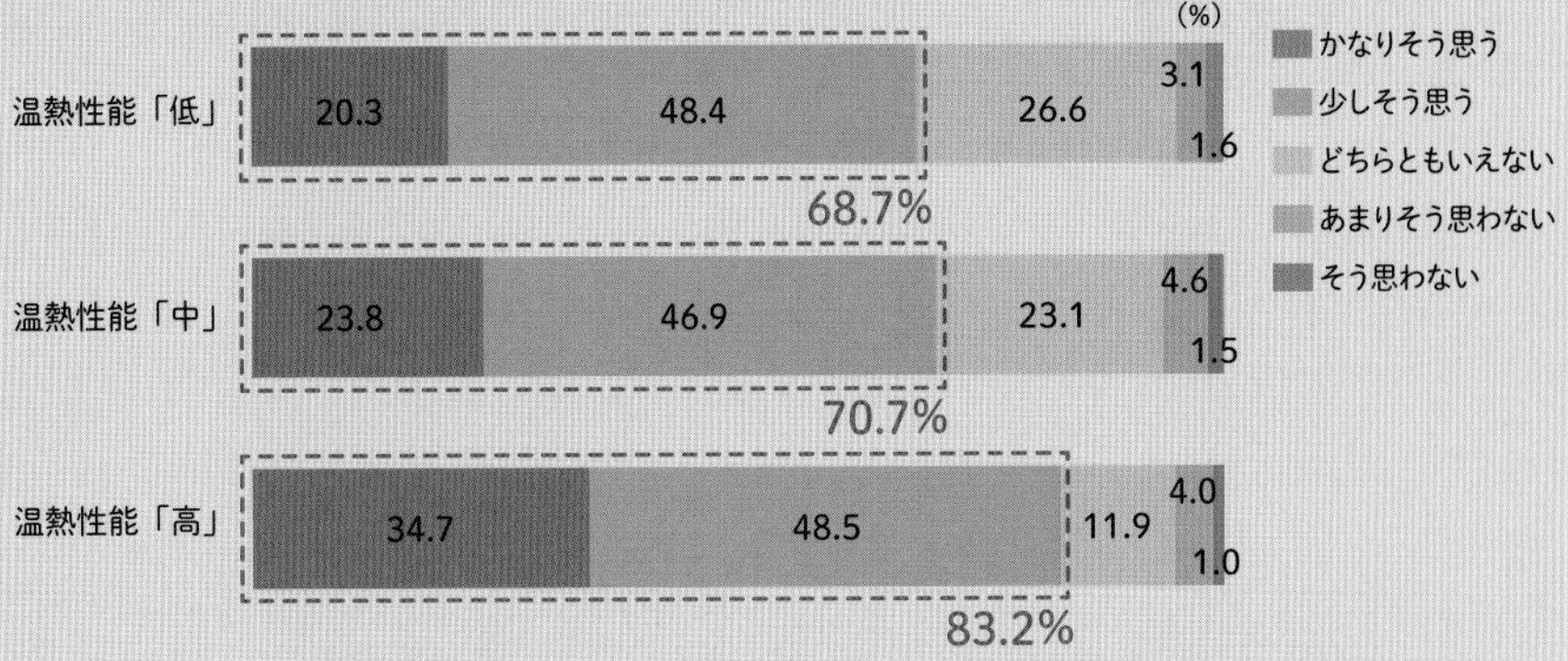

日常生活における光熱費をはじめとする生活費の節約意識について調査し、住宅の温熱性能別に示した。温熱性能の低い家では、節約を大切に考えている人(かなりそう思う+少しそう思う)の割合が68.7%にとどまったのに対し、温熱性能の高い家では同83.2%にものぼった

快適な暮らしは日々の学習からはじまる

現実問題として、世の中の多くの人は、住まいの温熱環境に関心がありません[1]。逆に、温熱環境のいい家に住むためには、関心をもち、情報収集する必要がある、といえます［P64〜65］。ただし、住宅会社の営業マンから話を聞く、というだけの受け身な姿勢では不十分。実際に、温熱環境のいい家に住んでいる人は、自ら積極的に書籍やインターネットなどを駆使して情報収集を丁寧に行っています[2]。

何かと忙しい現代社会ですが、電車の移動時間などを有効に使えば、確かな知識を身に付けられます。自然と、身の回りの温熱環境にも気を配るようになるでしょう。

夏の夜、ビールを飲みながら野球観戦した後、レプリカのユニフォーム姿で、冷房の効いた電車に乗ると、少し肌寒く感じるかも。そんなときは、トートバッグのなかに薄手のカーディガンを用意すると安心です。

1 世の中の多くの人は住まいの温熱に関心がない

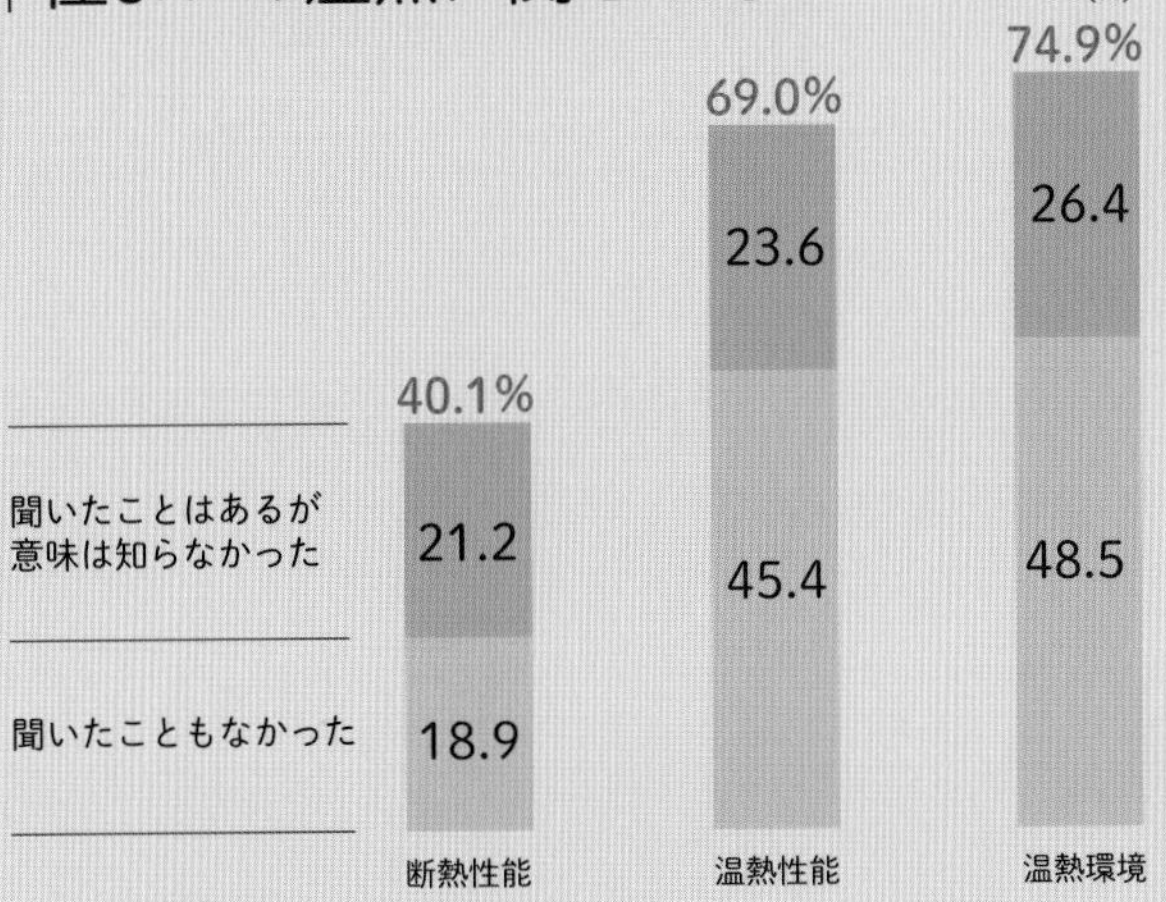

断熱性能、温熱性能、温熱環境という言葉の認知度について調査した。いずれも、認知度が低く、世の中の多くの人が無関心であることをうかがわせる

2 温熱環境に関する情報は自分で調べよう

訪問調査によると、住宅の購入を検討する際に、住宅供給業者のホームページやパンフレット、営業マンの話をもとに検討した人は、“あたたかい家”を要望しながらも、「多少、温度差はあるけれど満足している」と回答した。一方、書籍やホームページ、ブログなど、さまざまな情報を自分で調べた人は、“温度差のない家”を要望し、実際に「温度差の少ない家に満足している」と回答した

column

マンションは戸建住宅よりも暖かい？

「マンションは戸建住宅より暖かい」「マンションから念願の戸建住宅に引っ越したら寒く感じる」という話をよく耳にします。

冬の起床時におけるリビング・ダイニングの室温について調査した結果を見てみましょう[1]。戸建住宅ではなんと5℃以下が12％程度、10℃以下は46％程度もあり、健康の目安とされてきた16℃［P82～83］を下回る住宅は71％にも達しています。一方、マンションでは5℃以下は4％程度で、10℃以下は27％程度。16℃未満は59％程度と戸建住宅に比べて少なく、確かにマンションのほうが暖かいといえます。

住宅のエネルギー消費量に関する環境省の全国調査の結果[2]によると、暖房のエネルギー消費量に関しては、戸建住宅の10.2GJ／世帯・年に対して、マンションでは3.3GJ／㎡・年と戸建住宅の約1／3になっています。マンションは「延床面積が小さい」「居住人数が少ない」などの特徴もあるので、100％正確な比較はできませんが、やはりマンションのほうが暖かいといえます。

この違いの主な原因は、マンションは戸建住宅に比べて、①温度の低い外気に面する面積が小さいこと、②外気面が小さく、一般的に鉄筋コンクリート造（RC造）であるため、気密性能が高くて隙間風が少ないこと、です。

①では、戸建住宅は屋根・壁・床の6面が外気に面していますが、マンションの中間階・中間住戸では両隣と上下に住戸があり、外気に面するのは2面のみ。その両隣と上下の住戸では自分の住戸と同じような温度ですから、熱の出入りはほとんどありません。

中間階の角住戸や最上階の中間住戸、最下階の中間住戸では3面が外気に面し、また、最上階と最下階の角の住戸では4面が外気に面しますが、それでも、外気面は戸建住宅よりは少なく、熱の出入りは小さくなります。ただし、マンションでも、断熱が不十分だと、太陽の熱が侵入しやすい最上階の住戸は夏とても暑く、床下が外気や地面に面する最下階の住戸は冬とても寒くなります。

1 戸建住宅の冬はマンションに比べて激《げき》寒《さむ》

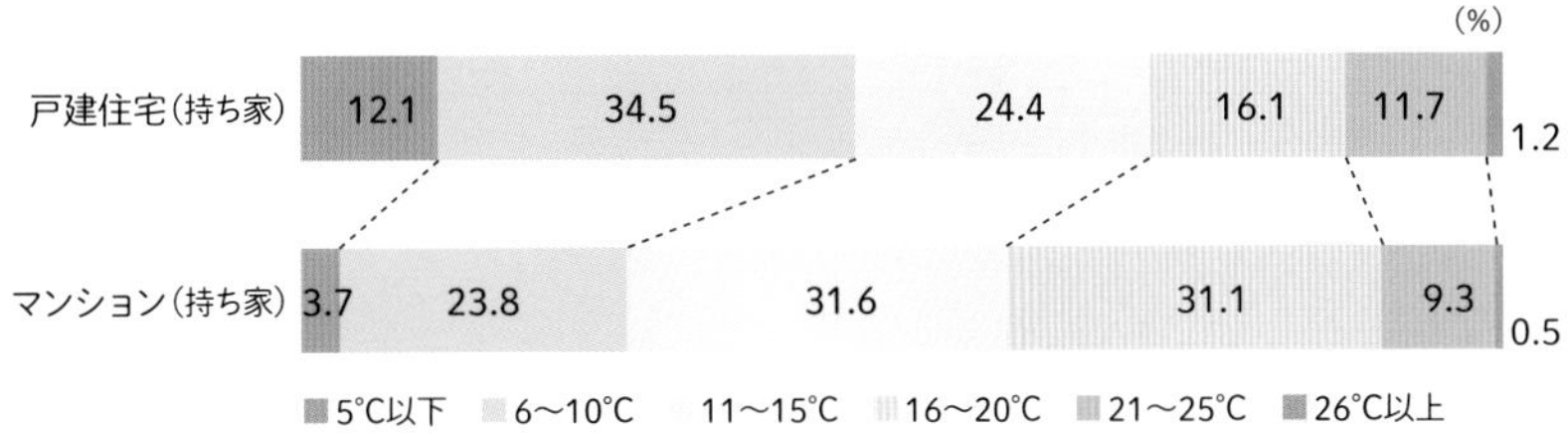

戸建住宅とマンションについて、冬のリビング・ダイニングにおける起床時室温[※1]を比較した結果。戸建住宅はマンションに比べて室温がかなり低い。健康の目安とされる16℃以上の割合は29.0%しかない

2 戸建住宅の暖房費はマンションの約3倍

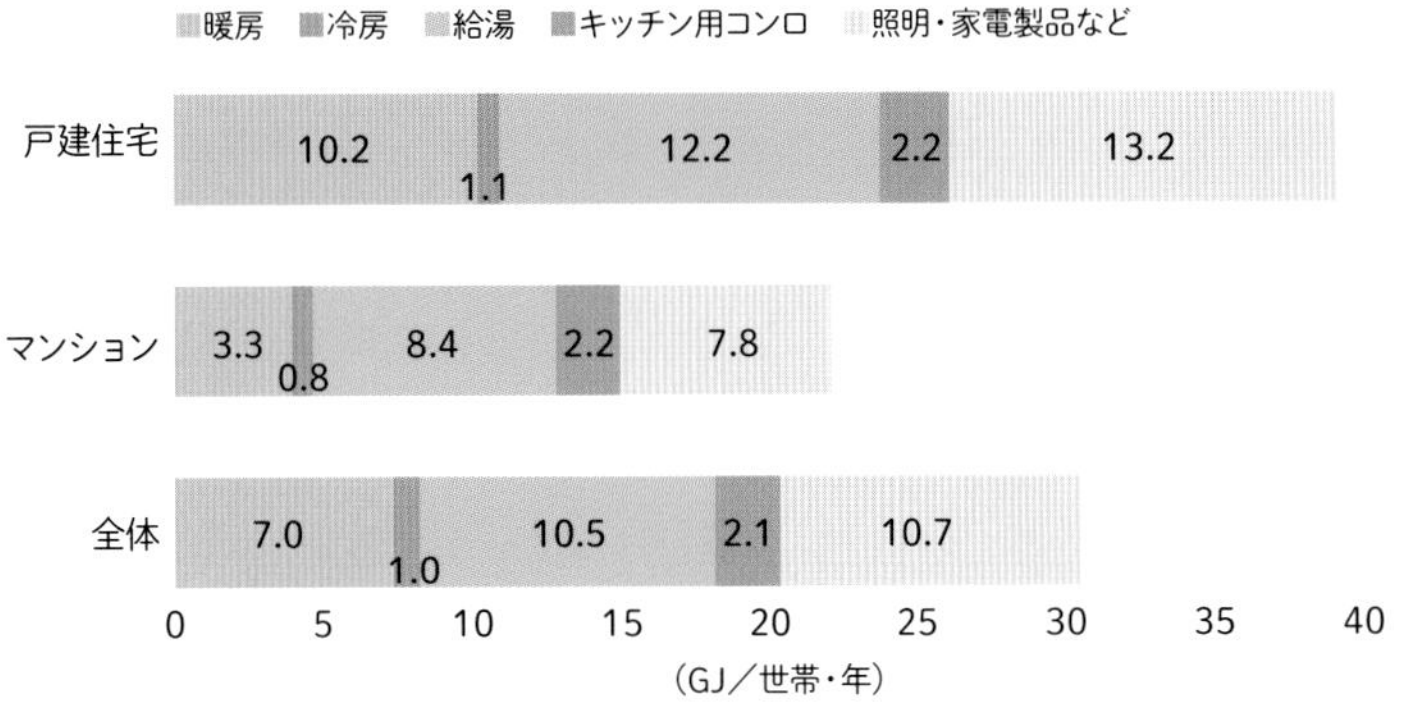

戸建住宅とマンションのエネルギー消費量(光熱費)を比較した結果。戸建住宅のほうがマンションよりもエネルギー消費量が多い。特に、暖房エネルギーの違いは一目瞭然。熱が逃げやすい戸建住宅は暖房エネルギーがマンションの約3倍にも達する[※2]

※1 室温は自己申告された値。分からないと答えた人のデータは除く
※2 「平成30年度 家庭部門のCO_2排出実態統計調査 資料編(確報値)」(環境省)

chapter 2

あたたかい暮らしの物差し

あたたかく過ごすためのヒミツを知りたいのであれば、人間が快適を感じるメカニズムを理解することが大切です。キーワードは、「温度」「湿度」「気流速」「表面温度」「着衣量（服装）」「代謝量」。専門用語でいえば、〝温熱環境の6要素〟といわれているものです。この仕組み（6要素と快適の関係）が分かれば、理想の暮らしを手に入れるのに一歩近づくでしょう。この章をお読み頂き、ぜひ快適環境をつくりだす条件を導き出してください。

それと、もう1つ忘れてならないことがあります。快適の条件は十人十色ということ。個人差があることはくれぐれも忘れずに。お互いを思いやることも、快適に過ごすための秘訣ですから。

〝快適〟って何？

温熱環境の観点からいうと、快適な状態は3種類あります。①〝暑くも寒くもない状態〟、②お風呂上がりに風に吹かれたときなどの〝気持ちのよい状態〟、③床暖房などの〝足元が温かい状態〟の3つです。

ここでは、①を中心にお話しします。一般的に快適な状態とは①の〝暑くも寒くもない状態〟のことを指します。人は、摂取した食物をエネルギーとして熱生産を行っています。これを代謝といいます。代謝によって発生した熱を体の表面から放出することで、深部体温（体内部の温度）を約37℃に保っています。寒い環境では、熱が必要以上に奪い取られるので、寒さを感じます。暑い環境では、熱が思うように抜けず、暑さを感じます。

したがって、〝暑くも寒くもない状態〟をつくりだすには、体から放出される熱と周辺環境のバランスを適正に整える必要があります。

1 暑くも寒くもない状態

暑くもなく、寒くもない春の暖かな一日。そよ風が吹けば、桜吹雪が全身を包み、さらに心地よく感じるでしょう。

2　お風呂上りに風が吹かれたときなどの“気持ちのよい状態”

お風呂上りのひとときⅰ。体はポカポカに温まっています。冷たい飲み物を飲むと、何ともいえない爽快感が得られます。

3　床暖房などによる“足元が温かい状態”

床暖房で足元が温められると、床に座ってのんびりと過ごしたくなるもの。本を読みながら過ごすのもよいでしょう。

夏と冬の快適な温熱環境

1　空気の温度

夏　27〜28℃

冬　20〜22℃

夏の温度は27〜28℃、冬の温度は20〜22℃が理想的です。

詳しくはP 80〜83

2　空気の湿度

夏　70%以下

冬　40〜70%

夏の湿度は70%以下、冬の湿度は40〜70%が理想的です。

詳しくはP 84〜87

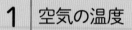

熱バランスに関与する要素は、環境的なものと人体的なものに大別されます。前者は、「温度」「湿度」「気流速」「表面温度」の4要素で、これらを適正な数値にすることが目標となります。

後者は、周辺環境に合わせて調整される衣服の量「着衣量（服装）」［P98〜99］、人体の運動の程度次第で変わる「代謝量」（活動量）［P100〜101］です。すべてが適正値であれば、夏も冬も快適に過ごせるでしょう。

3 人体周囲の気流速

夏 〜0.5m/s

冬 なし

夏の気流速は〜0.5m/s、冬の湿度は0m/sが理想的です。

詳しくはP 88〜91

4 室内の表面温度

夏 空気温度＋2℃以下

冬 空気温度－2℃以上

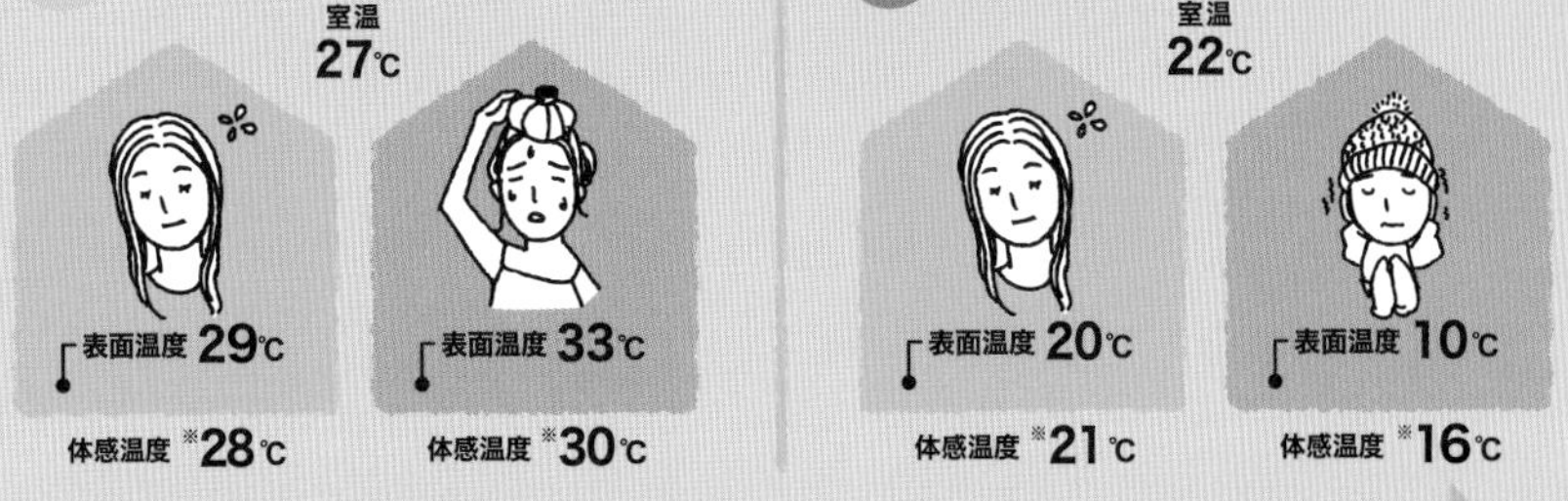

夏の表面温度は空気温度＋2℃以下、
冬の表面温度は空気温度－2℃以上が理想的です。

詳しくはP 92〜95

※ 室内の体感温度（作用温度）は簡易的に（室温＋表面温度）÷2で算出できる

夏の温度は27~28℃

　夏の温度は27~28℃が理想的です。部屋でくつろぐにはちょうどよい温度といえるでしょう。私たちがよく耳にするのは、〝COOLBIZ《クールビズ》〟で推奨されている28℃ですが、27℃~と幅をもたせているのは、服装によって暑さの感じ方が異なるからです[1]。

　しかし、夏の日中は外気温が30℃を大きく超える日が多く、家の断熱性能が低いと「外よりも内のほうが暑い」というデータも［P14~15］。室温が30℃を超えると、体にだるさを感じ、熱中症のリスクが高まります［P34~35］。もし、暑いと思ったなら、ためらうことなくエアコンを使って、室温を27~28℃に下げましょう。ただし、断熱性能が低い場合、エアコンには大きな負荷がかかり、設定温度どおりに室温が下がるとは限りません。

1 夏の快適な温度と服装の目安［※］

28℃

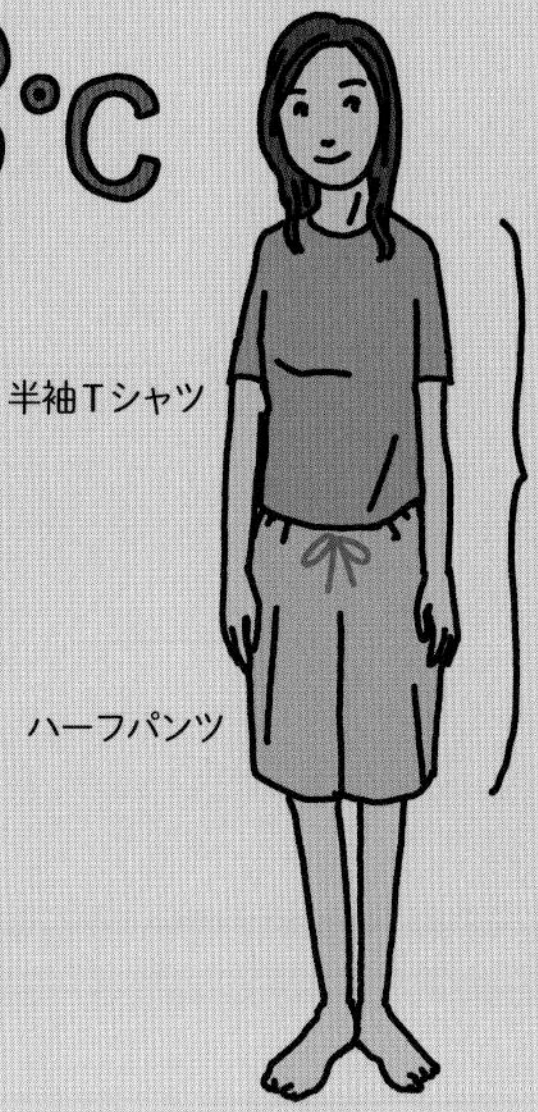

着衣量
0.3clo

温度が28℃の場合、半袖Tシャツ＋薄手ハーフパンツ、半袖ワンピースなど着衣量が0.3cloであれば、暑くもなく寒くもない状態になる

27℃

着衣量
0.4〜0.5clo

温度が27℃の場合、半袖シャツ＋薄手ロングパンツなど着衣量が0.4〜0.5cloであれば、暑くもなく寒くもない状態になる

※　体感温度は個人差や体調によって異なる

冬の温度は20~22℃

冬の温度は20~22℃が理想的です。それは春のような暖かさ。思わずギターを片手に歌いたくなってしまいますね。

その参考となるのが、英国保健省が推奨する最低推奨室温[1]です。18℃以上とするのがよいとされています。室温が20℃くらいあれば、厚手のニットを着るだけで、快適に過ごすことができます[2]。

逆に、温度が20℃を大きく下回ってしまうと、健康にさまざまな被害をおよぼしますが、その前にとても寒い。ギターを片手に歌う、なんて悠長なことはいってられません。体を激しく動かしながら、シャウトして体を温める必要があるかも。エアコンで温めようとしても、家の断熱性能が低ければ、暖気は天井付近にたまってしまうのも悩ましいところです[P22~23]。

1　イギリスの最低推奨室温は18℃

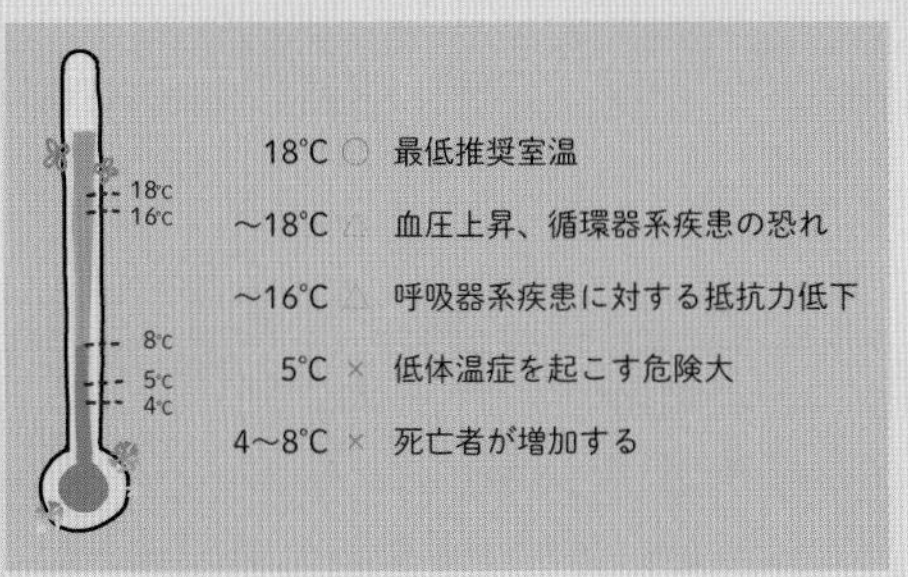

18℃
16℃
8℃
5℃
4℃
18℃ ○ 最低推奨室温
〜18℃ △ 血圧上昇、循環器系疾患の恐れ
〜16℃ △ 呼吸器系疾患に対する抵抗力低下
5℃ × 低体温症を起こす危険大
4〜8℃ × 死亡者が増加する

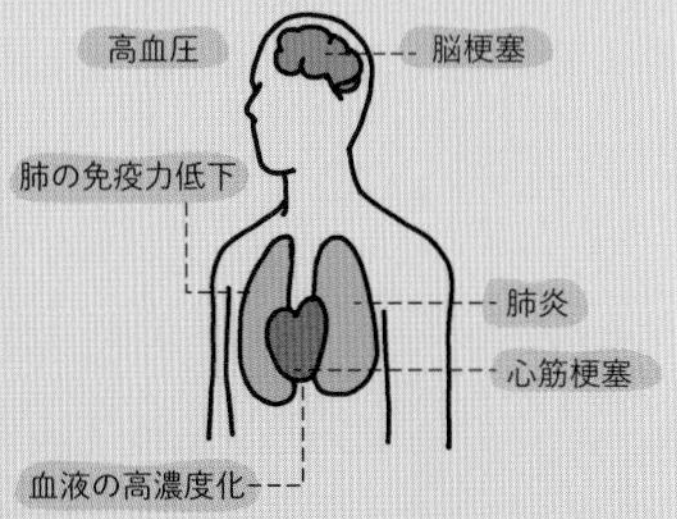

英国保健省によると、冬の温度は全室18℃以上が望ましい。18℃を下回ると、循環器系・呼吸器系にさまざまな支障をきたす。一方、日本の省エネ基準（2016年［H28］）では、東京などの温暖地でも最低室温が9℃まで下がってしまう

2　“厚手のニット”なら20℃で快適

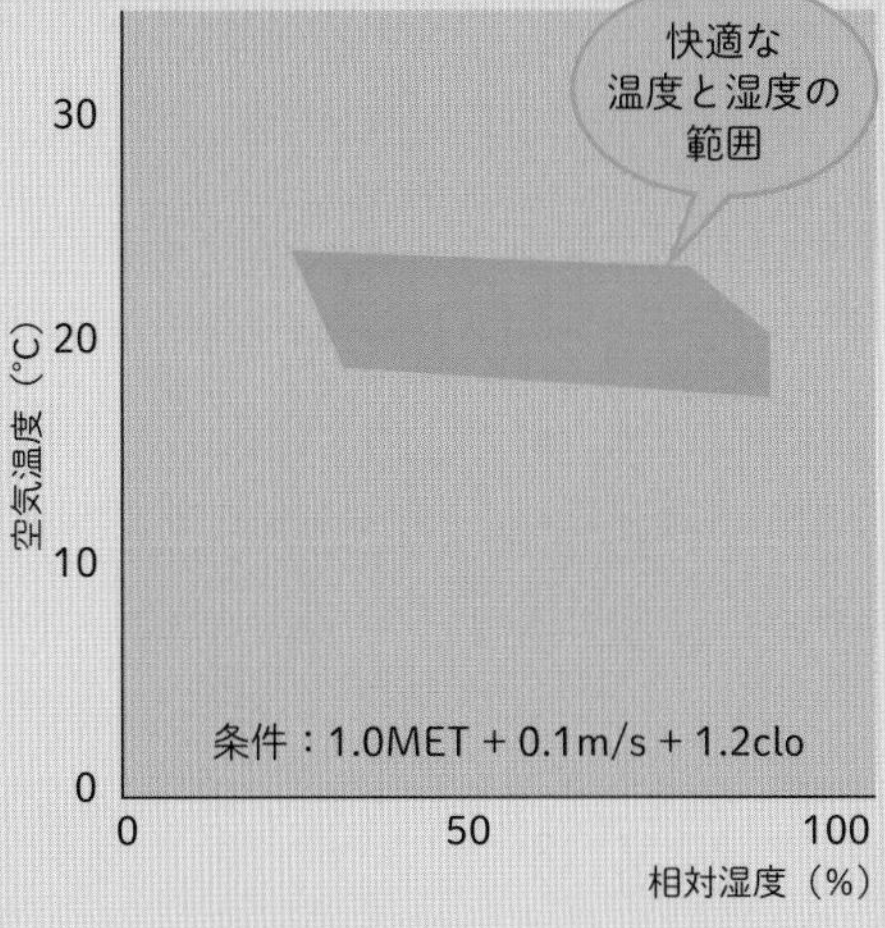

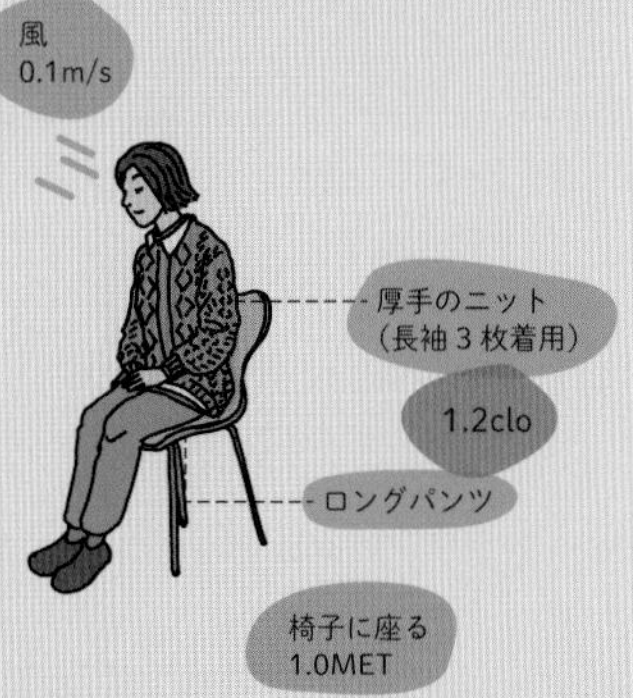

代謝量が椅子に座った状態の1.0met［P100〜101］、着衣量が厚手のニットを着用した1.2clo［P98〜99］、気流速が0.1m/s［P90〜91］の条件では、室内温度が20℃、相対湿度40〜90％くらいが、暑くも寒くもない快適な範囲となった（室内環境としては70％以下を推奨［P86〜87］）［※］

※　「居住者の環境調整行動を考慮した温熱性能評価方法」（深澤たまき・須永修通／首都大学東京［東京都立大学］）

夏の湿度は70%以下

夏の湿度は70%以下が理想的です。人は同じ温度でも、湿度が低いと寒く、湿度が高いと暑く感じます。湿度が低い場合、水分（汗）とともに熱が放出されやすい一方、湿度が高い場合は、それらが放出されにくくなります[※1]。

湿度が高ければ、赤ん坊を抱きしめると、汗が噴き出してきますね。しかも、体に熱がこもるので、熱中症のリスクが高まります。その指標が〝暑さ指数〟（WBGT）[1]。室内温度が28℃の場合、湿度が70%を超えると、〝暑さ指数〟が28℃となり、厳重な警戒が必要になります。カビも繁殖しやすい環境といえます。

夏の除湿はとても大切。エアコンをためらわずに使いましょう。湿度が低いと汗が蒸発、皮膚が冷却され涼しく感じます[2]。

1　湿度70%超では熱中症に厳重注意

湿度（%）　　70%〜

気温（°C）

	20	25	30	35	40	45	50	55	60	65	70	75	80	85	90	95	100
40	29	30	31	32	33	34	35	35	36	37	38	39	40	41	42	43	44
39	28	29	30	31	32	33	34	35	35	36	37	38	39	40	41	42	43
38	28	28	29	30	31	32	33	34	35	35	36	37	38	39	40	41	42
37	27	28	29	29	30	31	32	33	34	35	35	36	37	38	39	40	41
36	26	27	28	29	29	30	31	32	33	34	34	35	36	37	38	39	39
35	25	26	27	28	29	29	30	31	32	33	33	34	35	36	37	38	38
34	25	25	26	27	28	29	29	30	31	32	33	33	34	35	36	37	37
33	24	25	25	26	27	28	28	29	30	31	32	32	33	34	35	35	36
32	23	24	25	25	26	27	28	28	29	30	31	31	32	33	34	34	35
31	22	23	24	24	25	26	27	27	28	29	30	30	31	32	33	33	34
30	21	22	23	24	24	25	26	27	27	28	29	29	30	31	32	32	33
29	21	21	22	23	24	24	25	26	26	27	28	29	29	30	31	31	32
28	20	21	21	22	23	23	24	25	25	26	27	28	28	29	30	30	31
27	19	20	21	21	22	23	23	24	25	25	26	27	27	28	29	29	30
26	18	19	20	20	21	22	22	23	24	24	25	26	26	27	28	28	29
25	18	18	19	20	20	21	22	22	23	23	24	25	25	26	27	27	28
24	17	18	18	19	19	20	21	21	22	22	23	24	24	25	26	26	27
23	16	17	17	18	19	19	20	20	21	22	22	23	23	24	25	25	26
22	15	16	17	17	18	18	19	19	20	21	21	22	22	23	24	24	25
21	15	15	16	16	17	17	18	19	19	20	20	21	21	22	23	23	24

WBGT値
危険 31°C以上
厳戒警戒 28〜31°C
警戒 25〜28°C
注意 21〜25°C
ほぼ安全 20°C以下

暑さ指数（WBGT）は熱中症を予防することを目的として、気温・湿度・放射熱をもとにアメリカで提案された指標。単位は気温と同じ"°C"で示されるが、その値は気温とは異なる。「日常生活における熱中症予防指針Ver.3確定版」（日本生気象学会）では、熱中症の危険度を、WBGTを用いて4段階の温度基準で整理[※2]。危険度が高い順に、赤・オレンジ・黄色・黄緑に色分けされている。温度が同じでも、湿度が高いと熱中症のリスクが高くなる[※3]

温度基準（WBGT）	注意すべき生活活動の目安	注意事項
危険（31°C以上）	すべての生活活動で起こる危険性	高齢者においては、安静状態でも発生する危険性が大きい。外出はなるべく避け、涼しい室内に移動する
厳重警戒（28〜31°C）		外出時は炎天下を避け、室内では室温の上昇に注意する
警戒（25〜28°C）	中等度以上の生活活動で起こる危険性	運動や激しい作業をする際は、定期的に充分に休息を取り入れる
注意（25°C未満）	強い生活活動で起こる危険性	一般に危険性は少ないが、激しい運動や重労働時には発生する危険性がある

2　湿度が低いと体に熱がこもらない

湿度が低いと
汗が効率よく
発散する

運動などで体温が上がると発汗する。そのとき、湿度が低ければ、汗が蒸発し、同時に皮膚から気化熱を奪うので、皮膚が涼しく感じる。湿度が高いと、汗が蒸発しにくいので、放熱が進まない。マラソンで、湿度が低いと好記録が生まれやすいのは、汗が蒸発しやすいから

※1　室温が同じ20°Cであったとしても、湿度が20%の場合は50%の場合に比べて、体感温度は0.5°C下がるといわれている
※2　図は、室内で日射がない状態において、気温・相対湿度からWBGTを推定するために作成されたもの
※3　最近の研究によると、北海道や東北など、暑さに慣れていない地域では上図より低い温度でも警戒が必要

冬の湿度は40~70%

冬の湿度は40~70%が理想的です。夏とは逆に、湿度を上げて、室温以上の暖かさを得ましょう。湿気が適度にあれば、化粧のノリも良好。逆に、湿度が低ければ、フェイスパックしても、なかなか肌が潤いません。特に、日本の太平洋側は、カラッとした晴天が多く、湿度が15%を下回ることもあるので注意です。

加えて、湿度が低いと、インフルエンザなどのウイルスへの感染が懸念されます[1]。これは、過乾燥の状態では、粘膜が乾き、ウイルスが体内に侵入しやすくなるから。静電気も湿度の低さが原因です。

したがって、加湿は重要。ただし、多くのエアコンには加湿機能がありません[※1]。温度は高くなっても、部屋は乾燥したまま。加湿器の利用も検討しましょう。

1　湿度40〜70%は感染症のリスクが低い

相対湿度の推奨範囲

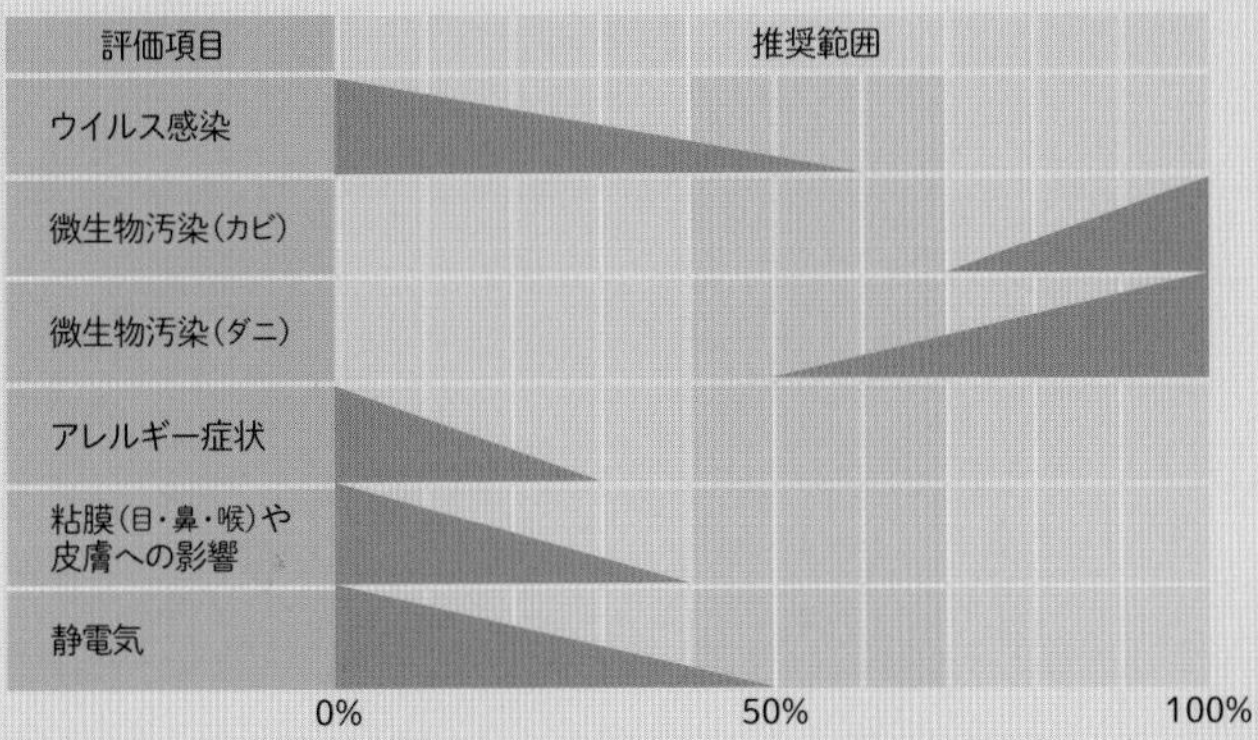

湿度が40%を下回ると、ウイルスに感染するリスク、アレルギー症状を発症するリスク、粘膜への影響、静電気の発生といった問題が起きやすくなる。一方、湿度が70%を上回ると、カビやダニが発生するリスクが高まる。したがって、湿度は40〜70%とするのがよい［※2］

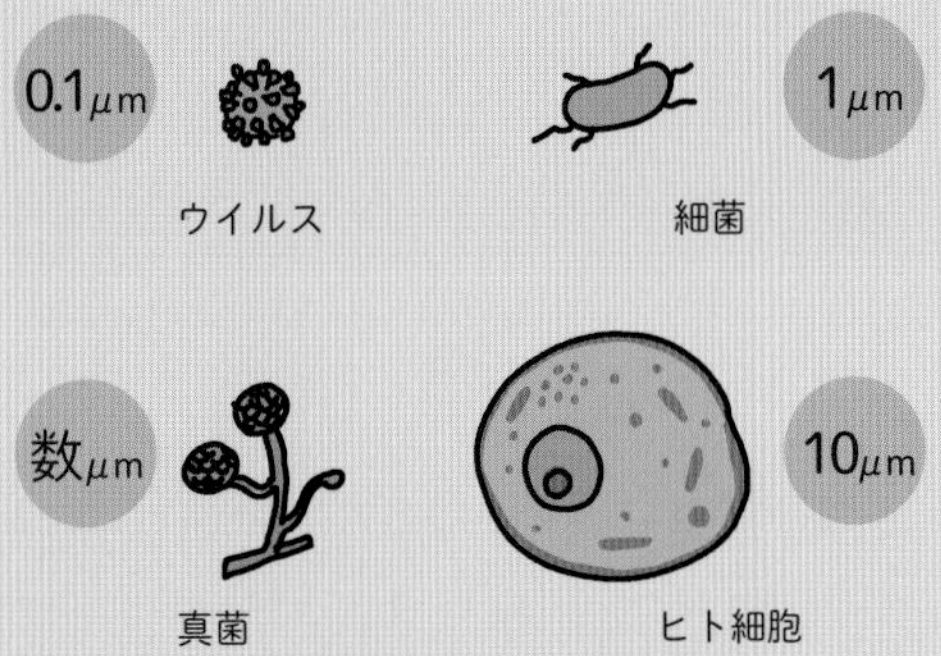

ウイルスは大きさが0.1μm程度の粒子。自らは増殖することはできないが、生物の細胞に侵入して増殖することが可能。インフルエンザウイルスやコロナウイルスなどがある。細菌は大きさが1μm程度の細胞。細胞分裂による自己増殖が可能。ブドウ球菌や大腸菌などがある。真菌（カビ）は大きさが数μm程度の細胞で、細胞内に核をもつ。人の細胞に定着し、発育する。白癬《はくせん》菌、カンジダなどがある

※1　エアコンによる暖房は湿度が低くなりがち。20%以下になることもあるので注意
※2　「建築物環境衛生管理基準の設定根拠の検証について」（東賢一／近畿大学）

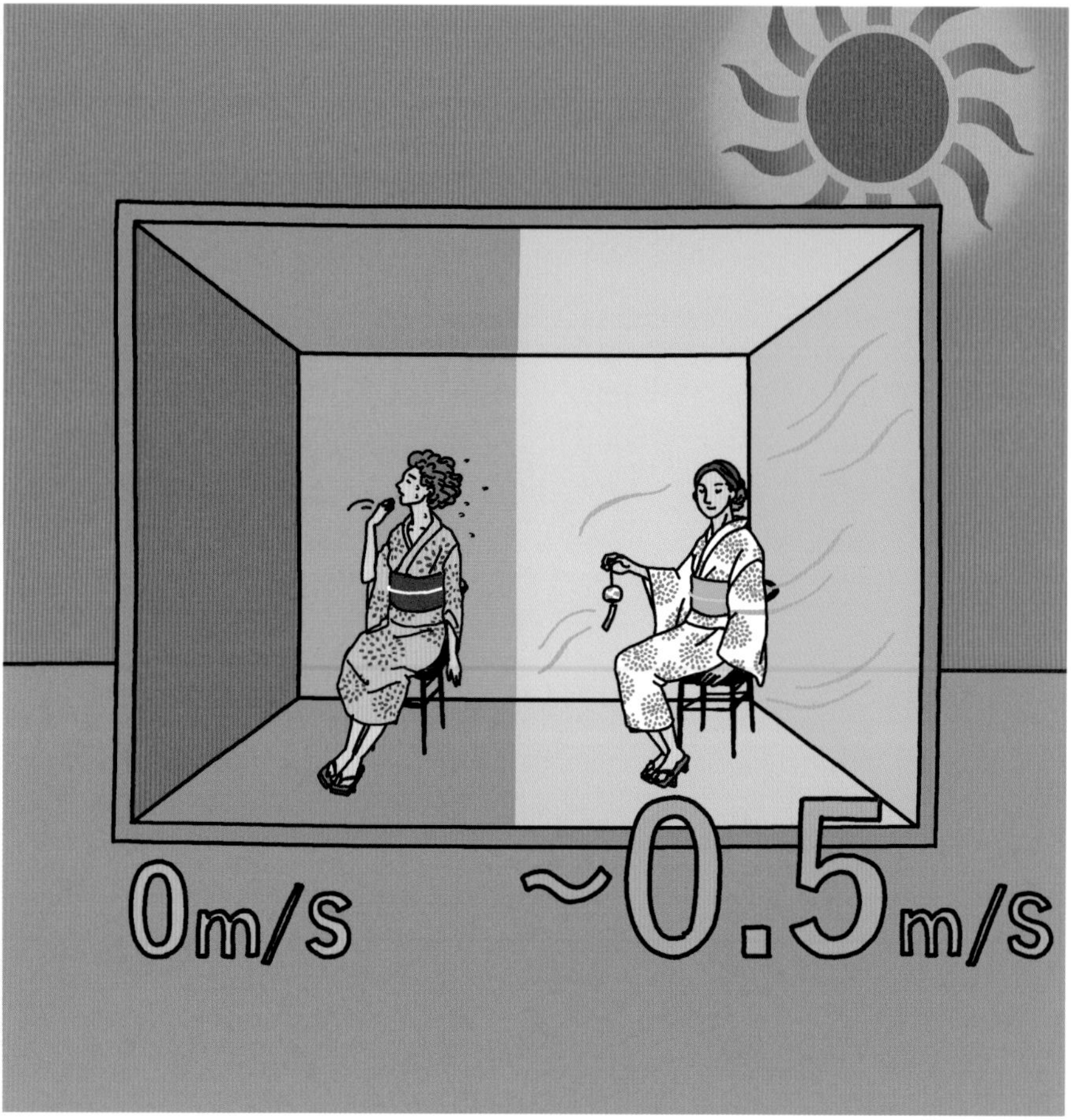

夏の気流速は0・5m/s以下

夏の気流速は0・5m/s以下が理想的です。適度に風があれば、体の熱が奪われるので、暑さがある程度解消されます。ここで、0・5m/sの風といえば、煙突の煙が緩やかになびく程度の微風[1]。風鈴をかざして音色の美しさを楽しむ、見た目にも涼しげな姿が目に浮かびますね。

一方、風がなければ体の熱が奪われにくく、温度以上に暑さを感じます。人は0・15m/s以下の気流を感じません。〃瀬戸の夕凪〃がまさにそれ[※]。

無風状態であるなら、エアコンや扇風機を使って風を起こしましょう。ただし、強すぎてもダメ。1m/sを超える風に当たり続けていると、体感温度が下がりすぎて不快に感じることも。最悪の場合、風邪をひいてしまうので注意しましょう。

1　身近な風速

風力	名称	風力（ノット）	風速（m/s）	陸上の状況
0	平穏	〜1	0.0〜0.3	静穏。煙がまっすぐ上昇
1	至軽風	1〜4	0.3〜1.6	煙がなびく
2	軽風	4〜7	1.6〜3.4	顔に風を感じる。木の葉が揺れる
3	軟風	7〜11	3.4〜5.5	木の葉や細い枝が絶えず動く。旗がはためく
4	和風	11〜17	5.5〜8.0	砂埃が立ち、紙片が舞う。小枝が動く
5	疾風	17〜22	8.0〜10.8	葉の茂った樹木が揺れ、池や沼にも波頭が立つ
6	雄風	22〜28	10.8〜13.9	大きな枝が動き、電線が鳴る。傘の使用が困難となる
7	強風	28〜34	13.9〜17.2	樹木全体が揺れる。風に向かうと歩きにくい
8	疾強風	34〜41	17.2〜20.8	小枝が折れ、風に向かうと歩けない
9	大強風	41〜48	20.8〜24.5	煙突が倒れ、瓦が落ちる
10	全強風	48〜56	24.5〜28.5	樹木が根こそぎ倒れる。人家に大損害が起こる
11	暴風	56〜64	28.5〜32.7	めったに起こらないような広い範囲の大損害が起こる
12	颶《ぐ》風	64〜	32.7〜	被害甚大。記録的な損害が起こる

「風力階級表」では、さまざまな風速が分類されている。0.0〜0.3m/sまでの風速を平穏といい、煙がまっすぐに上昇する。0.3〜1.6m/sまでの風速を至軽風といい、煙が緩やかになびく。0.5m/sまでなら、夏は至軽風が望ましい。1m/sの風に当たるのも心地よいが、長時間当たり続けるのはリスクが高い

※　瀬戸内海を囲む地域では、夏の夕方に風がピタッと止まる現象が日常的に起こり、非常に蒸し暑く感じる。それを“瀬戸の夕凪”という

冬の気流速は0m/s

冬の気流速は0m/sが理想的です。その理由は、冬に風があると、体感温度が下がるから。風がなければ、キャンドルライトの温かな炎を見ると、心まで温まりそうですが、風があると火をつけるのも大変。風で体を冷やさないためには、ウインドブレーカーを着用すべきかもしれません。加えて、窓の断熱性能が低いと、コールドドラフトが発生し、足元に冷たい気流が流れます［P22〜23］。その冷風も不快に感じるでしょう。

具体的に、風速0・15m/s以下であれば人は風を感じないので、体感温度は室温とほぼ同じ。冬の室内環境としては理想的です。一方、風速が0・5m/sあると、体感温度は室温に比べて約1・5℃低下します[1]。"冬は無風"を念頭に。

1 風速と体感温度の関係

風速が 0.1m/s ― 体感温度は室温とほぼ同じ

風速が 0.3m/s ― 体感温度は約 1℃低下する

風速が 0.5m/s ― 体感温度は約 1.5℃低下する

風速と体感温度の関係。風速が強くなるに比例して、体感温度は確実に下がる。体感温度と室温を同じ状態に保つには、建物の気密性能を高めて隙間風の侵入を防ぐほか、窓の断熱性能を高めてコールドドラフトの発生を防ぐ必要がある[※]

※ 「学校における温熱・空気環境に関する現状の問題点と対策」（日本建築学会）

夏の表面温度は室温＋2℃以下

夏の表面温度は室温＋2℃以下が理想的です。ここで表面温度とは、壁や窓などの室内側の温度といい換えられます。室温が27〜28℃で、表面温度もほぼ同じであれば、体感温度も変わらず、快適に過ごせます。しかし、表面温度が室温に比べて高すぎると、体感温度は上昇。思った以上に不快に感じるでしょう[※1]。

こうした現象は、放射熱による影響です[P96〜97]。離れたところにいても熱は伝わるのです。夏、木陰に入ったときに涼しく感じるのは、太陽からの放射熱を避けられるからです[1]。一方、断熱性能が低い家では、太陽からの放射熱によって天井の温度が40℃近くまで上昇[2]。結果として体感温度も上がってしまうのです。室温が27〜28℃であったとしても…。

1 木陰の体感温度は日なたの－7℃

夏、太陽の強力な放射熱によって路面温度が上昇し、それが反射(放射)となって体感温度を上昇させる。一方、木陰では路面温度が下がるので、体感温度も下がる。その差は7℃にもなるという[※2]

2 天井面温度の高さが不快の要因

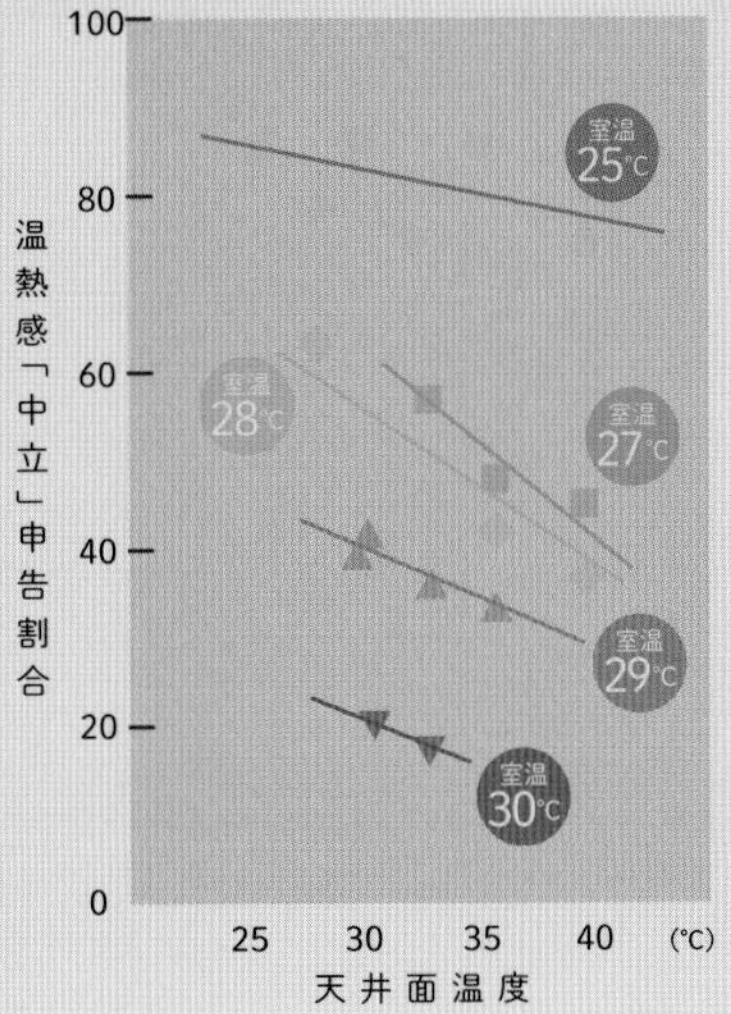

夏は太陽からの放射熱によって天井面の温度が上昇し、"熱的に中立(暑くもなく寒くもない)"と感じる人の申告割合が減ってしまう。室温が28℃であっても、天井面温度が40℃の場合、"熱的に中立"だと感じる人の割合は40%程度。天井面温度が30℃であれば、その割合は60%近くにまで増える[※3]

※1 室内の体感温度(作用温度)は簡易的に(気温＋表面温度)÷2で算出できる
※2 「まちなかの暑さ対策ガイドライン改訂版」(環境省)
※3 「天井面温度と人体感覚に関する実験(その2)」(伊藤直明)－「住宅研究報告」(日本住宅公団総合試験場)

冬の表面温度は室温-2℃以上

冬の表面温度は室温-2℃以上が理想的です。冬は壁面などの表面温度が低くなりがち。とりわけ、窓は表面温度が下がりやすく、放射によって、熱が高いほう（人体）から低いほうに移動する（熱が奪われる）ので、室温が20~22℃と高めであっても、より寒く感じます[1]。

特に、コールドドラフトと呼ばれる現象には注意［P22~23］。窓や冷えた壁面伝いに降りてくる冷気が床面に流れ、足元から体を冷やしてしまうのです。

一方、断熱材やペアガラスなどで、建物の断熱性能を上げると、コールドドラフトの発生を抑えられ、床面付近の温度を下げずに保つことができます。これに床暖房を組み合わせれば、床面の温度を上昇させることもでき、理想的といえるでしょう[2]。

温度

湿度

気流速

表面温度

着衣量（服装）

代謝量

1 冬におけるさまざまな表面温度

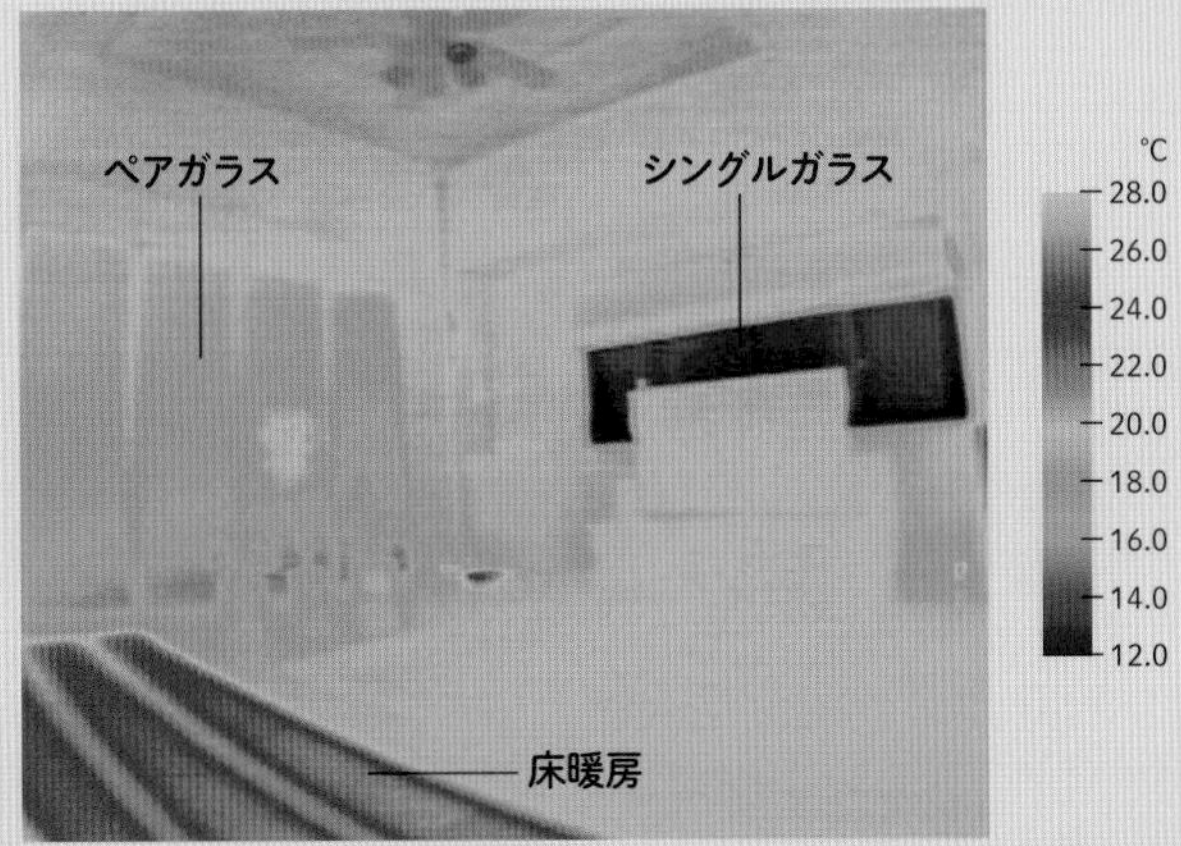

冬の居室で、壁・天井・床・窓の表面温度をサーモカメラで可視化。断熱材の入っている壁の表面温度は室温に近く、ペアガラスの表面温度はシングルガラスよりも高い。床暖房を敷設した部分は表面温度が高い[※]

2 表面温度は伝導と放射で伝わる

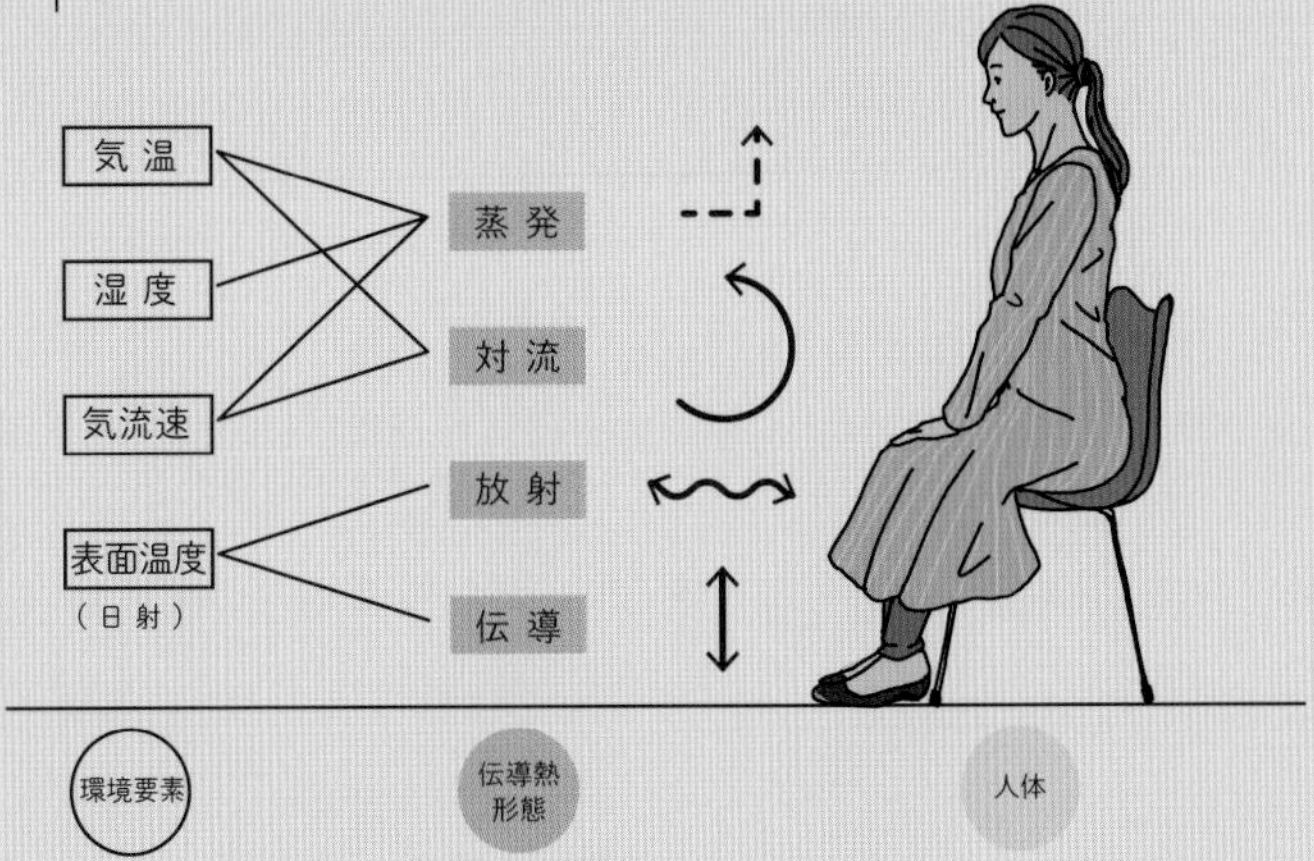

気温・湿度・気流速・表面温度と熱の伝わり方（伝導・対流・放射・蒸発）[P96〜97]との関係。表面温度は伝導（床からの熱移動）、放射（床・壁・天井からの熱移動）により、人体に熱を与える。床暖房は、伝導熱と放射熱を利用している[P134〜135]

※ 「須永、大塚、一坊寺、環境性能向上を主題とした和洋折衷木造住宅の改修 2 建築学会大会梗概集，D2 P441，2013」

column

熱の伝わり方は伝導・対流・放射の3種類

熱の伝わり方は、「伝導」「対流」「放射（輻射）」の3パターンに分類されます。あまり聞きなれない用語だと思いますが、私たちの生活に大きな影響を与える因子です。

「伝導」とは一番身近な熱の伝わり方[1]。物体どうしが接触したときに、その接触面から熱が伝わる現象です。物体を手で触れたとき、暖かい、冷たいと感じるのも、伝導により熱が伝わるからです。

「対流」とは、簡単にいってしまうと、空気が動くことで、その空気がもっている熱が伝わる現象です[2]。暖められた空気の密度は小さくなるので自然と上方に流れていき、その流れた分、まわりから空気が流れ込みます［P128〜129］。自然対流ともいいます。

「放射（輻射）」とは、物体のもつ熱が、電磁波という状態で四方八方に放出され、離れたところの人や物に伝わる現象をいいます[3]。太陽の熱が地球に届くという現象も、この原理がもたらすもの。日射で地表が温められるというのは「放射」によるものです。

以上のように、言葉にすると、何だか難しそうな〝熱の伝わり方〟ですが、実は私たちが普段使っている暖冷房器具も、この熱の伝わり方を利用しています。

「伝導」の原理を使った暖房器具の代表は、床暖房やホットカーペットです。足や手が温かい床面に触れれば熱が伝わってきます。

「対流」の原理を使った暖冷房器具は、何といってもエアコン。空気に熱エネルギーを供給（除去）して温められた（冷やされた）空気は、室温を上昇（下降）させ、人体にも熱を伝えます。

「放射（輻射）」の原理を利用して、暖冷房を行う器具や比較的大がかりなシステムもあります。身近な器具を例として挙げると、パネルヒーターや電気ストーブが代表的です。床暖房は、伝導だけでなく放射によっても熱を伝える設備であるともいえます［P134〜135］。

改めて考えてみると、目に見えない熱の伝わり方ですが、熱と上手に付き合うことができれば快適な暮らしに近づくことでしょう。

1 接触で熱を伝える伝導

物体どうしの接触によって熱を伝えるのが伝導。熱伝導率の高い物質（銅など）を使うと、熱がよく伝わる［P108～109］

2 空気で熱を伝える対流

空気を動かして、ある程度離れた位置に熱を伝えるのが対流

3 電磁波で熱を伝える放射

電磁波によって熱を伝えるのが放射。離れていても、熱を伝えることができる

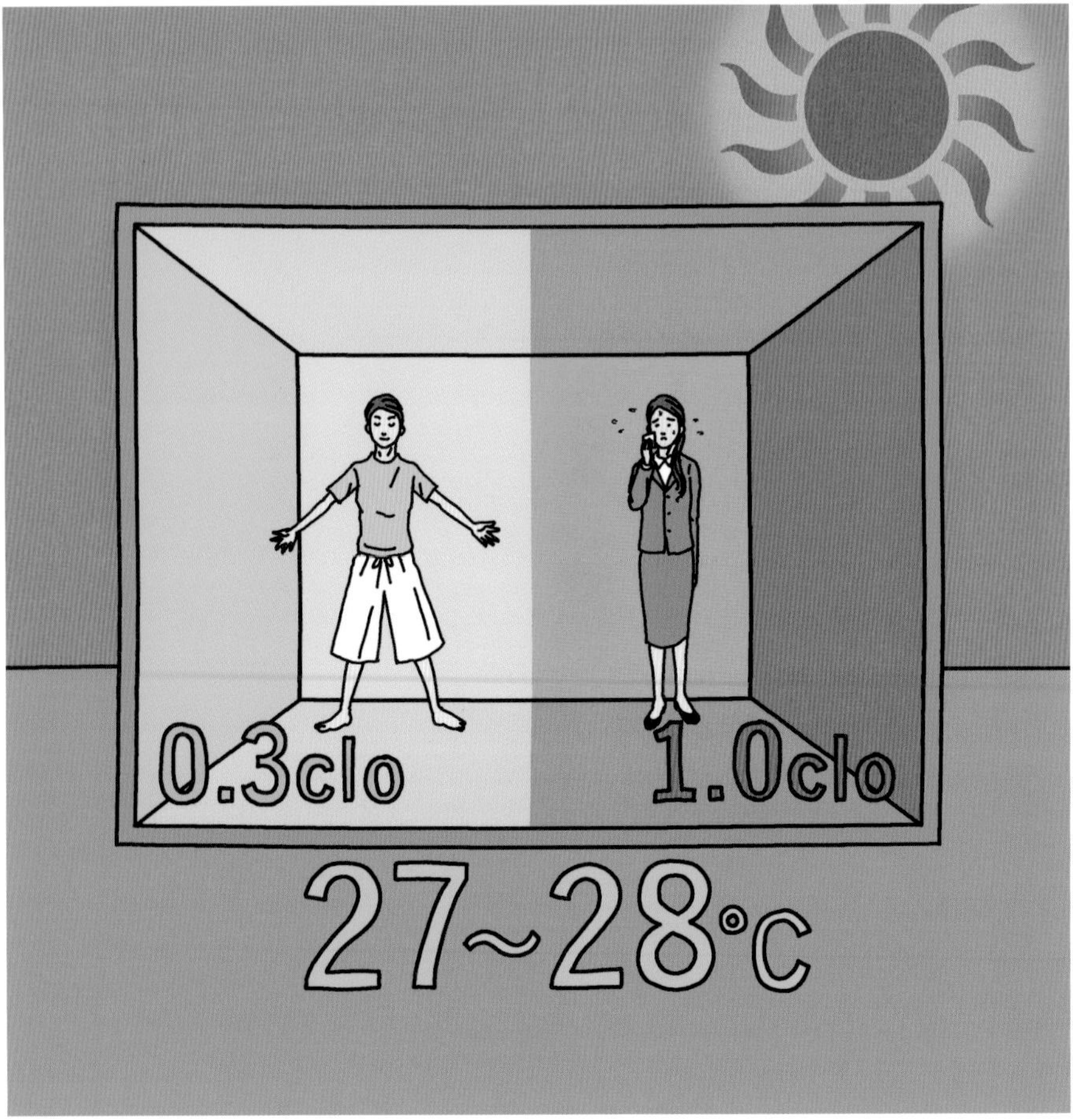

着衣量で変わる暖かさ

体感温度は、着衣量でも変わります。その目安となるのがクロ値（clo値）と呼ばれる指標。衣類の熱抵抗を示す数値で、平均皮膚温度が33℃を維持できる衣服を1・0cloと定義しています。[1] 具体的には、イギリス紳士の正装（3ピース：スーツ上下＋ベスト）が基準となる1・0clo。このとき温度21・2℃、湿度50％、気流速0・1m／sで、椅子に静かに座った状態（1・0met）であれば、快適だといえます。

したがって、夏の快適な温度は27～28℃になるので、1・0cloだと、暑くて不快に感じるでしょう。P80～81で説明したように、0・3～0・5clo程度に抑えて、快適に過ごしましょう。逆に冬の快適な温度は20～22℃。1・0clo以上とするのが望ましいです［P82～83］。

1 さまざまな服装と暖かさ

さまざまな服装(男女)とclo値。一般的に室内での服装を想定した0.3〜1.2clo値までをピックアップ。ただし、家の断熱性能が低いと、室温が10℃を下回るケースもあるので、数字上はコート(2.0clo)やダウンジャケット(3.0clo)を羽織る必要があると考えられる[P16〜17]

代謝量で変わる暖かさ

体感温度は、代謝量（活動量）でも変わります。その目安となるのがメット（met）と呼ばれる指標。基準となる1metとは椅子に座って安静にしている状態の代謝量とされています。成人の場合、1metは消費電力約100W、電球1個相当の発熱量に換算できます。

運動強度が増えるのに比例して数値も増えます。一方、就寝時は0metではありません。食べ物を消化しているので0・7metの代謝量があります。

当然、代謝量が増えるほど、人は暖かく感じるもの。少し肌寒いと感じたら、掃除や料理をするなど、活動量を増やすとよいでしょう。いずれも着座時の約2倍の代謝量があります。適度に汗をかくので、健康維持のためにももってこいです。

1 日常生活における主な活動と代謝量

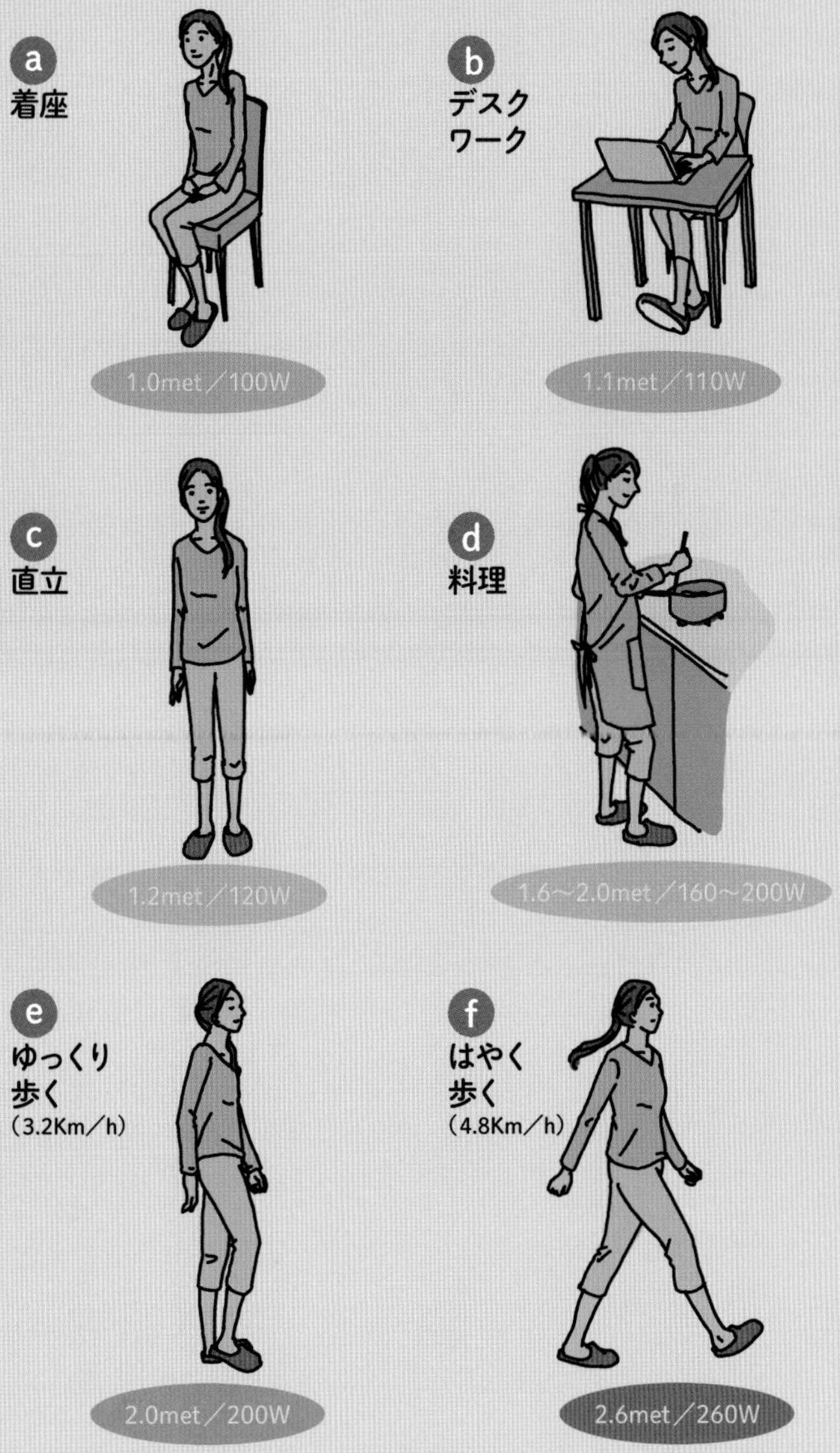

さまざまな行動とmet。椅子に座ってぼんやりしているときと、デスクワークしているときでは、代謝量は0.1met変わる。歩くスピードによっても。ゆっくり歩くときよりも、早く歩くときのほうが0.6met代謝量が多い

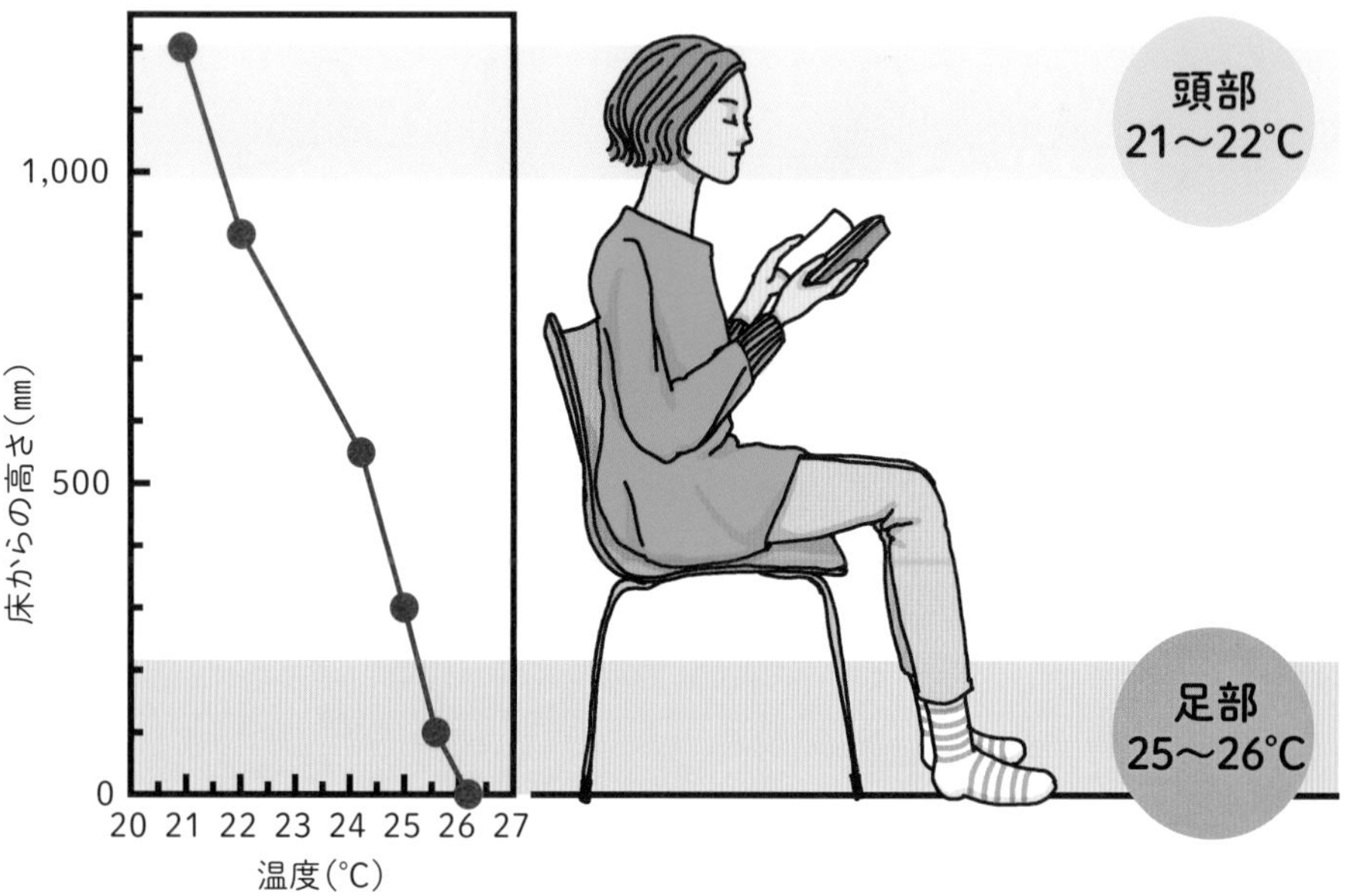

〝頭《ず》寒《かん》足《そく》熱《ねつ》〟のススメ

快適な温熱環境を実現するうえで重要なのが、上下間の温度差を少なくすること。〝暖気は空間の上部に、冷気は空間の下部に対流する〟ので、断熱性能が低いと、窓や壁で起きるコールドドラフト（冷気）などが原因で上下間の温度差が大きくなり、ときには15℃を超える場合も[1]。一方、建物の断熱性能が高いと、温度差は少なくなります［P38〜39］。

人体の体感では、足元（床表面温度）は26℃、頭部（気温）は21℃が、暑くも寒くもない状態、つまり最も理想的といえるという実験結果があります［上図・※1］。これがまさに〝頭寒足熱〟。これを実現するには、建物の断熱性能を上げて上下温度差を少なくしつつ、冬の日射や床暖房などを利用して、床面の温度を上昇させましょう[2]。

1 “頭寒足熱”に適した床暖房

エアコンと床暖房 高さごとの温度分布

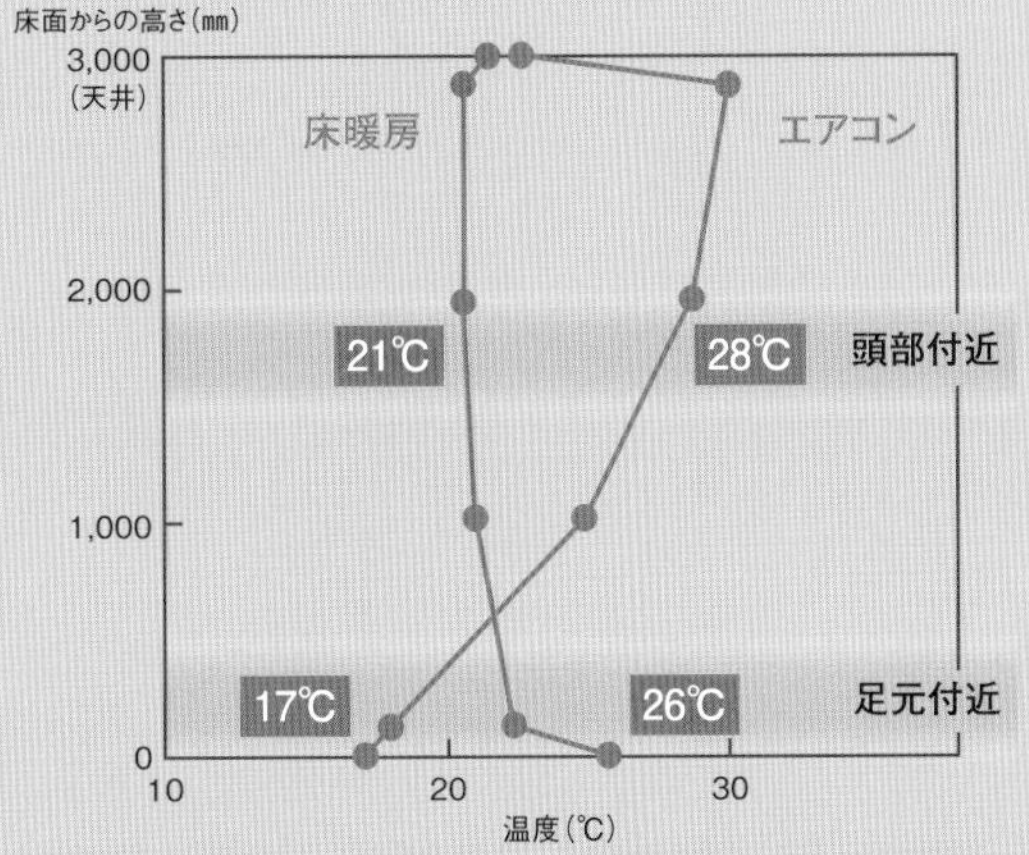

断熱性能の悪い部屋において、エアコンで暖房したときの温度と床暖房で暖房したときの温度を高さごとに測定したもの。エアコンでは“頭寒足熱”とはまったく逆の状態になる。他方、床暖房では“頭寒足熱”に近い状態が実現されている[P134〜137・※2]

2 冬の日差しを受けた暖かな床

写真：amana inc.

冬の日差しを内部に採り入れると、床面近くが温まり、“頭寒足熱”の状態が実現できる。温まった床に身を預けると、その心地よさが眠りを誘う

※1 堀祐治現富山大学教授、室恵子現足利大学教授らと須永修通現東京都立大学(首都大学東京)名誉教授が合同で行った実験の結果。延べ約1,000 人の被験者が椅子に座った状態で，頭や足など人体各部が“暑くも寒くもない”と答えたときの床面からの高さの空気温度の平均値をはじき出した

※2 東京都立大学(首都大学東京)須永修通名誉教授による

column

最低室温16℃以上、温度ムラ±3℃以内を目指せ！

［1］は、東京に建てられた戸建住宅が、断熱性能の水準ごとに、どのくらいの温熱環境（最低室温・温度ムラ）になるのか、電気代はどのくらいかかるのか、新築時のコストアップがどのくらいになるのか、についての概算結果をまとめた表です。

断熱性能の善し悪しは、冬の最低室温に違いをもたらします。朝の室温が高ければ断熱性能も高いといえます。おおよそ目安については、表に記載しているとおりですが、最低室温10℃以下の家が92％というのが現状です。

温度ムラ（室間温度差）も、人の快・不快に大きく影響を与える因子です。温度ムラはなるべく少ないほうが、身体への負担も減りそうです。

もう１つ忘れてならないのが経済性。高断熱にすれば、毎年かかる暖冷房費は実に経済的ですが、初期投資の負担は大きくなります。そんなとき私たちは、「工事費は２００万円アップするし、毎年の光熱費が10万円安い程度なので、元を取るのに20年（２００万円／10万円）もかかるのか」なんてつい考えがちです。しかし、一番のデメリットは、20年間にもわたって日常の快適（暑さ・寒さに関すること）が手に入らないことなのです。

ですから、快適空間研究所では、①最低室温16℃以上、②温度ムラも±３℃以内、③光熱費はなるべく安く、を皆さんに目指してもらいたいと思います。これは、ヒト基準の3要素〝心・体・懐にやさしい〟から導かれる目標値です。

これを読んで、もう手遅れだなんて諦めないでください。この表は、住まいの断熱性能（東京地区・木造戸建住宅に限定）を推測するのにも役立ちます。たとえば、冬の朝にリビングが10℃くらいになるのであれば、その家は、１９９２（H４）年や１９８０（S55）年の省エネ基準に適合しているといえます。それを寒いと感じるのであれば、断熱改修で寒さを解消できます［P１４０〜１４９］。断熱改修と暖房設備をうまく組み合わせて、〝あたたかい暮らし〟を手に入れてください。

1 断熱性能で異なる冬の室温と暖冷房費

断熱水準と温熱環境の違い

	「ネオマの家」（HEAT20超）	高断熱（HEAT20）	中断熱（ZEH、H28）	低断熱（H4、S55）	超低断熱 無断熱
住宅ストックの断熱性能割合	8%		57%		35%
最低室温（℃）	18	16～13	12	10～8	―
温度ムラ（℃）	±1	±3	±4	±5	―
暖冷房費（万円／年）	2	7～8	10	11～15	―
建設コスト増（万円）S55基準として	200	150～100	50	7～0	―
【参考】U_A値［W/(m²・K)］	0.20	0.34～0.48	0.6～0.87	1.54～1.67	3.86

東京の木造戸建住宅を想定して、断熱性能（U_A値）別に、冬の最低室温と温度ムラ、暖冷房費などを比較した表。断熱性能に比例して、最低室温の上昇、温度ムラの減少、暖冷房費の削減が期待できる。ただし、反比例するように工事費がかさむ［※］

写真：益永研司

冬の最低室温18℃を実現した「ネオマの家」［P152～163］では、断熱工事にプラス200万円がかかっているものの、年間の暖冷房費はわずか約2万円。しかも、お金には換算できない、快適性が実現されている

※ 「HEAT20設計ガイドブック」（HEAT20 設計ガイドブック作成WG／建築技術）を参考に、東京に立つ木造建住宅を想定して、快適空間研究所で作成。ここでいう温度ムラとは、冬、温度の最も高い部屋と最も低い部屋の室温の差を示す指標

chapter 3

あたたかい暮らしのレシピ

夏は暑くて、冬が寒いのは当たり前。でもこれからの〝住まい〟は、夏は涼しく、冬は暖かく。光熱費は少なく、心穏やかに暮らせることが常識です。そのためのキーワードは、「断熱」「気密」「換気」「日射（遮蔽・取得）」「通風」「温度湿度調整」。

私たちはそれを〝住宅の温熱性能 主要6要素〟と名付けました。この6つを吟味した〝住まい〟をつくることができれば、理想の暮らしを手に入れられるでしょう。

それと、もう1つお伝えしたいことがあります。暑くて寒い今の〝住まい〟を理想の空間にする、断熱改修というワザについてです。さあ、〝あたたかい暮らし〟を手に入れましょう。

建物からの熱の出入りを防ぎ、快適な室温を保つ

暑い夏も寒い冬も、家のなかで快適に過ごすには、家の断熱性能を高める必要があります。断熱とは、文字通り〝熱を断つ〟こと。熱は高いほうから低いほうに移動する性質があるので、夏は外からの熱を入れないように、冬は内の熱が逃げないようにしましょう。

それを担うのが断熱材［P110～111］。一言でいえば、〝熱を通しにくい材料〟です。キッチンで、中華鍋を使って炒め物をしている様子を想像してみましょう。火の熱を通しやすい鉄はあまりにも高温。とても手で触れられませんが、取手が木であれば問題ありません。その理由は、木が鉄に比べて熱を通しにくいから。両者の熱の通しやすさは約450倍も違います［※］。鉄から伝わる熱を木が食い止めているのです。

家の断熱も同じ。家全体に断熱材をしっかり入れると、熱の出入りが少なくなります［1・2］。

1　夏は外からの熱を入れない

夏

夏の適温は27～28℃［P80～81］。ただし、屋根や壁から太陽熱が侵入すると、室温は高くなってしまう。断熱材をしっかり入れれば、太陽熱の侵入を少なくできるので、室温を27～28℃にキープしやすくなる

2　冬は室内の熱を外に逃がさない

冬

冬の適温は20～22℃［P82～83］。ただし、断熱材がないと熱が外に逃げやすいので、室温は低くなってしまう。断熱材をしっかり入れれば、熱が外に逃げにくくなるので、室温を20～22℃にキープしやすくなる

※　熱の通しやすさは、熱伝導率という指標で判断できる。鉄（鋼）の熱伝導率は53W/（m・K）程度、天然木材（スギなど）の熱伝導率は0.12W/（m・K）程度。熱伝導率が大きいほど、熱を通しやすい

column

断熱材の種類は繊維系と発泡系がある

断熱材とは、熱を通しにくい材料のこと。建築に限らず、冷蔵庫などにも使用されています。建築に使用される断熱材にはさまざまな種類があり、大きくは〝繊維系〟と〝発泡プラスチック系〟に分けられます[1]。

繊維系はさらに、無機系と木質繊維系に区分され、無機系では、ガラスを溶かして繊維状に加工したグラスウール（高性能グラスウール）が、特に木造戸建住宅において広く普及しています。木質繊維系では、新聞紙などの古紙を再利用したセルローズファイバーが代表的。湿気が多いときは吸収、湿気が少ないときは放出する調湿作用に優れているのが特徴です。

発泡プラスチック系とは、さまざまな樹脂を空気よりも断熱性の高いガスで発泡させた断熱材です。気泡が小さくて数が多いほど、熱が伝わりにくくなります。多くは板状に製造されますが、建築現場でスプレーを使って吹き付ける場合もあります。

以上のように、数多くの種類がある断熱材ですが、それぞれで断熱性能が異なります。断熱性能の指標となるのは〝熱伝導率〟。数値が低いほど熱を伝えにくく、より優秀な断熱材だといえます[2]。一般的な傾向として、発泡プラスチック系は、繊維系よりも断熱性能が高くなります。「ネオマの家」[P152～163]では、世界トップレベルの断熱性能を誇るフェノールフォーム断熱材を使用しています。

ただし、断熱性能が悪くても、断熱材を厚くすることで、一定以上の性能を確保することは可能です。加えて、断熱材を選ぶ際には、断熱性能だけではなく、施工性や防火性能といったほかの特徴、価格などを含めて総合的に検討する必要があります。たとえば、繊維系は、そのまま使用すると材料のなかに水蒸気が入りやすいので、取り付け時に防湿気密シートを張る必要があります。一方、発泡プラスチック系は、防湿気密シートを張る必要がない場合もあります[※]。

ただし、火に弱い製品があるので、街中など、建築の防耐火規制が厳しいエリアで建物を計画する場合、使用できないケースもあるので注意が必要です。

1 建築で使用される主な断熱材

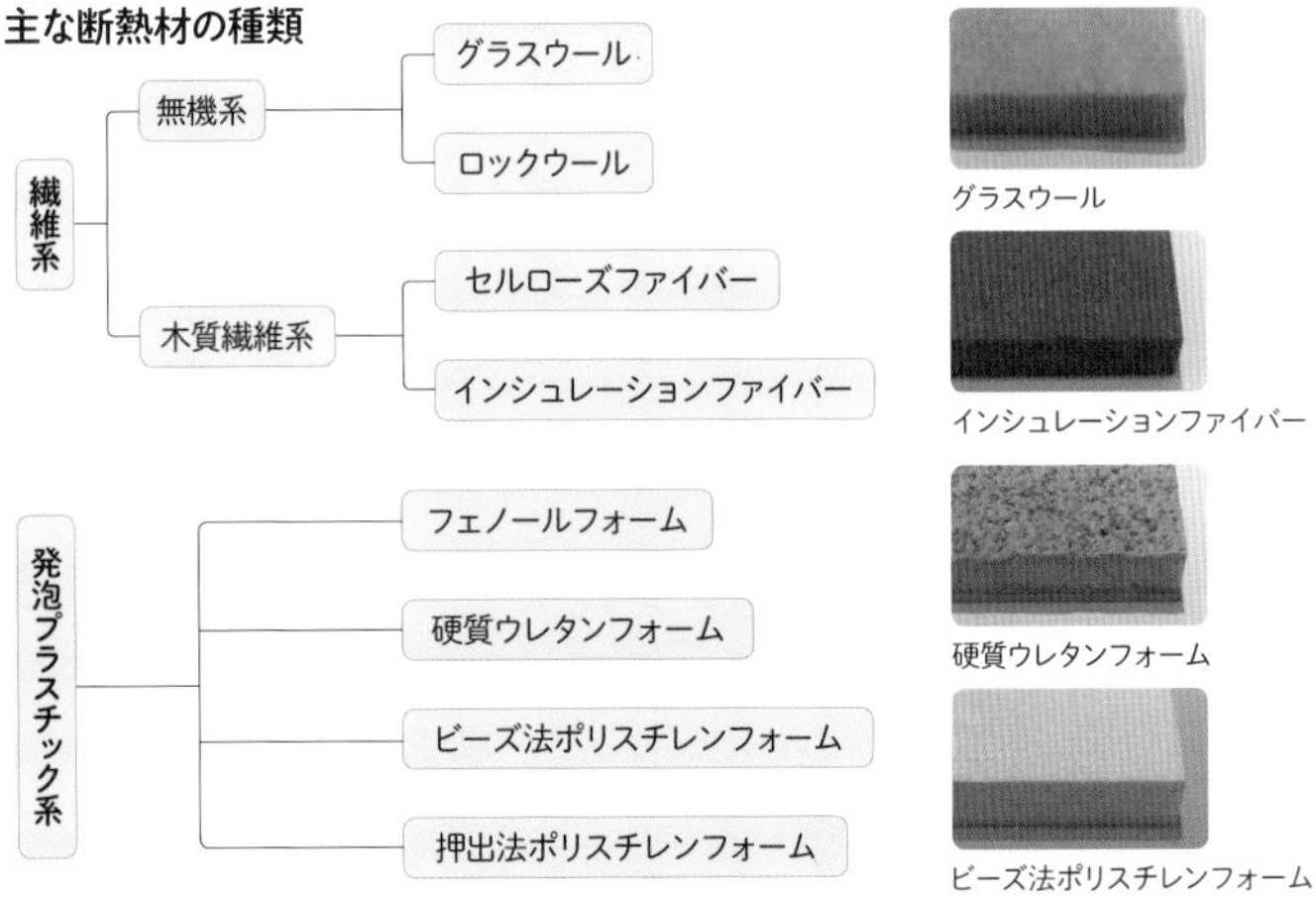

グラスウール
インシュレーションファイバー

断熱材の種類を体系化したもの。木造戸建住宅で、最も使用されるのはグラスウール（高性能グラスウール）。基礎断熱や床断熱には、押出法ポリスチレンフォームが使用されることも多い。硬質ウレタンフォームは、ビルなどに広く使用されている

2 断熱材別の熱伝導率

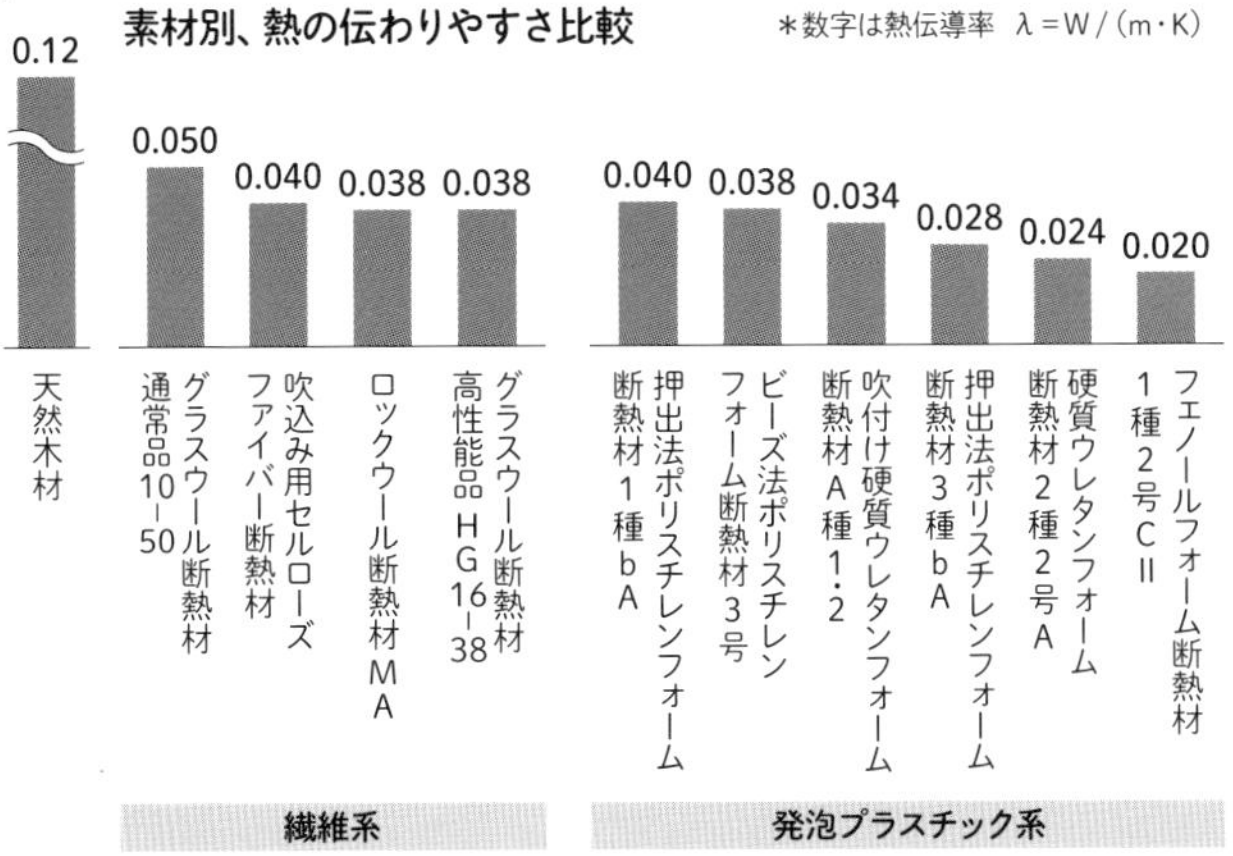

参考資料：「平成28年省エネルギー基準（H29.4.ver）対応　住宅省エネルギー技術講習設計テキスト—詳細計算ルート」（木を活かす建築推進協議会）

木造戸建住宅で、最も使用されるグラスウールの熱伝導率は0.050〜0.038W/(m・K)程度。最も性能が高いフェノールフォームに比べると断熱性能はかなり劣るため、同等の断熱性能を得るには、相当分厚くし、かつ防湿層を設ける必要がある

※　一般的に発泡プラスチック系は、気泡が連続する連続気泡タイプと、気泡が独立する独立気泡タイプがある。後者では、防湿気密シートを張る必要がない

隙間をなくして熱の流出入を減らす

家を断熱材でくるむと、熱の出入りは少なくなりますが、それだけでは室温を快適に保てません。壁と床、壁と壁、壁と天井、スイッチ・コンセント廻り…。少しでも隙間があれば、空気の通り道ができてしまい、熱が逃げてしまいます[1]。さらに空気は湿気も含むので、結露やカビが発生してしまうことも。

それはちょうど、暖かいダウンジャケットに身を包みながらも、ファスナーをちゃんと閉めていない様子に似ています。寒風がジャケット内に入り込まないように、ファスナーを首元までしっかり閉めなければなりません。

家も隙間をなくして、空気が出入りしないように密閉された状態を保つ必要があります。それを気密といいます。ラップで食べ物を包むように、空気や湿気を通さないフィルムやテープで、隙間を徹底的に防ぐのです[2]。そうすれば、換気も計画的に行えます。

1　家の隙間は熱の出入口

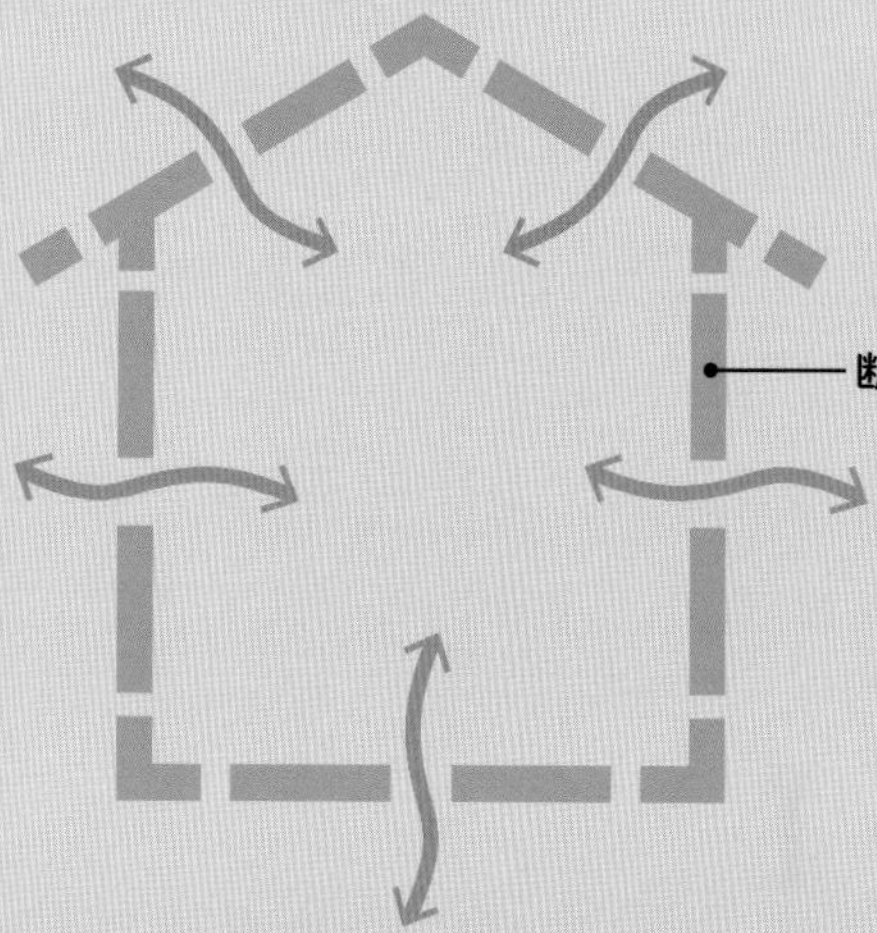

断熱材を入れても、家には無数の隙間ができてしまいがち。その隙間から侵入する空気は、室温の低下・上昇を招く。室内における上下温度差（天井付近が暖かく、床が寒い）の原因となるので、不快に感じる

2　家の隙間は気密シートでカバー

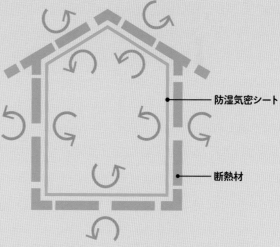

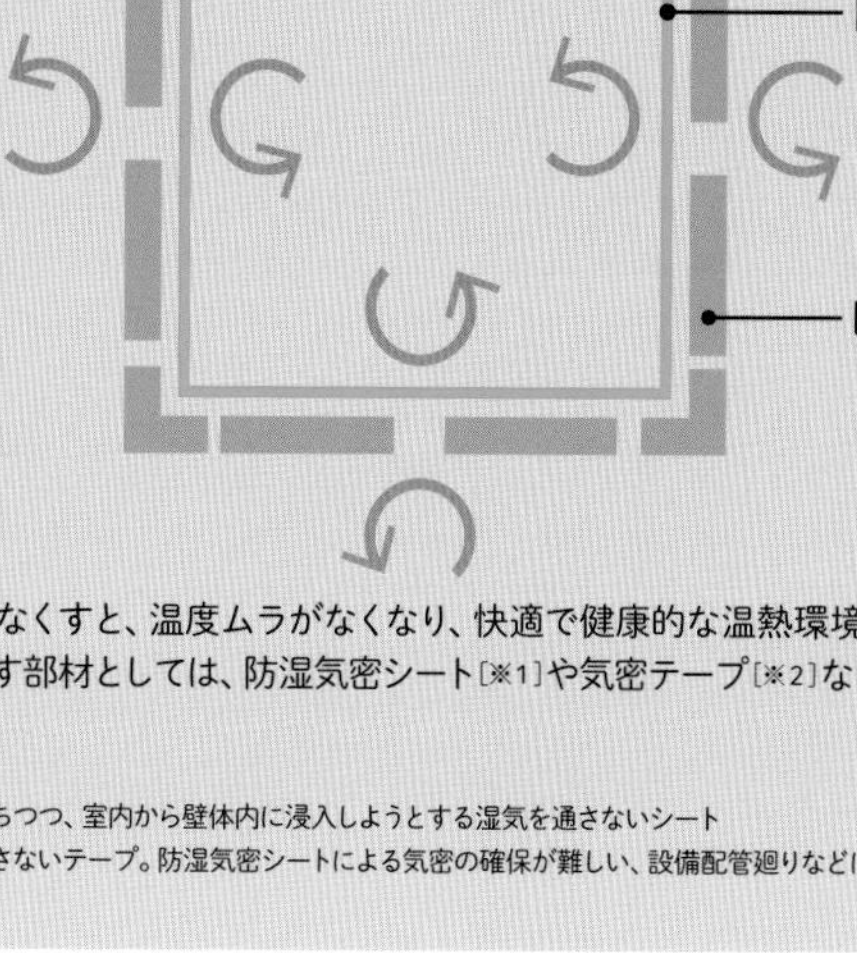

家の隙間をなくすと、温度ムラがなくなり、快適で健康的な温熱環境が実現する。隙間を減らす部材としては、防湿気密シート［※1］や気密テープ［※2］などがある

※1　気密を保ちつつ、室内から壁体内に浸入しようとする湿気を通さないシート
※2　空気を通さないテープ。防湿気密シートによる気密の確保が難しい、設備配管廻りなどに張る

新鮮な空気と汚れた空気は入れ替える

気密処理を完璧に行えば、隙間風の発生を防げます。ただし、空気の入れ替えが少なくなるので、空気が室内に長時間とどまり、汚れがちに。二酸化炭素の濃度が高まり、気分が悪くなるほか、ウイルスが室内に漂うなど、気密性能の向上が、健康の維持にとっては悪手となります。

現在、日本の住宅では、壁面などの給気口から空気を採り入れ、天井近くの換気扇で空気を排出することを一日中行う24時間換気システムが義務づけられています。ゴミを捨て、新鮮な食べ物を家に持ち帰るように、汚れた空気と新鮮な空気は、定期的に入れ替える必要があるのです。

ところが、換気を行うと、空気とともに熱も逃げる、という問題が発生します[1・2]。室温を快適に保ちながら、十分な換気を行う、という矛盾を解決する手立てはないのでしょうか？

1 一般的な夏の換気

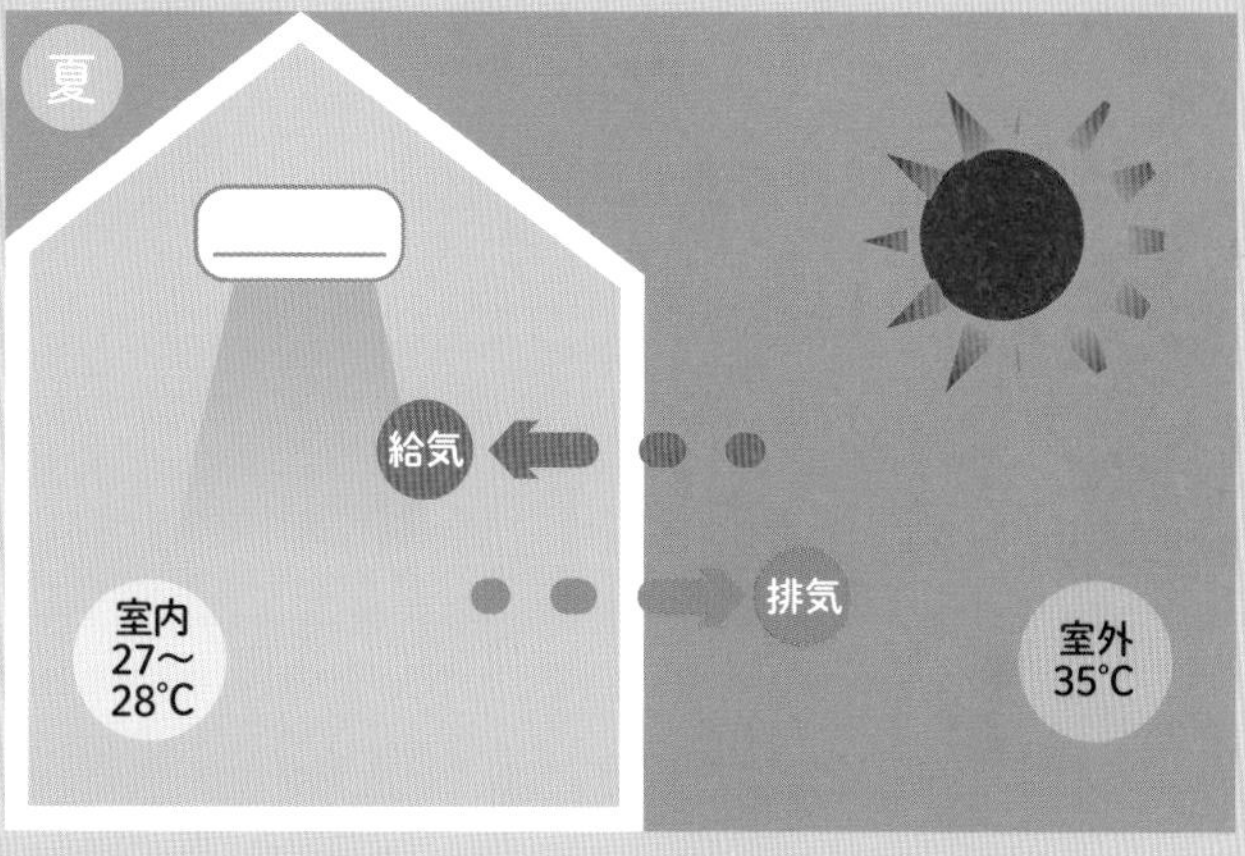

夏の換気。断熱・気密性能が十分であっても、給気口から暑い空気が侵入し、排気口から涼しい空気が排出されるので、エアコンを使用しても、快適な室温に保つのは難しい

2 一般的な冬の換気

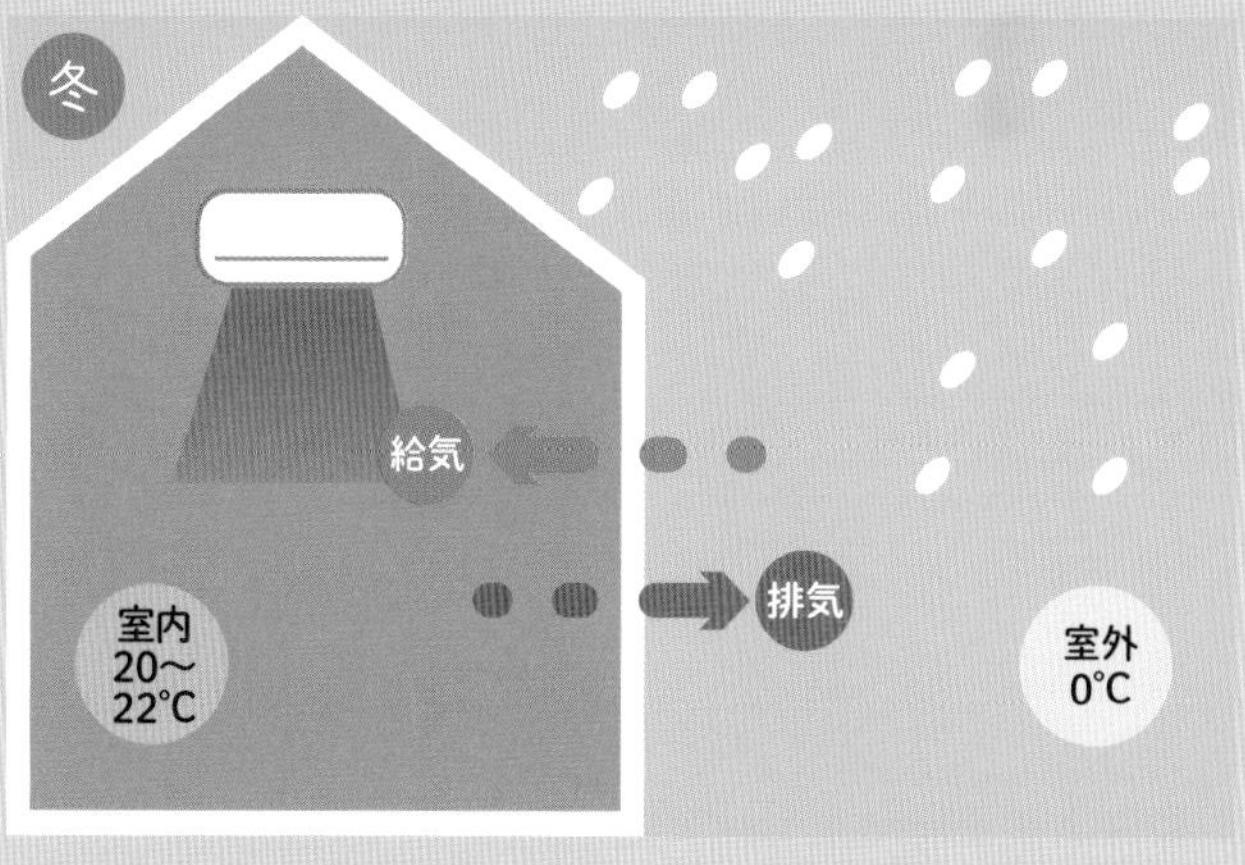

冬の換気。断熱・気密性能が十分であっても、給気口から冷たい空気が侵入し、排気口から暖かい空気が排出されるので、エアコンに大きな負荷をかけても、快適な室温に保つのは難しく、かつ床付近の温度が下がり不快となる

換気しながら室温を保つ〝熱交換換気〟の凄さ

室内の温度を快適に保ちながら、十分な換気を行うのは一見不可能にも思えますが、〝熱交換換気〟と呼ばれる神ワザがあります。温度の高いほうから温度の低いほうへ熱が移動する性質を利用して、暖かい空気を冷たく、冷たい空気を暖かくする、という換気。たとえば、スイカを氷水で冷やすとき、スイカの熱は氷水へ移動します。それにより、スイカは冷たくなり、氷水はぬるくなります。

これと同じく〝熱交換換気〟では、外気を熱交換器の内部で室内の温度に近づけてから室内に取り入れます。１００％ではありませんが、熱を捨てることなく、新鮮な空気を入れつつ、汚れた空気だけ排気できるのです。

冬の寒い日に買い物から帰ってきたとき、体は冷え切っているもの。玄関先で暖かい飲み物を受け取れば、体が寒さからいち早く解放されるだけでなく、心も温まるでしょう。

1 快適な夏の換気（熱交換）

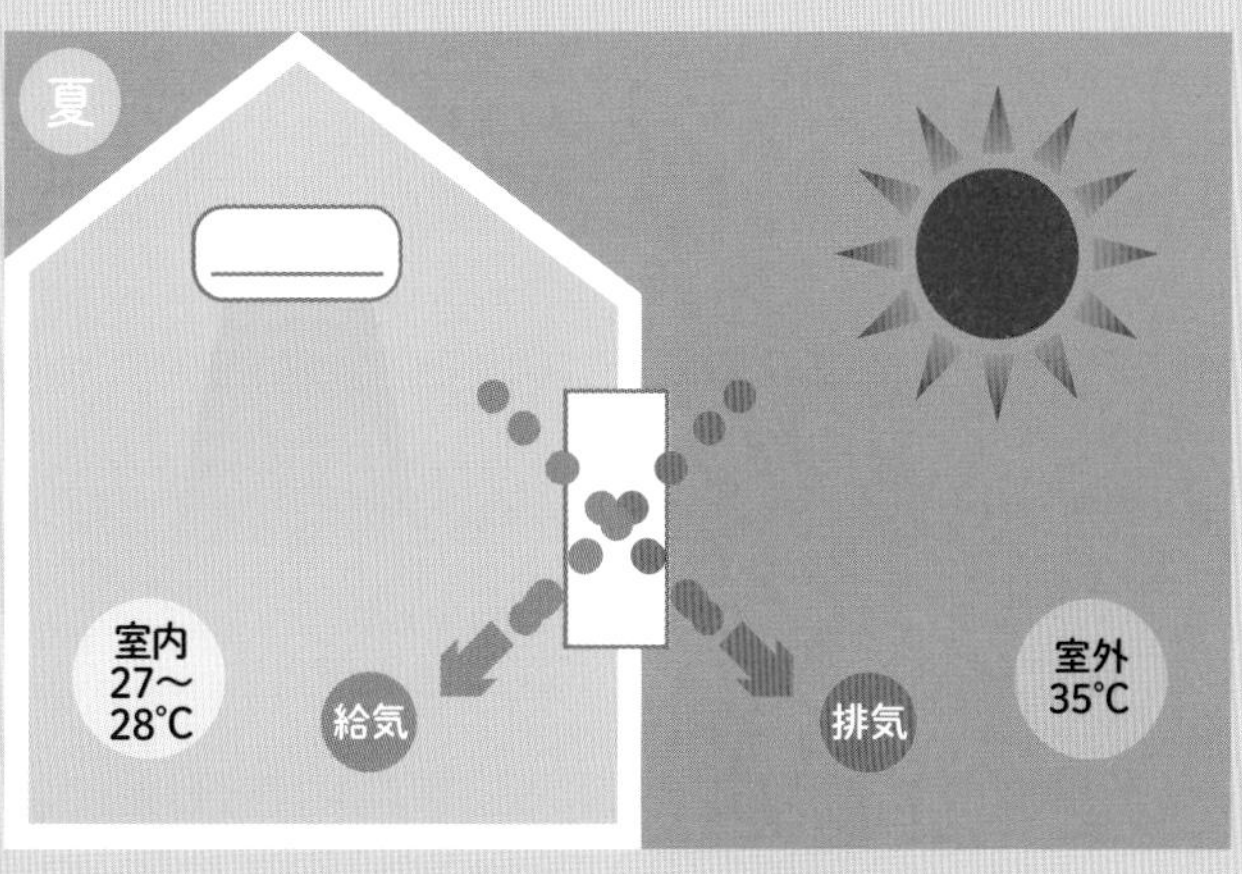

熱交換による夏の換気。外が35℃であっても、その熱は排気と一緒に外に送り返されるので、冷やされた新鮮な空気が室内へと送り込まれる

2 快適な冬の換気（熱交換）

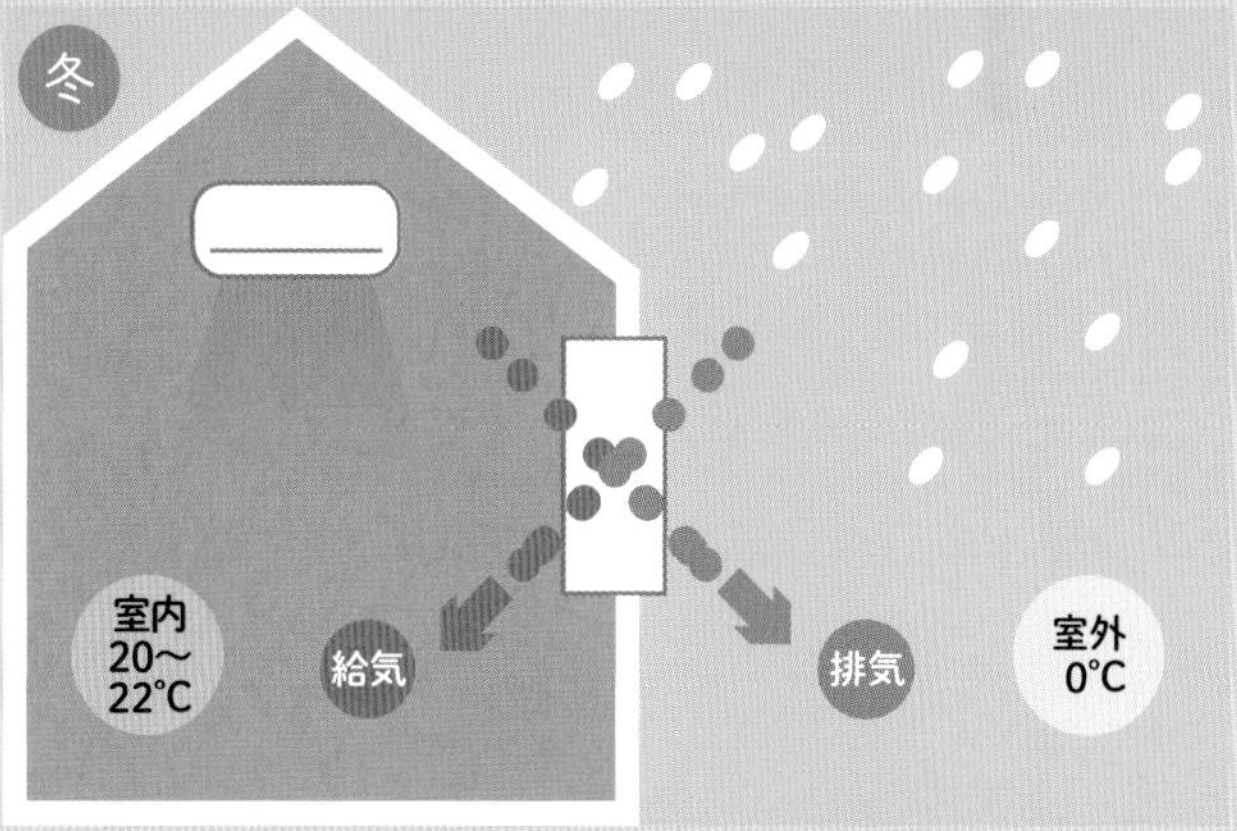

熱交換による冬の換気。外が0℃であっても、室内から排出される熱を受け取ってから取り込まれるので、暖められた新鮮な空気が室内へと送り込まれる

column

窓の断熱性能はガラスとサッシで決まる

温熱環境のよい家に住むためには、建物内に断熱材をしっかり入れることが大切ですが［P108～109］、窓の断熱性能をおろそかにすると、暑くて寒い家のままになってしまいます。なぜなら、窓は熱の大きな出入り口となりやすいからです。窓廻りに結露が生じて、最悪の場合、カビが発生するなど、大変な思いをすることになるかもしれません。

そうならないためには、窓の断熱性能を上げる必要があります。基本的に、窓の断熱性能は、窓を構成するガラス、ガラスを囲むサッシといった2つのパーツで決まります。それぞれの部材の断熱性能について考えてみましょう。

まずはガラス[1]。具体的には、①ガラスの枚数、②ガラスの間の中間層、③ガラス表面を覆う金属膜の有無、で断熱性能の良し悪しが決まります。①ではガラスの枚数が多いほど、断熱性能が高まります。従来はガラス1枚が一般的でしたが、現在ではガラス2枚のペア（複層）ガラス、北海道などの寒冷地では、トリプルガラスも普及しています。②では、空気、ガス、真空の順に断熱性能が高まります。③では、ガラス表面をLow―Eと呼ばれる金属膜で覆うと、断熱性能が高まります。

続いてはサッシ。以前は、耐久性のあるアルミサッシが主流でしたが、アルミは熱伝導率が高く、断熱性能が低いのが問題です。結露の原因となります。最近では、アルミの熱伝導率に比べて約1千分の1となる樹脂を室内側に使用したアルミ樹脂複合サッシが広く採用されるようになってきました。さらに、高い断熱性能を求める場合は、室外側にも樹脂を使用した樹脂サッシを用いる場合も多くあります。

ほかには、日本の伝統的な木製サッシを用いるという手法もあります。木は熱伝導率がアルミの約1千750分の1と、樹脂サッシよりも断熱性能が高いのが利点。当然、木なので、防水性能や防火性能などに気を配る必要があるほか、価格も高価、という問題もありますが、木製サッシ越しに見える景色は、何ともいえない心地よさを感じることでしょう。

1 ガラスの断熱性能を決める3要素

1 ガラスの枚数	シングル（1枚）よりペア（2枚）、トリプル(3枚)と枚数が多いほど、断熱性能が高まる
×	
2 ガラスの間の中空層	ガラスの間が、空気＜ガス＜真空の順に断熱性能が高まる
×	
3 ガラス表面の金属膜の有無	Low-E（金属膜）のコーティングで、断熱・日射遮蔽性能が高まる

窓ガラスの断熱性能を決めるのは上記に挙げた3つの要素。枚数に関して、シングルガラスに、ペアガラスを内側から付け足す“二重窓”では、トリプルガラスと同等の断熱性能が得られる［P142～143］

2 サッシの断熱性能は素材で決まる

断熱性能を決める枠・障子の素材

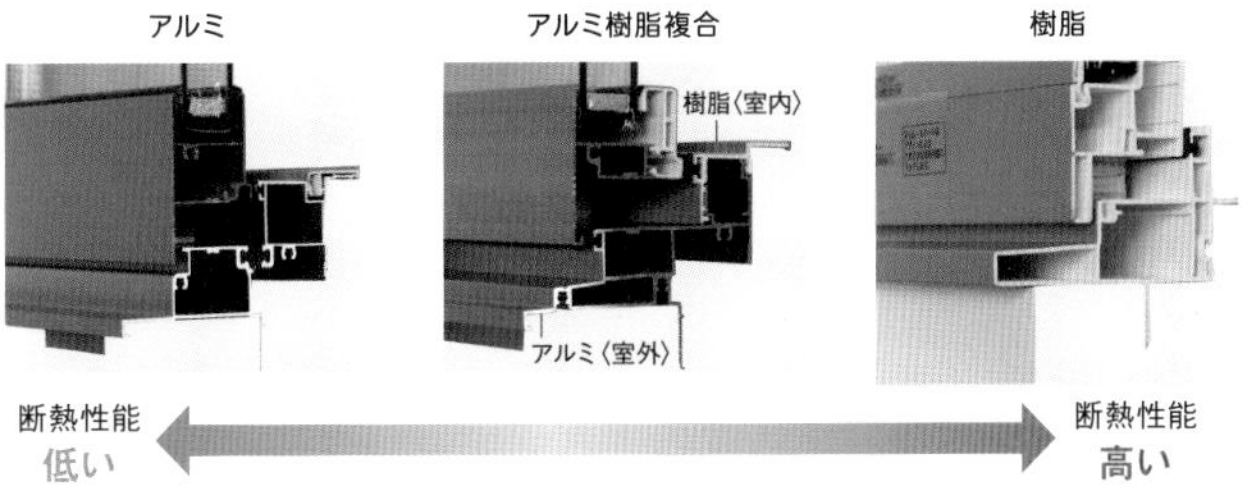

サッシの性能は素材で決まる。アルミサッシは耐久性が高いものの、断熱性能が低い。海外では、断熱性能の高い樹脂サッシが普及している。ただし、防水性能や防火性能を考慮すると、アルミも捨てがたい。そこで、日本では、室外側がアルミ、室内側が樹脂のアルミ樹脂複合サッシが普及している

夏の日差しは大敵。日陰をつくって身を守る

日傘で日射を遮り
肌を守る
日傘で日射を遮り、
直射光に弱い
アジサイを守る
日焼けした
元気な子供たち

夏は、直射日光を浴びないようにしましょう。しかし、日本の家は、特に窓の大きなリビング・ダイニングが建物の南側にあることが多く、そのうえ、夏は東西からも強烈な日差しが差し込みます［P26〜27］。

こうした夏の日射を遮る方法はさまざまですが、窓ガラスの外側で遮るのが原則。最も伝統的な手法が、窓の上に、大きな軒（庇）を出すこと[1]。太陽高度の高い南側に有効で、夏の日差しを効果的に遮れます。東西側では低い位置から日が差すので水平な庇などはあまり効果がなく、袖壁や格子庇、①外付けブラインド、②オーニング、③緑のカーテン、などで日射を遮るとよいでしょう[2]。

印象派の巨匠クロード・モネの代表作に『散歩、日傘をさす女』があります。夏の昼下がりを快適に過ごすには、建物を〝日傘〟に見立てて、家づくりを行いましょう。

1 夏の南面の太陽日射は軒や庇で遮る

夏至の南中高度は78.4°。窓の下端まで遮るように軒や庇を出せば、南側にある部屋に侵入しようとする日射を遮ることができる

2 軒以外で太陽光を遮る方法

①外付けブラインド

②オーニング

③緑のカーテン

軒を出す以外の方法としては、袖壁などのほか、窓の外側に、季節や時間帯によって日射を調整できる外付けブラインドやオーニングなどを取り付ける方法がある。建物の外側に、ゴーヤやヘチマなどで緑のカーテンをつくる方法も有効。鮮やかな緑は、心も癒してくれる

太陽光が降り注ぐ
冬の暖かなビニルハウス
太陽の恵で
冬でもおいしそうに
実ったイチゴ
冬の暖かな
日差しを浴びながら、
イチゴ狩りを楽しむ

冬の日差しは惜しみなく採り入れる

冬の日差しは暖かさという恵を与えてくれます。夏とは逆に、冬の日差しは惜しむことなく、採り入れるのがよいでしょう。

冬の太陽高度は低いので、軒の出があっても、室内の奥まで日差しを採り入れられます[1]。日差しに暖められた床は、部屋全体を暖め、昼間は暖房が必要ないほど、とても心地よく感じるでしょう。冬の暖かなビニルハウスで、いちご狩りを楽しんでいるかのように…。

ただし、部屋に採り入れる日射の量を多くするには、南側の窓を大きくする必要があります。そのときに、重要となるのが窓ガラスの種類。窓は、夏も冬も、熱の流出入が多い部位なので、基本的には、断熱性能の高い窓ガラスを選ぶ必要がありますが、なかでも、〝日差しを取り入れたい窓ではより多くの日射を取得できる窓ガラス（日射取得型）〟を選ぶのが賢明です[2・P124〜125]。

断熱

気密

換気

日射（遮蔽・取得）

通風

温度湿度調整

1 冬の太陽光は窓から採り入れる

冬至の南中高度は31.6°。軒や庇の出がある程度あっても、南にある部屋に日射を十分に採り入れることができる

2 冬の日差しは部屋の奥まで

冬の暖かな日差しが注ぎ込むダイニングとキッチンは、明るさも十分。夫婦の会話も自然と弾む［P164-165］　写真：木田勝久

南側の大きな窓から冬の暖かな日差しが注ぎ込む。部屋の奥まで日差しが届くので、床全体が暖かい

写真：畠山雄豪

column

日射を遮るガラスと日射を採り込むガラス

窓ガラスには、季節に適した使い方があります。夏と冬で真逆。夏には、「建物に屋外の熱を侵入させない」「太陽からの日差しを遮る」ことが重要となります。冬には、「建物から屋外に熱を逃がさない」「太陽からの日差しを採り入れる」ことが重要となります。では、どのようにすればよいのでしょうか。

室内の暖かさや涼しさを外に逃がさないよう、窓の断熱性能を高めることを大前提としながら、窓の方角に合わせて、夏の日射遮蔽［P120～121］、冬の日射取得［P122～123］、に配慮したガラス選びを行うのがポイントです。具体的に窓ガラスは、日射を遮る〝日射遮蔽型〟と、日射を採り込む〝日射取得型〟に大別されます。いずれも、Ｌｏｗ—Ｅという金属膜（低放射膜）をコーティングしたガラスを用いています。見た目は同じですが、そのコーティング面が室外側にある場合は〝日射遮蔽型〟、室内側にある場合は〝日射取得型〟になります。[1]

したがって、それらの特性を理解して、窓ガラスを適切に選ぶ必要があるのです。地域や敷地条件によって事情は異なりますが、南側は〝日射取得型〟のガラスを選ぶのがよいでしょう［P164～165］。夏の強烈な日差しを考慮すれば、南側に〝日射遮蔽型〟のガラスを用いたくなるところですが、そうすると、冬の暖かな日差しを採り入れられません。夏の日差しは庇などで遮ることができるので、〝日射取得型〟とすべきでしょう。

一方、直射日光が当たらない北側は、冬の寒さが最も懸念されます。ここでも〝日射取得型〟のガラスを選ぶのが賢明です。最後は東と西。ここでは、夏の日差しを遮ることが重要です。とりわけ西側で、西隣に建物がない場合や、西に向かって傾斜している敷地の場合は要注意。P26～27で紹介したキッチンの勝手口に用いる窓ガラスは〝日射遮蔽型〟がマストです。[2]

以上のように、現在の窓ガラスは非常にバリエーションが豊富です。それを上手に使いこなせば、暖冷房設備に頼りすぎることなく、一年中、快適に過ごすことが可能になるのです。

1 “日射遮蔽型”と“日射取得型”の違い

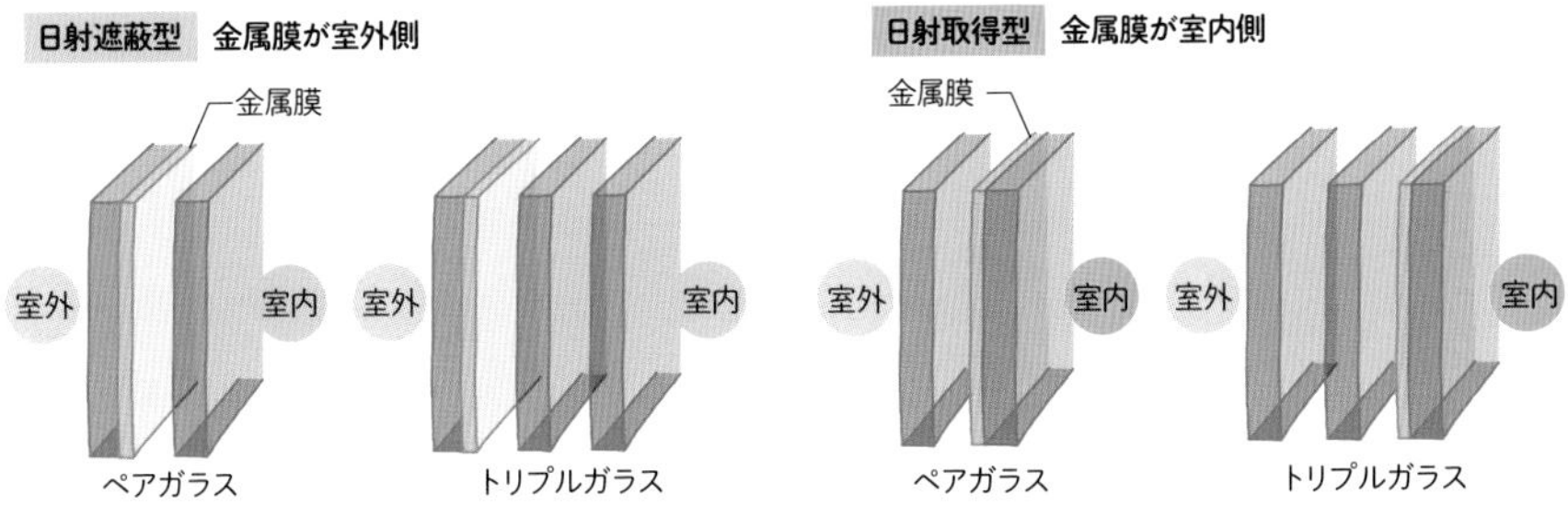

“日射遮蔽型”のガラスは室外側のガラスに日射を遮るLow－Eの金属膜がコーティングされている。反対に“日射取得型”のガラスは室内側のガラスに金属膜がコーティングされている

2 ガラスの種類は方位別で使い分ける

方位	窓と日射への考え方	窓の日よけ		窓ガラス
南	夏は日射を遮蔽し、冬は日射を取得できるようにする	建物（庇や軒の出など）	夏は高い位置から日が差すため、水平な庇や軒の出が有効。2階バルコニーも1階に同様の効果	断熱性能の高い日射取得型ガラスとする（冬、より多くの日射熱を採り入れるためには大きな窓が必要）
		部材	外付けブラインド、簾、オーニング、緑のカーテンなど、外部で遮ることが重要	
北	夏の朝と夕方にのみ日が差すので、窓は採光と通風のために設ける	建物（庇や軒の出など）	夏も日が差し込まないようにするには、袖壁や縦庇［※］などを設ける	断熱性能の高い日射取得型ガラスとする（冬の断熱性能を考え、窓は小さくすることが多い）
		部材	夏も日が差し込まないようにするには、室内側にブラインドなどを設ける	
東西	夏、東西面が受ける日射は南面より大きいので、日射遮蔽が重要	建物（庇や軒の出など）	太陽高度が低いので、水平な庇では遮れない。垂直な庇や袖壁を設ける	夏の日射遮蔽が日よけでできない場合は、日射遮蔽型ガラスとする（特に西日の強い西側）
		部材	縦型ルーバー、外付けブラインド、簾など、外部で遮ることが重要	

温暖地における、方位ごとの庇・部材・窓ガラスの組み合わせ例をまとめたもの。窓ガラスに関しては、南と北は“日射取得型”、東と西は“日射遮蔽型”とするのがよい

※　窓の縦枠の外側に設けた壁や垂直の庇

風通しのよい間取りが夏の涼しさを呼ぶ

虫の侵入を防ぎつつ
風を通すメッシュ素材
風が流れるので
涼しく感じる

夏のキャンプを快適に過ごすには、適切なテント選びから。テントは基本的に、雨風を通さないシートでつくられています。ただし、風通しが悪いので、テントのなかは灼熱地獄に。暑さで寝付けずに、泣く泣く車中泊になってしまう、なんてことも。風は通し、虫の侵入を防ぐメッシュのシートを併用したテントを選びましょう。

このように、風通しの良し悪しは、夏の暮らしを大きく左右します。そよ風程度の適度な通風は、非常に心地よく感じるもの［P88〜89］。そのためには、部屋に窓を2つ設けて、室内に風を通しましょう。風通しがよければ、室内にたまった熱や湿気も排出できる、という利点もあります。

そのポイントは窓の位置関係。風通しをよくするには、2つの窓を対面に配置するのが理想的です［1］。

1 窓はなるべく対面に配置する

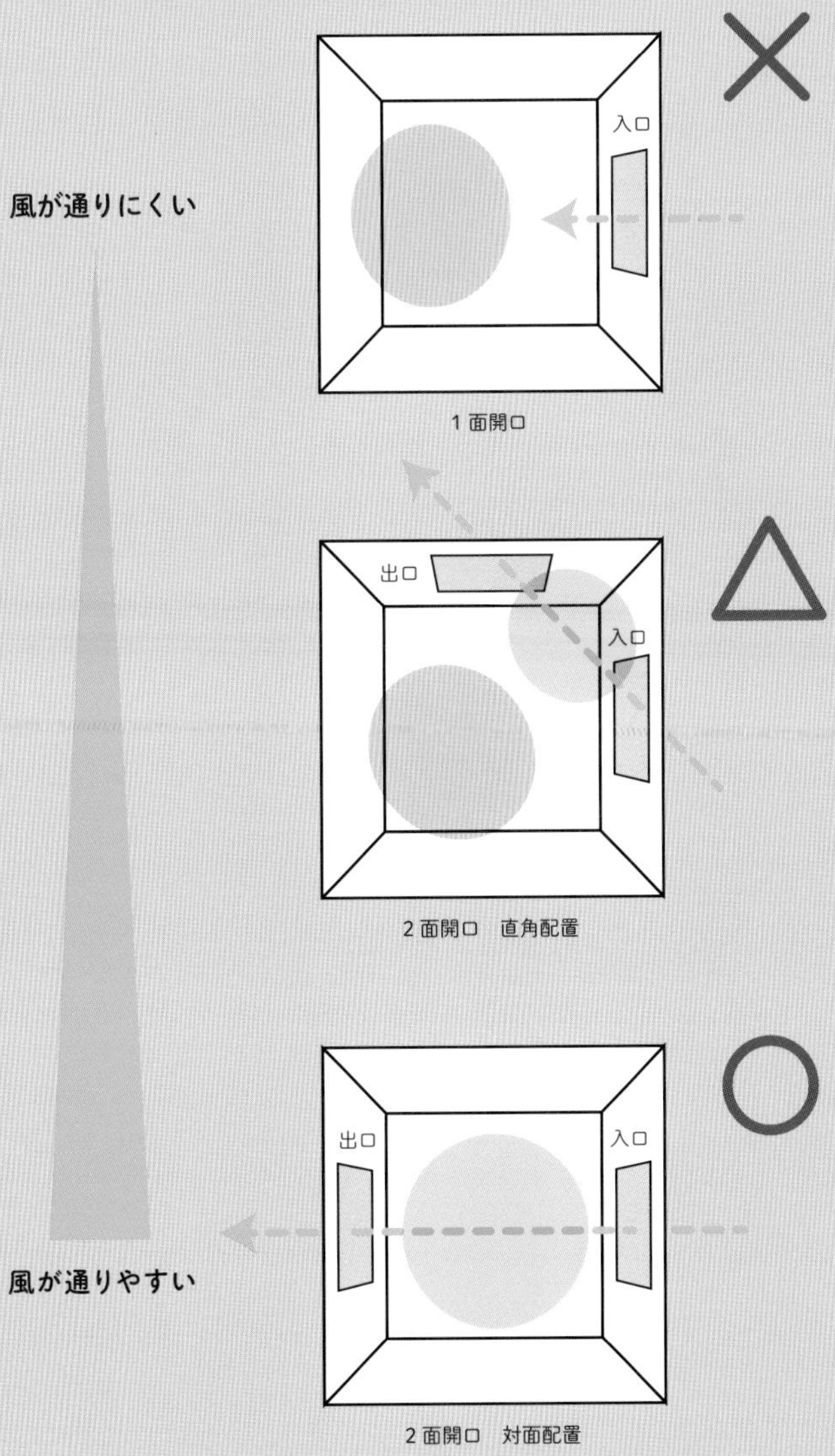

風の出口がない1面開口は風が生じにくい。2面開口であっても、窓が直角配置の場合は風がショートカットして部屋全体に行き渡らない。2つの窓を対面配置とするのが理想的

窓の高さを変えると、風が生まれ、熱も抜ける

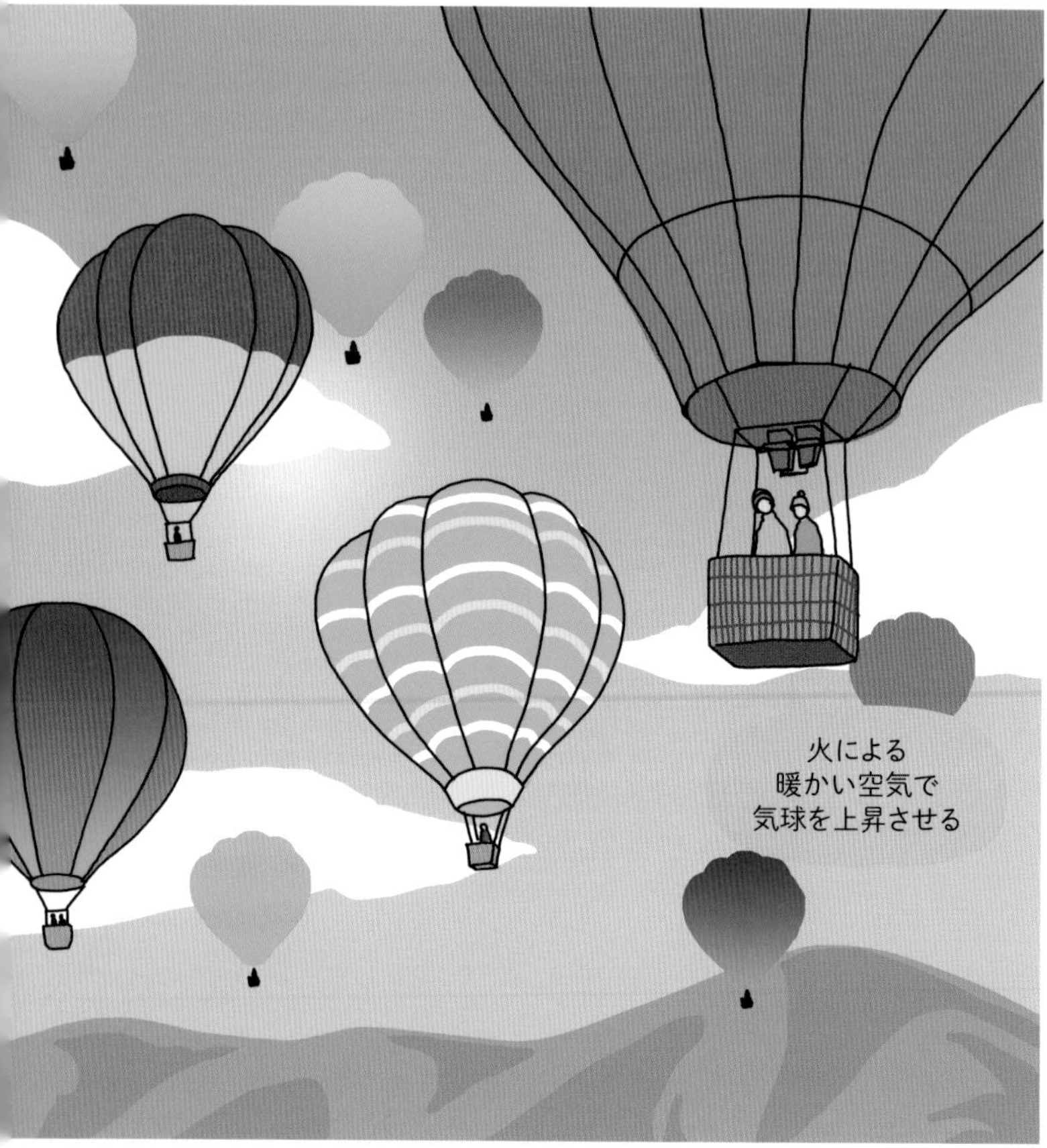
火による
暖かい空気で
気球を上昇させる

風通しをよくするには、〝2つの窓の高さ〟を変える、という考え方もあります。片方の窓を、建物の高い位置に取り付けてみましょう。すると、両方の窓を開けた瞬間、家の外に風がなくても、部屋に風が生まれます。

その理由は、熱が移動するから。暖かい空気は冷たい空気に比べて軽いので、上へ上へと上昇します。それが風となって、夏の暮らしに涼しさをもたらすのです。熱気球が空に浮かんでいる様子を想像すれば、このメカニズムを理解できますよね。

具体的には、①壁の上部に横長の窓を取り付ける方法[1]（高窓）、②屋根に小さな窓を取り付ける方法[2]（天窓）、があります。夏、長時間外出すると、室内は熱だまりに。エアコンをかけても、すぐには涼しくなりません。一方、高窓や天窓があれば、熱を一気に抜けるので、エアコンへの負荷を減らせます。

1　壁の高い位置に窓を付ける（高窓）

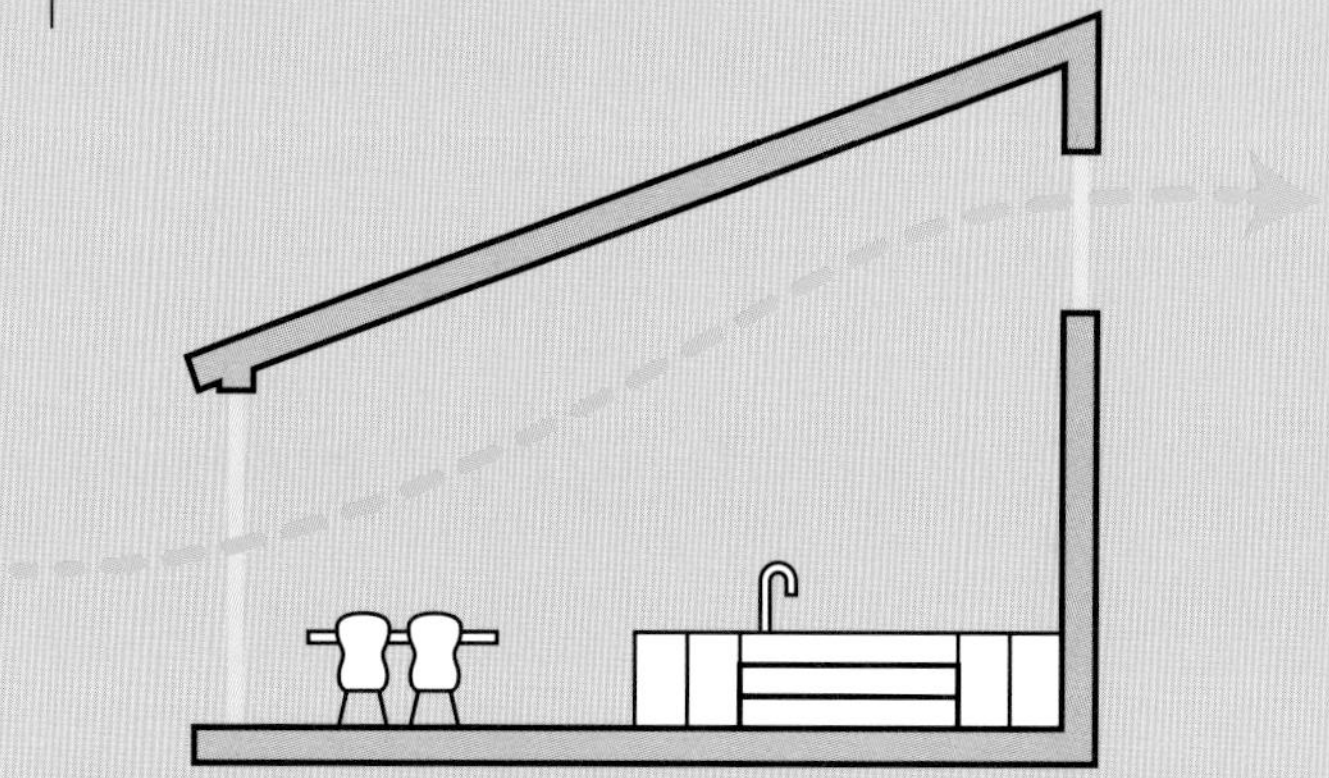

掃き出しの大きな窓と正対するように、高窓を設置したイメージ。両方の窓を開けると、掃き出し窓から高窓のほうへと風が流れ、熱が抜ける

2　屋根に窓を付ける（天窓）

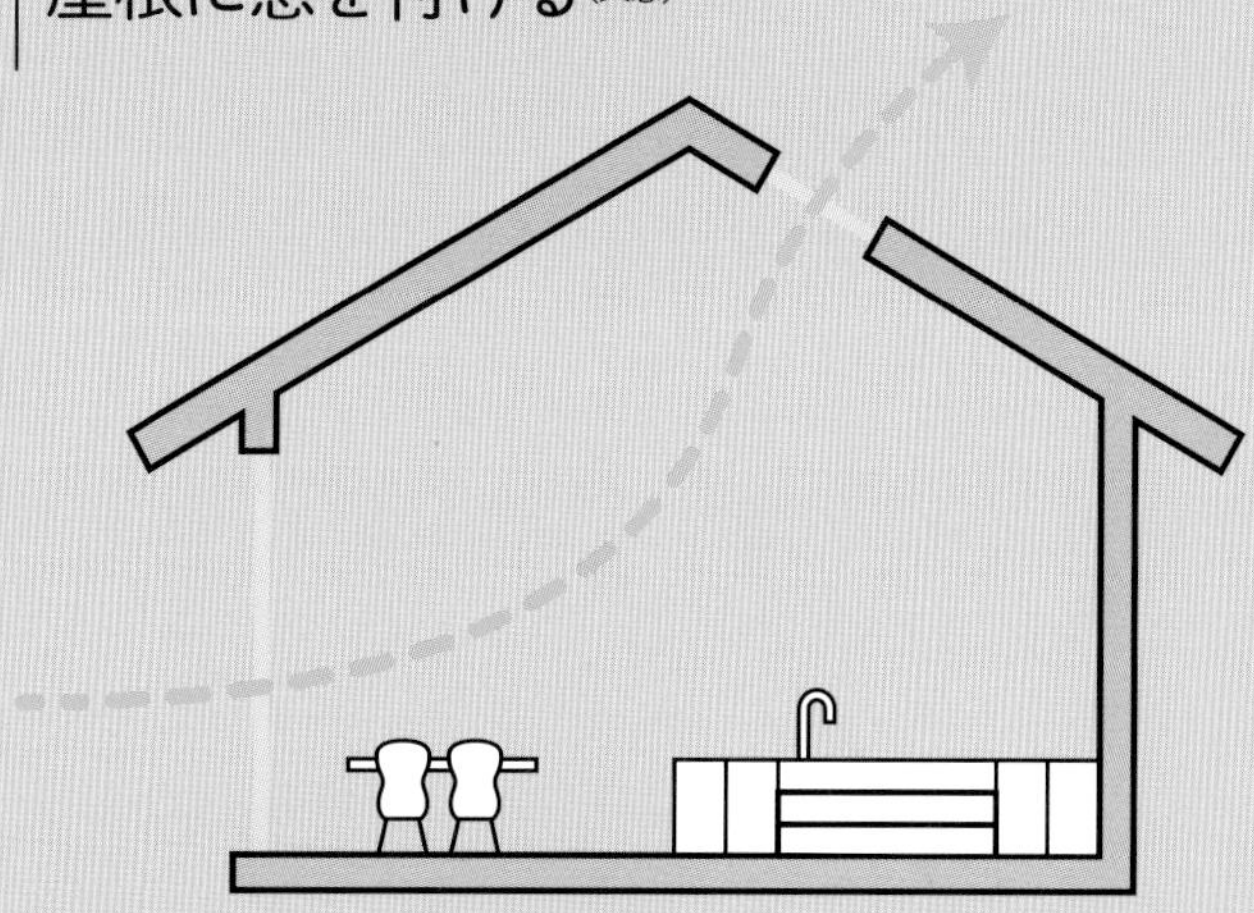

掃き出しの大きな窓の反対側に、天窓を設置したイメージ。夏の日射遮蔽、冬の日射取得を考慮すれば、掃き出し窓は南側、天窓は北側に設置するのが望ましい。北側に設置すると、夏の強烈な日差しが建物内に侵入しにくい

夏は体温を下げる工夫を。究極はアイシング！

首筋にアイスパックを
あてて冷却
小川で
足を冷却

夏を快適に暮らす方法として、家の温熱環境を向上させるのは重要ですが、体を冷やす行動や設備を上手に利用する、という意識ももちましょう。体が暑さで悲鳴を上げているのに、「エアコンには絶対頼らない」というのは無意味。家のなかで熱中症を発する人は少なくないのですから［P34～35］。

暑さを感じたら、体温を下げましょう[1]。なかでも、アイシングは効果的。高校野球など、夏の炎天下で行われるスポーツでは、近年必要不可欠になっています。首筋や足首など、大きな血管が通っている箇所を、冷たい氷水などで冷却すると、体温を効率よく下げることが可能です。冷凍庫にアイスパックを常備しておくと、何かと便利です。

最後に、エアコンには〝除湿効果〟も期待できます。湿度を下げれば、涼感が得られます［P84～85］。

1 涼しく過ごすための行動・設え・設備

うちわであおぐと、体の表面から熱を奪うことができ、冷たいものを食べると、体の内側から涼しさを得られる

シャワーを浴びると、体の表面から熱を奪うことができる

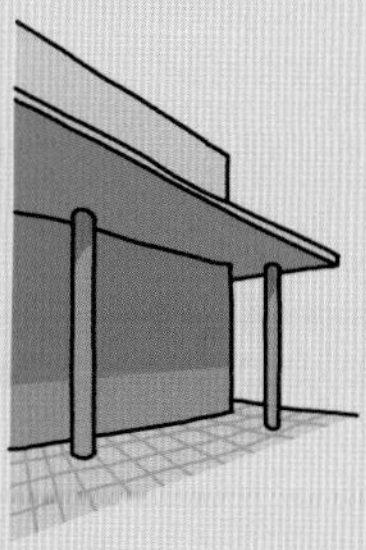

庇を出すと、日射の侵入を防ぐことができる

簾を付けると、日射の侵入を防ぐことができる

エアコンによる冷たい気流（対流）で、室温を下げる

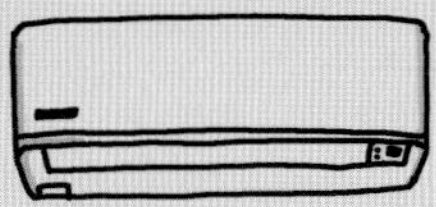

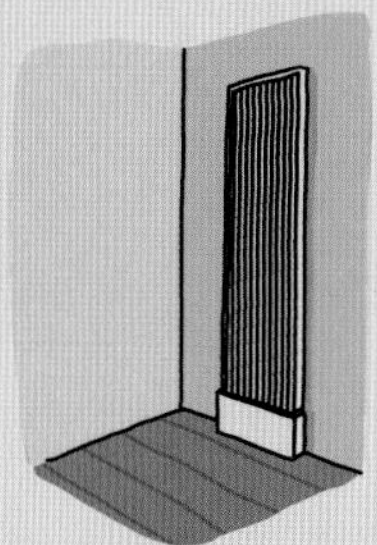

冷暖房パネルを使えば、放射冷却（放射）によって、体感温度を下げられる。除湿効果も期待できる

扇風機を使えば、風によって、体の表面から熱を奪うことができる

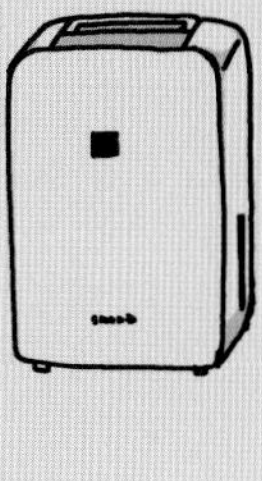

除湿器を使えば、湿度が下がるので、同じ温度でも涼しく感じる

冬は体温を上げる工夫を。最後は熱い抱擁！

?
寒さの厳しい冬山では
生死に関わるので、
身を寄せ合って
お互いの身体を温め合う

夏と同じように、冬を快適に暮らすためには、体を温める行動や設備を上手に利用する、という意識をもつのも大切です。体が寒さで悲鳴を上げているならば、体温が奪われないようにしなければなりません。寒さで死ぬ人は、少なくないのですから［P40～41］。

その最も象徴的なシーンといえるのが冬山でしょう。気温が氷点下を大きく下回る環境下では、あらゆる手を尽くして体温を維持する必要があります。極地に対応する防寒着を着用するのはもちろん、パートナーがいれば、ピタッとくっついて外気に面する表面積を減らすのが有効です。お互いの体が温め合うので、体温の急激な低下を避けられます。

なので、男性のみなさん、恥ずかしがらずに女性をギュッと抱きしめましょう。女性には、多少嫌がられるかもしれませんが、これも生き残るための知恵なのです。

1　暖かく過ごすための行動・設え・設備

厚着をして温かい飲みものを飲めば、体の内側から暖まる

料理をすれば、火源から放射熱が得られるほか、湿度が上がるので、同じ温度でも暖かく感じる

厚手のカーテンを付けると、室内の熱が外に逃げにくい

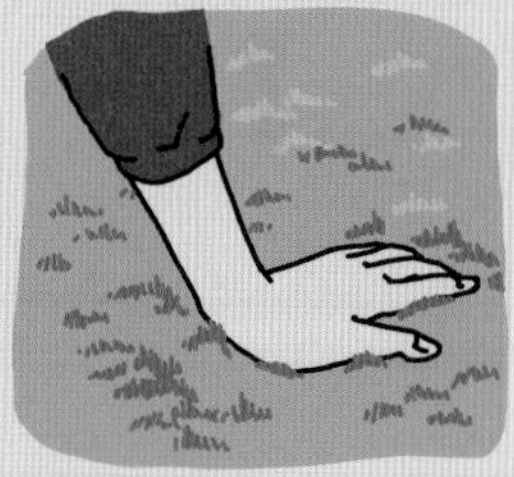

床をカーペットにすれば、床面の冷たさが軽減される

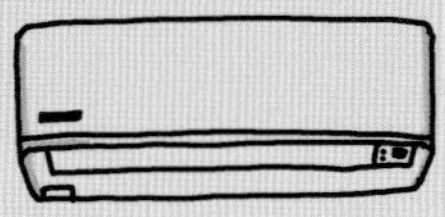

エアコンによる暖かい気流（対流）で、室温を上げる

加湿器を使えば、湿度が上がるので、同じ温度でも暖かく感じる

コタツに入ると、そのなかは暖かい

サーキュレーターを使えば、空気が動くので、温度ムラ（上が暖かく、下が冷たい）が少なくなる

湯気で
体感温度が
高まる
お湯で
足を温める

〝頭寒足熱〟という理想を叶える床暖房

人にとって、最も快適な温熱環境とは、〝頭寒足熱〟という状態です［P102〜P103］。そのためには、床面を暖める必要があります。床面が暖かければ、冷え性の悩みからも解放されるでしょう。イメージは足湯。〝第二の心臓〟と呼ばれるふくらはぎを温めれば、血液の循環が改善され、体温が上昇。免疫力も向上します。

〝頭寒足熱〟を実現する意味で、床暖房はエアコンよりも優れた暖房方式です。床面付近の空気温度が上昇するとともに、足裏からの伝導熱や床面からの放射熱［P96〜97］によっても暖かさを得られるからです。

床暖房には、温水で温める温水式床暖房[1]と、電気による発熱で床を温める電気式床暖房[2]があり、それぞれに特徴があります。リビングなどの大きな面積の床を、長時間に渡って温めるには、温水式床暖房がお勧めです。

1 お湯で温める温水式床暖房

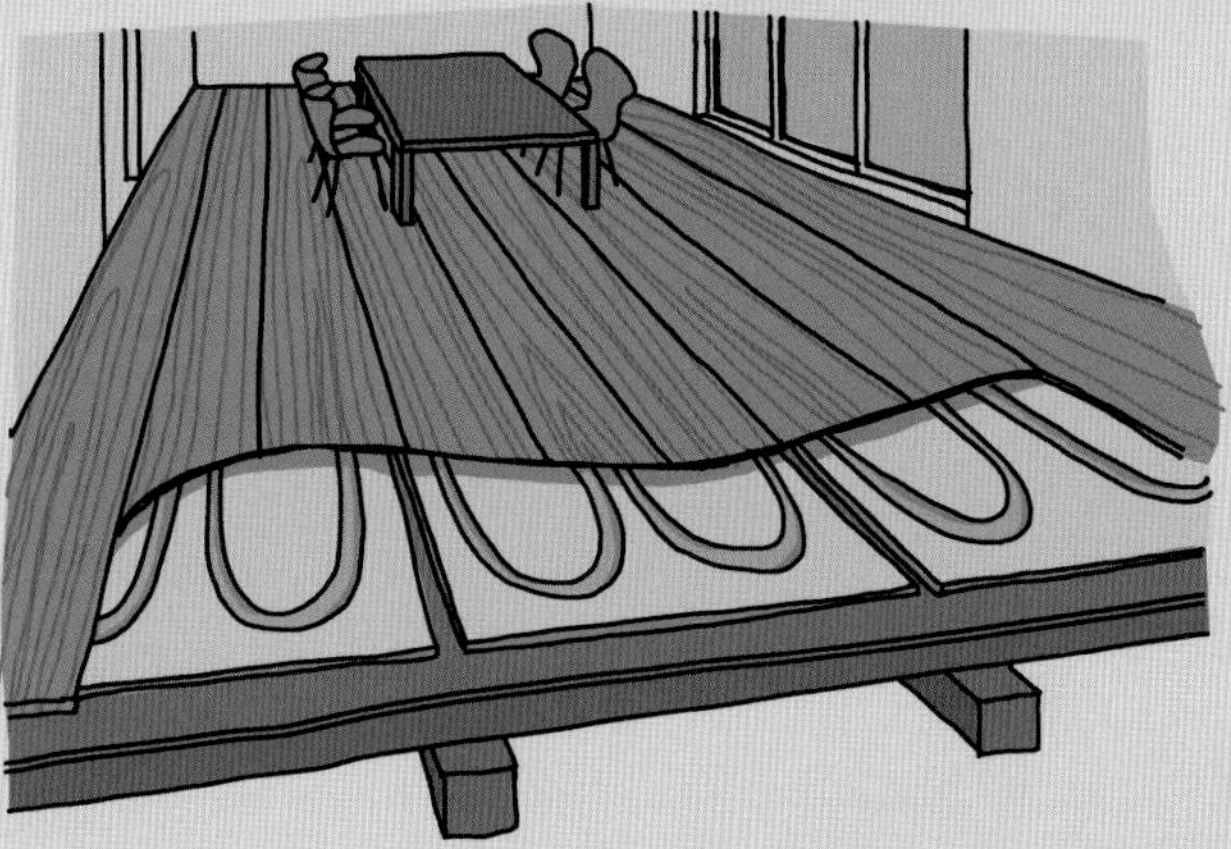

床に敷きこまれたパイプにお湯を循環させて床を温める暖房。お湯をつくる費用は電気よりも割安なため、広い空間を長時間温めるのに向いている

2 電気で温める電気式床暖房

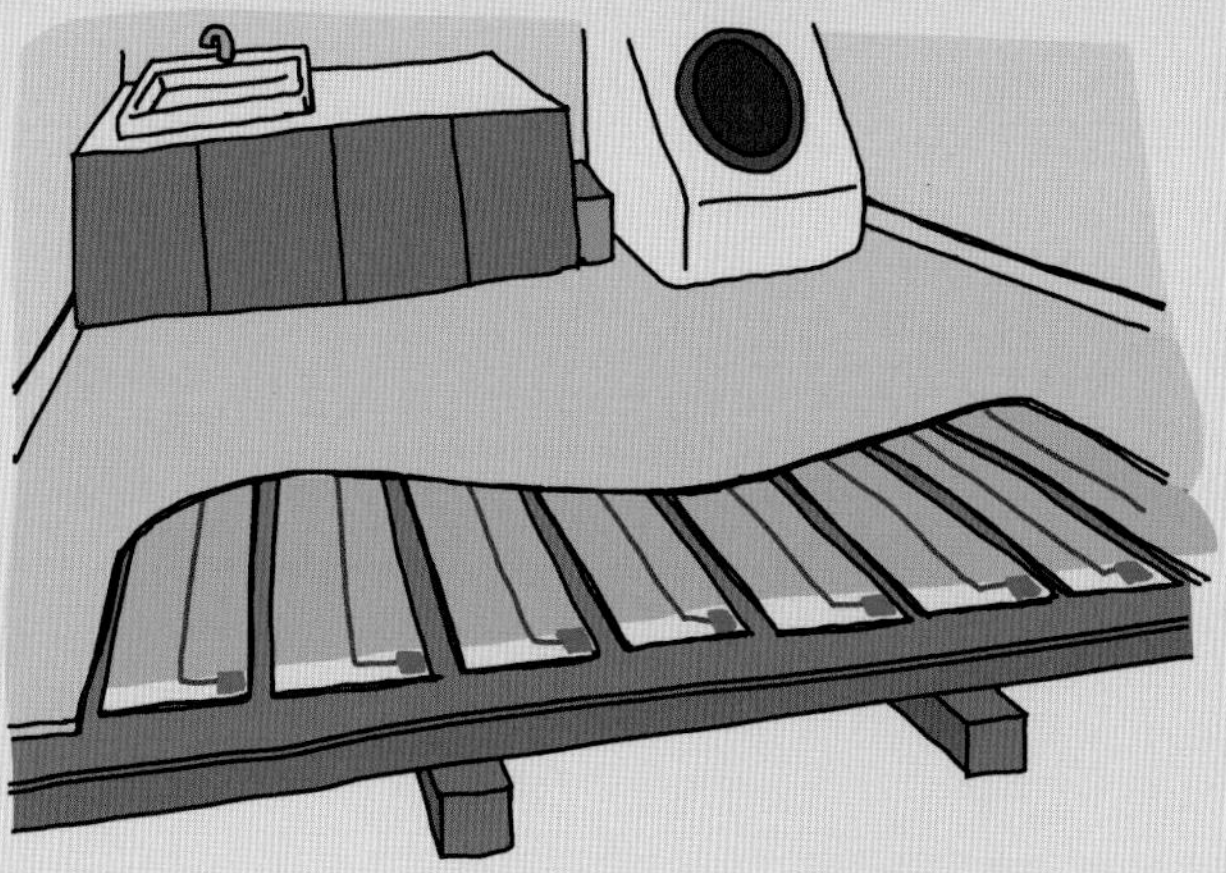

床に敷きこまれたパネルヒーターを電気で発熱させて床を温める暖房。購入時の価格が割安なため、あまり広くない空間や使用時間が短い場合にはお勧め

〝床下エアコン〟を使えば、暖かな風が身を包む

心が通じ合えば、
気持ちも
あたたかくなる
湯気で
体感温度が
高まる
お湯で
足を温める

〝頭寒足熱〟にとって、床暖房は理想的な暖房方式ですが、壁掛けエアコンに比べると、価格が割高です。ホットカーペットという方法もありますが、効果は限定的。

では、とっておきの裏ワザを紹介しましょう。壁掛けエアコンを床下に配置して、床の反対側に設けた隙間から、温風を上に向かって吹き出す〝床下エアコン〟[1]という方法です。床暖房と同様に床表面温度を上げるほか、吹出し口からの温風による対流熱［P96～97］も得られるので、心地よい暖かさを感じるでしょう。壁掛けエアコンは置き家具のなかに収納すれば、インテリアもすっきり。

足元から体を効果的に温める足湯。一人よりも、仲のよい友達と一緒ならば、会話が弾み、心までもがあたたまるはず。床から吹き出してくる暖かな風は、心にも響き、冬の暮らしをより快適なものにするでしょう[2]。

1 “床下エアコン”の原理

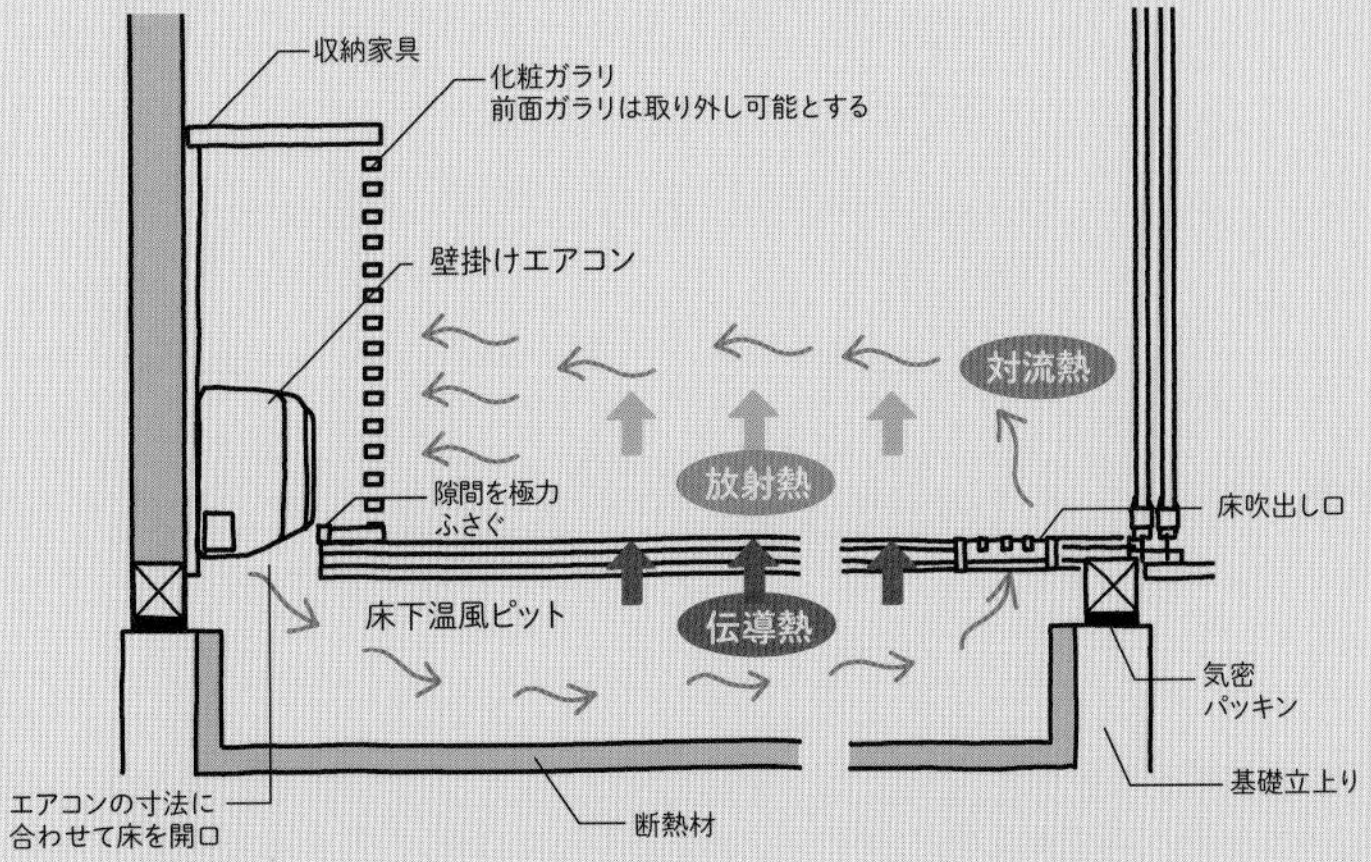

壁掛けエアコンを床下に設置する“床下エアコン”。一般的な壁掛けエアコンを使用するため、メーカーの製品保証対象外になるが、費用対効果の高い暖房効果が期待できる。ただし、暖房効果を最大限に高めるには、基礎や土間コンクリートをしっかりと断熱する必要がある

2 超高断熱の家におけるエアコン

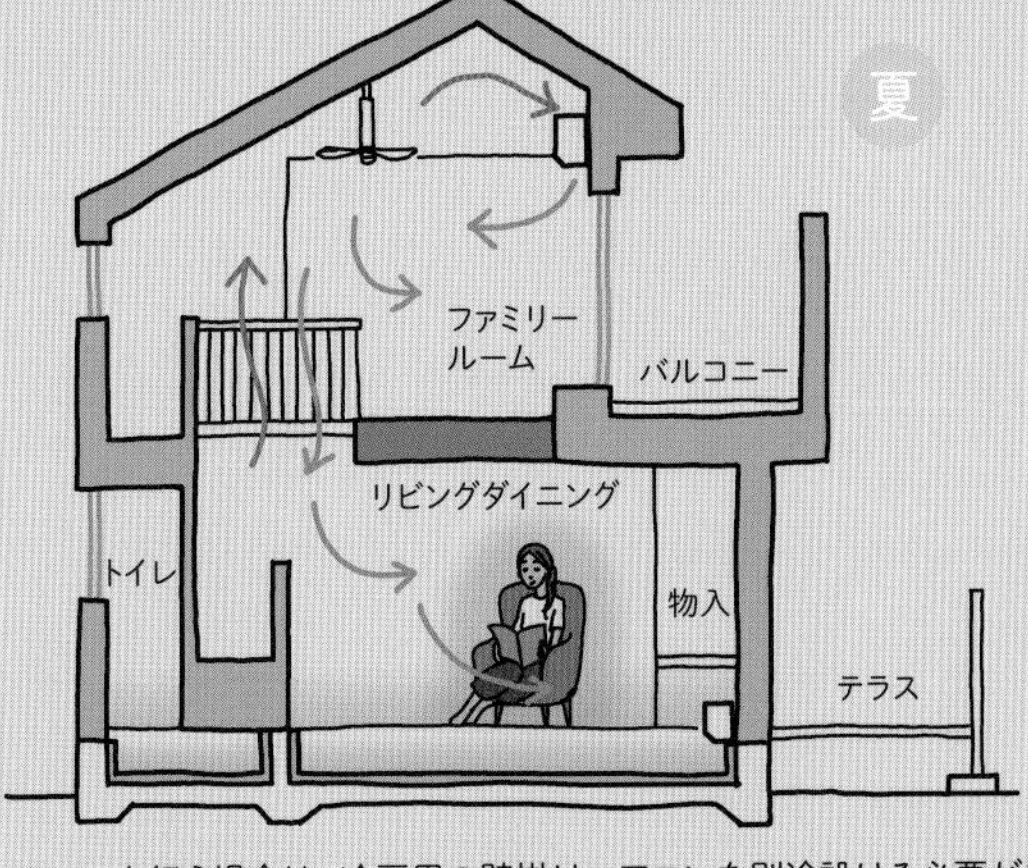

床下エアコンを行う場合は、冷房用の壁掛けエアコンを別途設ける必要がある。このとき、超高断熱の家では、冷房用の壁掛けエアコンは、暖房用に比べて能力の大きい仕様のものを選択する。これは室内には人体からの発熱（1人当たり100W程度）やテレビや冷蔵庫からの発熱があり、これらは冬には暖房に加担するものの、夏にはその分も冷やす必要が生じることによるもの

column

既存住宅の35%は無断熱という悲しい現実

日本の住宅で断熱が本格的に考えられるようになったのは、建築物の省エネルギー基準（旧省エネ基準）が制定された1980（S55）年から。断熱化などの省エネルギー対策の措置を〝努力義務〟として課すようになりました。

当然、1980年以前の住宅については不問。それ以降も〝努力義務〟であるため、省エネ基準は1992（H4）年、1999（H11）年と段階的に強化されてきましたが、2015（H27）年の既存戸建住宅の断熱性能についての推計値では、35%が無断熱の住宅。1999（H11）年の基準（次世代省エネ基準）を満たす住宅も、わずか8%しかありませんでした。[1]

断熱材の入っていない無断熱の木造住宅では、冬は暖房した熱がどんどん外に逃げてしまい、気密性能が低いため隙間風も吹き込んできます。床下は、防湿のために換気されている住宅が多く、外気温に近い温度となるため、床面が冷たくて足元から冷えてしまうという住宅も多いのです。

このような無断熱住宅ではいくら暖房をしても、部屋全体をうまく暖めることができず、室内の上下温度差や、暖房している部屋としていない部屋の温度差が大きくなり、温熱環境に対する不満を招いてしまいます。健康にもよくありません。

省エネ基準については、2013年（H25省エネ基準）からは、断熱（外皮）性能をU_A値（外皮平均熱貫流率）［P67］で評価するようになっています。現在では、2016（H28）年に施行された「建築物のエネルギー消費性能の向上に関する法律（建築物省エネ法・H28基準）」が最新基準となっています。

しかしながら、省エネ基準の算出方法は変わったものの、断熱性能の水準は1999年からあまり変わっていない、のが現実です。加えて、300㎡未満の小規模住宅については基準への適合義務がないので、2016年度における新築住宅の省エネ基準適合率は60%しかありません。[2] 既存住宅の高断熱・高気密化には、どのように向き合えばよいのでしょうか？

1　断熱性能の最新基準を満たす住宅はわずか8%

住宅ストック（約5,000万戸）の断熱性能

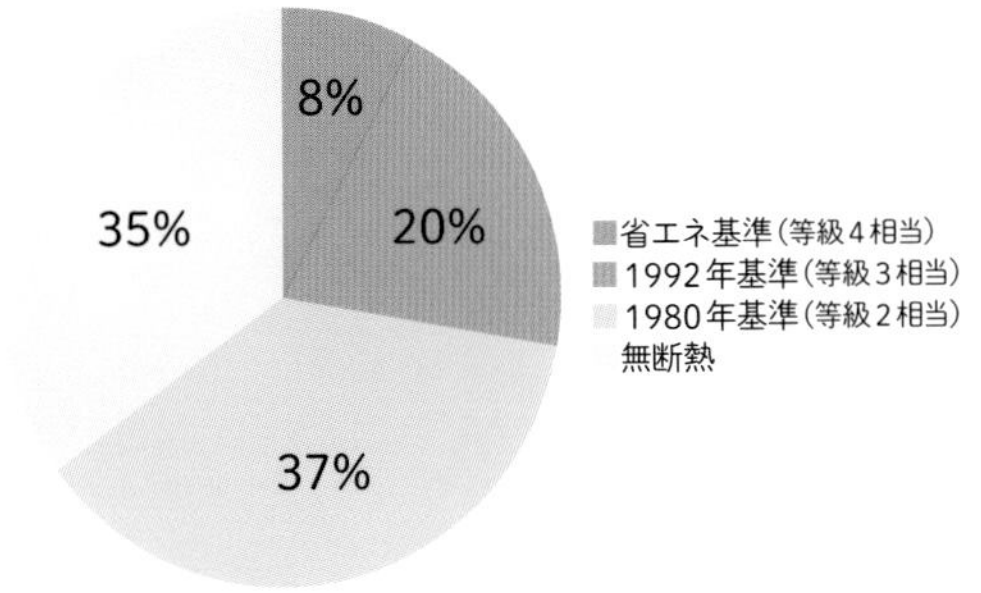

既存住宅の断熱性能を省エネ基準ごとに区分したグラフ。無断熱の住宅は全体の35%であり、現行の省エネ基準を満たす住宅は8%にとどまる。現在の基準に照らし合わせれば、92%の住宅は何らかの手法で断熱改修を行う必要がある［P140～149・※］

2　新築戸建住宅の高断熱化もなかなか進まない

新築住宅の省エネルギー基準適合率（2016年度）

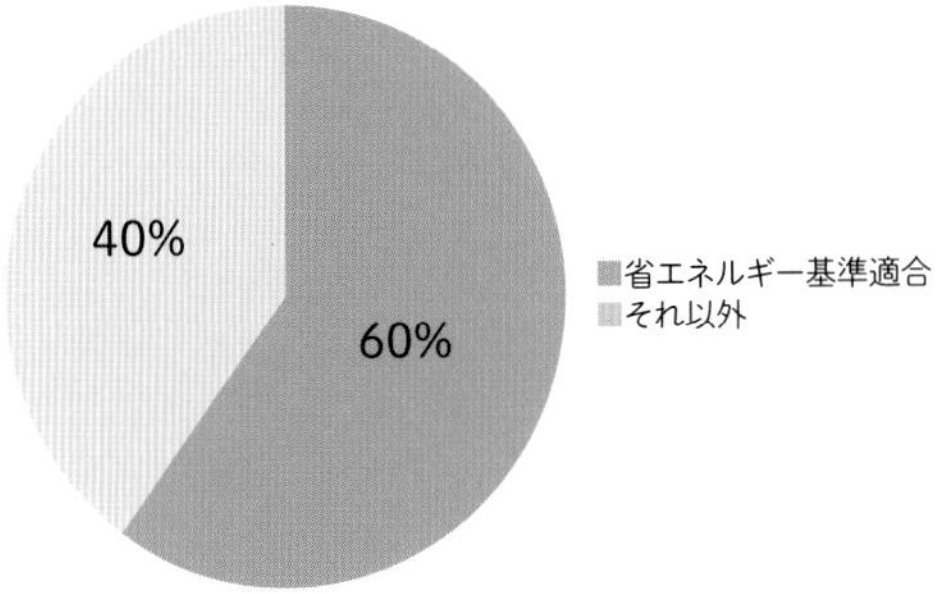

2016年度における新築戸建住宅の省エネ基準適合率を判定したグラフ。基準を満たす住宅は60%にとどまっている。この大きな理由は、床面積300㎡未満の新築戸建住宅には省エネ基準への適合義務が課されていないこと。多くの人が温熱性能の低い住宅を購入していることが分かる［※］

※　「今後の住宅・建築物の省エネルギー対策のあり方について（第二次答申）」（国土交通省）

断熱改修の種類とグレード

1 窓を改修する

熱が逃げやすい窓の断熱性能を上げる工事です。

詳しくはP142〜143

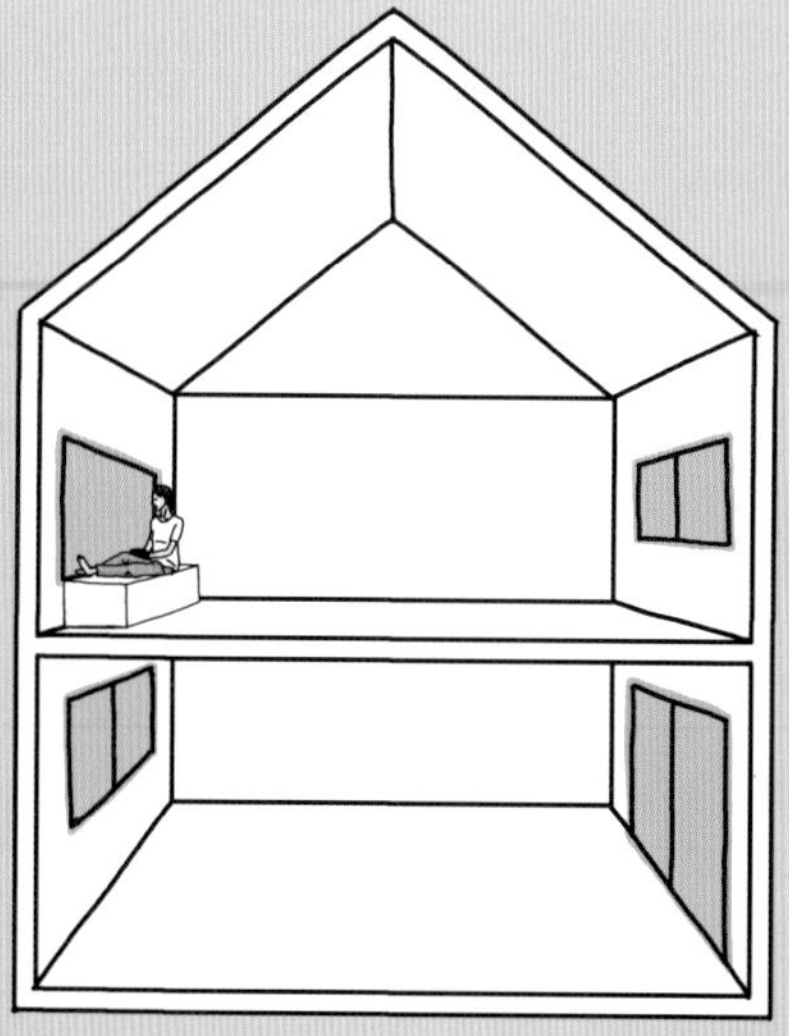

2 床の断熱性能を上げる

足元の冷たさを緩和して快適性を向上させる工事です。

詳しくはP144〜145

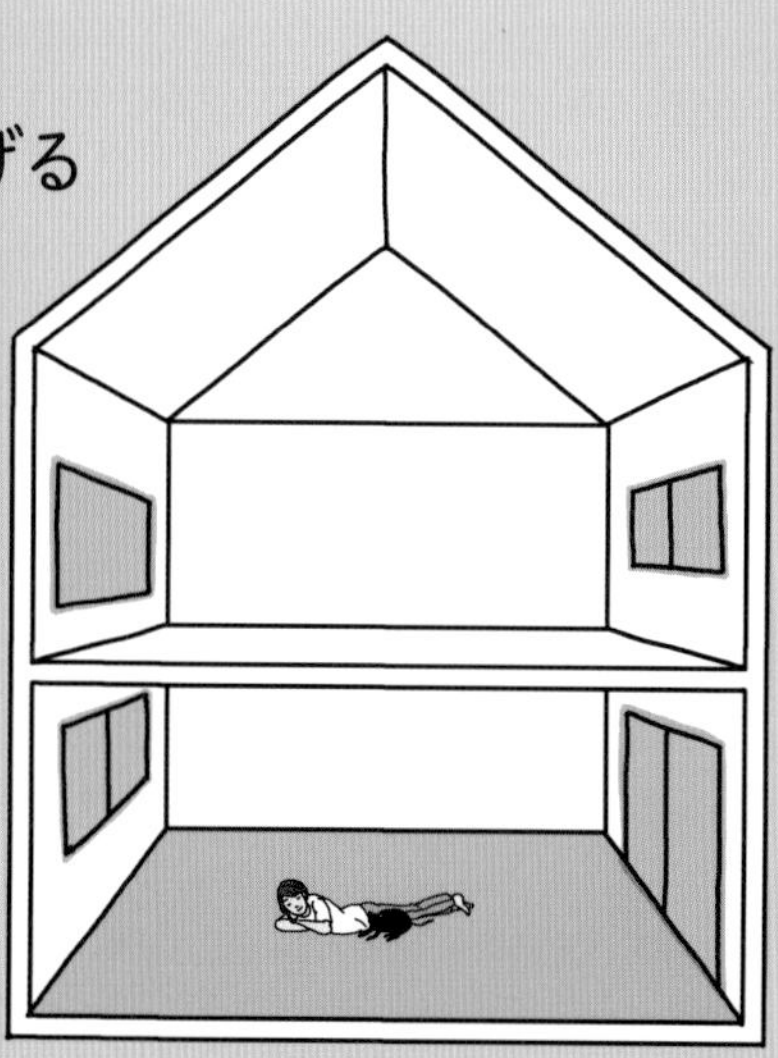

既存住宅の断熱性能を上げるには、断熱改修が有効な手段となります。その種類は主に4つあり、予算などに応じて、そのメニューを選ぶとよいでしょう。

改修範囲で分類すると、「窓を改修する」「床の断熱性能を上げる」「部分的に断熱を行う」「全体的に断熱を行う」と分類され、改修範囲の広さに比例して快適性が高まります。今住んでいる家の暑さや寒さに困っている人には、検討の価値大です。

3 部分的に断熱を行う

リビングや水廻りなど、使用頻度の多い部屋の断熱性能を上げる工事です。

詳しくはP146〜147

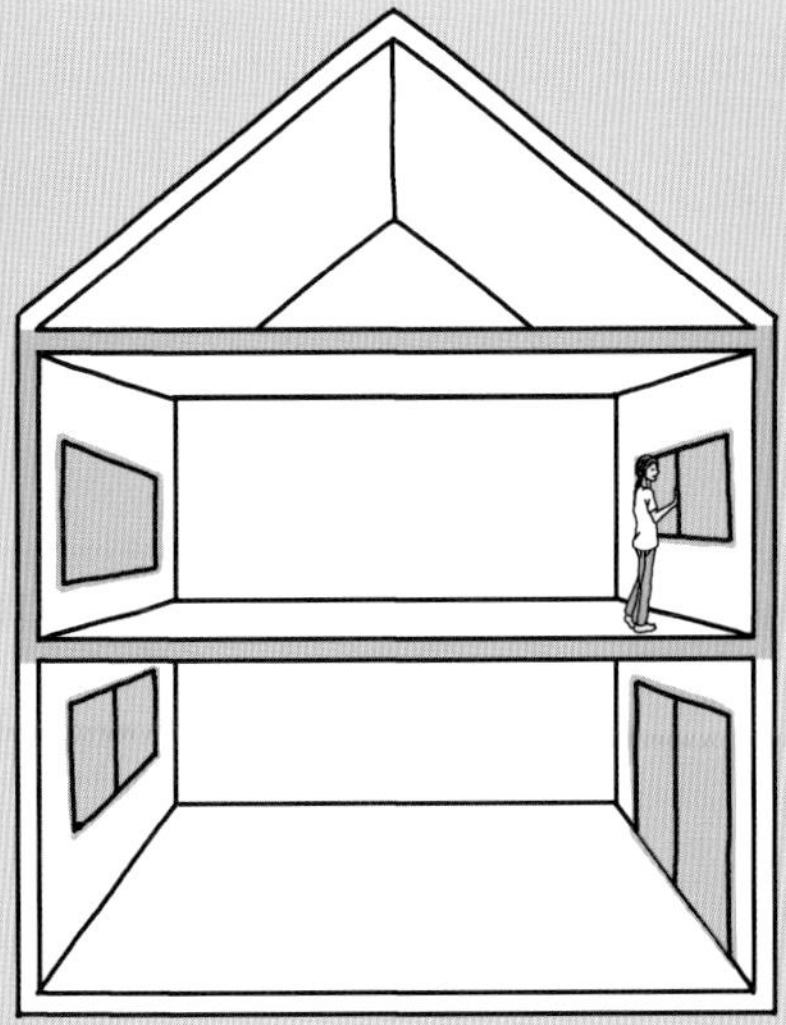

4 全体的に断熱を行う

家全体の断熱性能を上げる工事です。フルリノベーション(大規模改修)を行うときにお勧め。

詳しくはP148〜149

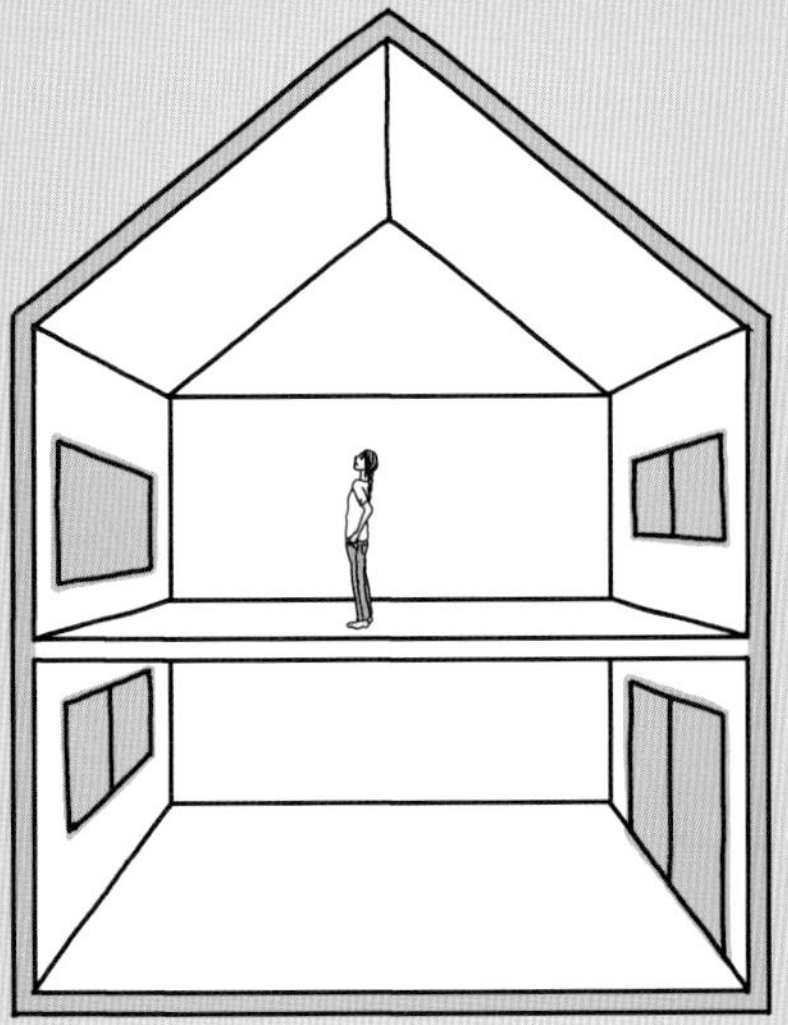

窓の交換・追加は最も手軽な断熱改修

家の断熱性能を上げる方法として、窓の改修は有効です。理由は、薄っぺらい窓が、分厚い壁や天井、床などよりも熱を通しやすいから。しかも、窓の改修は、壁や天井、床などに断熱材を入れるよりも工事が楽。建物を大がかりに解体する必要もありません。

具体的には、「窓全体を交換する」[1]、「サッシを残して窓を交換する」[2]、「窓の内側から窓を追加する」[3]、という方法があります。最もお金がかからないのは[3]。部屋の内側から窓を設置するだけで工事が終わるので、時間がかかりません［P169］。

別名、〝二重窓〟と呼ばれる方法で、ペアガラスの窓を追加すると、既存のシングルガラスと合わせて、トリプルガラスと同等の断熱効果が得られます。音も伝わりにくくなるので、騒音対策としても有効。交通量の多い道路に面する窓に最適です。

1　窓全体を交換する

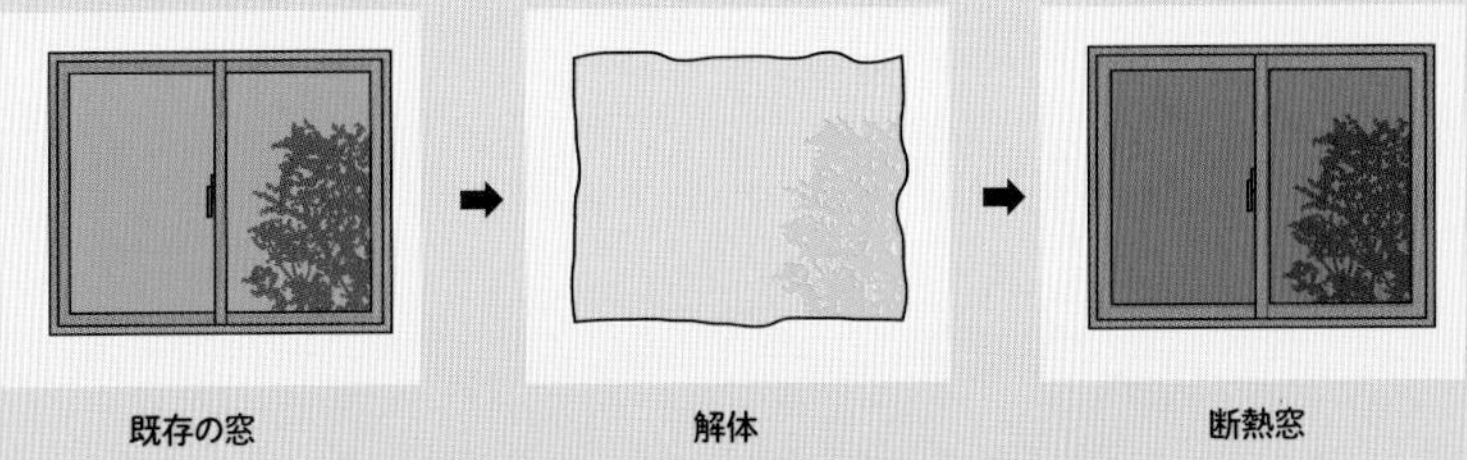

既存の窓を解体して、断熱性能の高い窓に付け替える方法。既存の窓はサッシを含めて、すべて撤去するので、外壁の一部を解体・修復する必要がある

2　サッシを残して窓を交換する

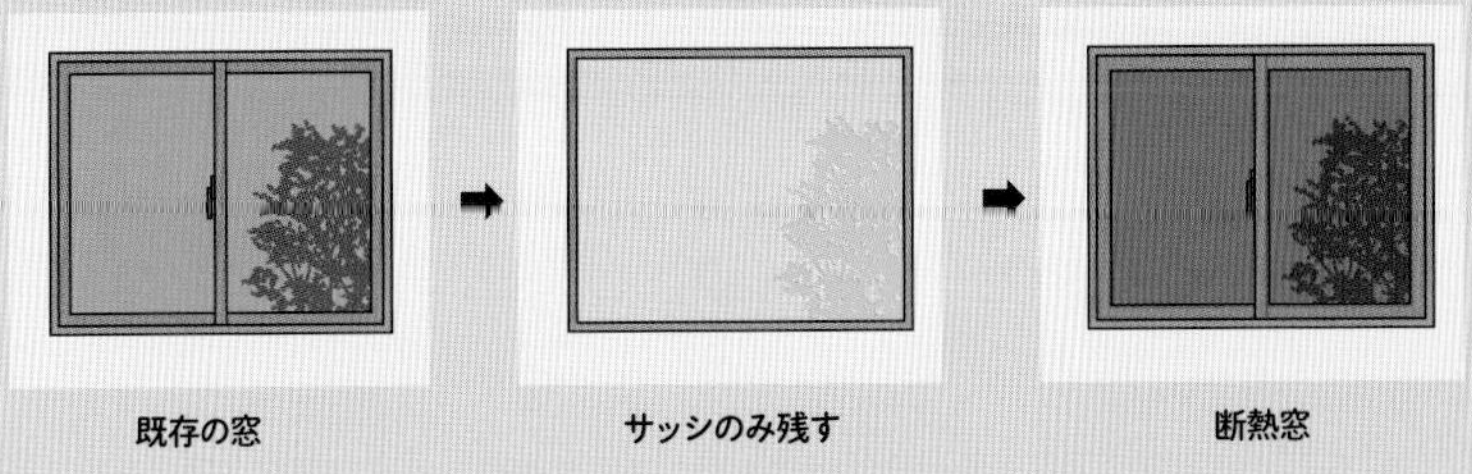

既存の窓をサッシ枠のみ残して撤去し、断熱性能の高い窓に付け替える方法。外壁の解体・修復作業が発生しない。別名、"カバー工法"と呼ばれる

3　窓の内側から窓を追加する

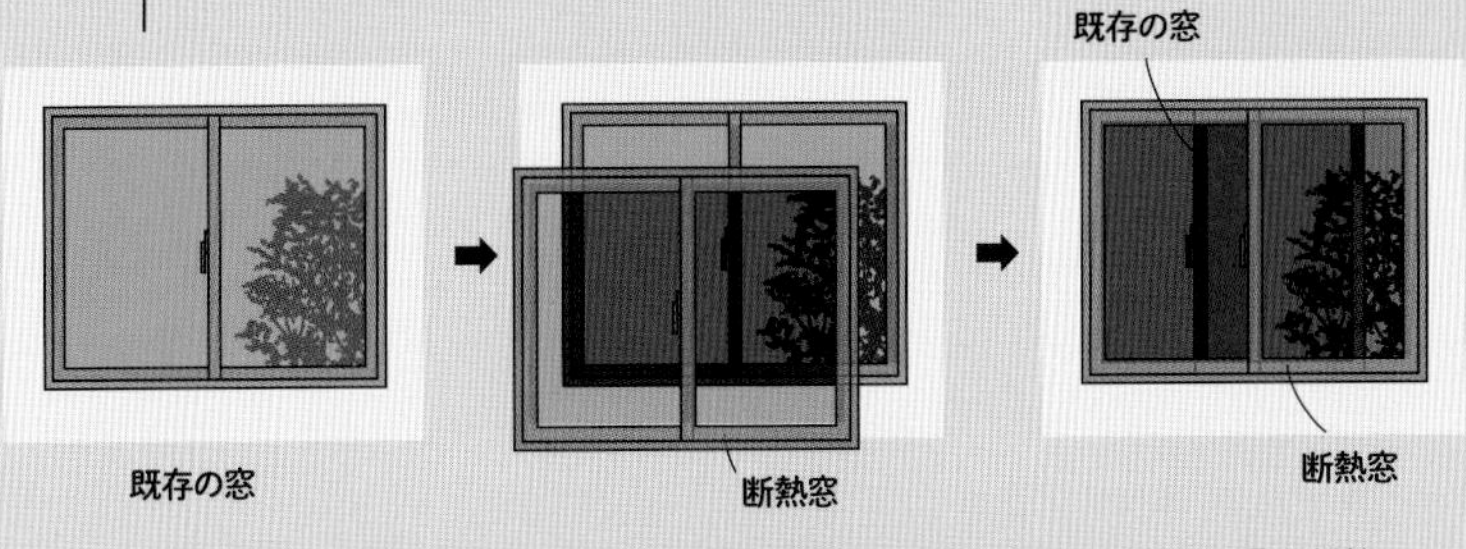

窓の内側から窓を追加する方法。窓の開け閉めには手間がかかるものの、最も断熱性能を向上させることが可能。窓追加にかかる時間は1枚当たり約60分程度

床を断熱すれば、足元の冷たさが軽減される

床の断熱性能を上げるのも有効な手段の1つ。冬に足元の冷たさに悩まされることがなくなるからです。床下に断熱材を入れた後に、床暖房を入れるとさらに効果的。〝頭寒足熱〟[P102〜103]が実現します。

床材の張替えを考えるのであれば、床材を剥がした後に、床の下地に断熱材を敷き詰めましょう[1]。このとき、床材には暖かみのある素材がお勧めです。特に、スギやヒノキといった針葉樹の無垢フローリングは、素肌で触れたときに暖かみを感じるでしょう。

一方、予算の関係で、床材を張り替えないのであれば、床下から断熱材を入れる、という方法もあります。1階の床下も、基礎立上りの高さ分、人が潜れる程度の隙間は確保されているので、床下から断熱材をはめ込むことは可能です[P168]。当然、家具などを移動する必要もありません。

1 床をはがして断熱材を入れる

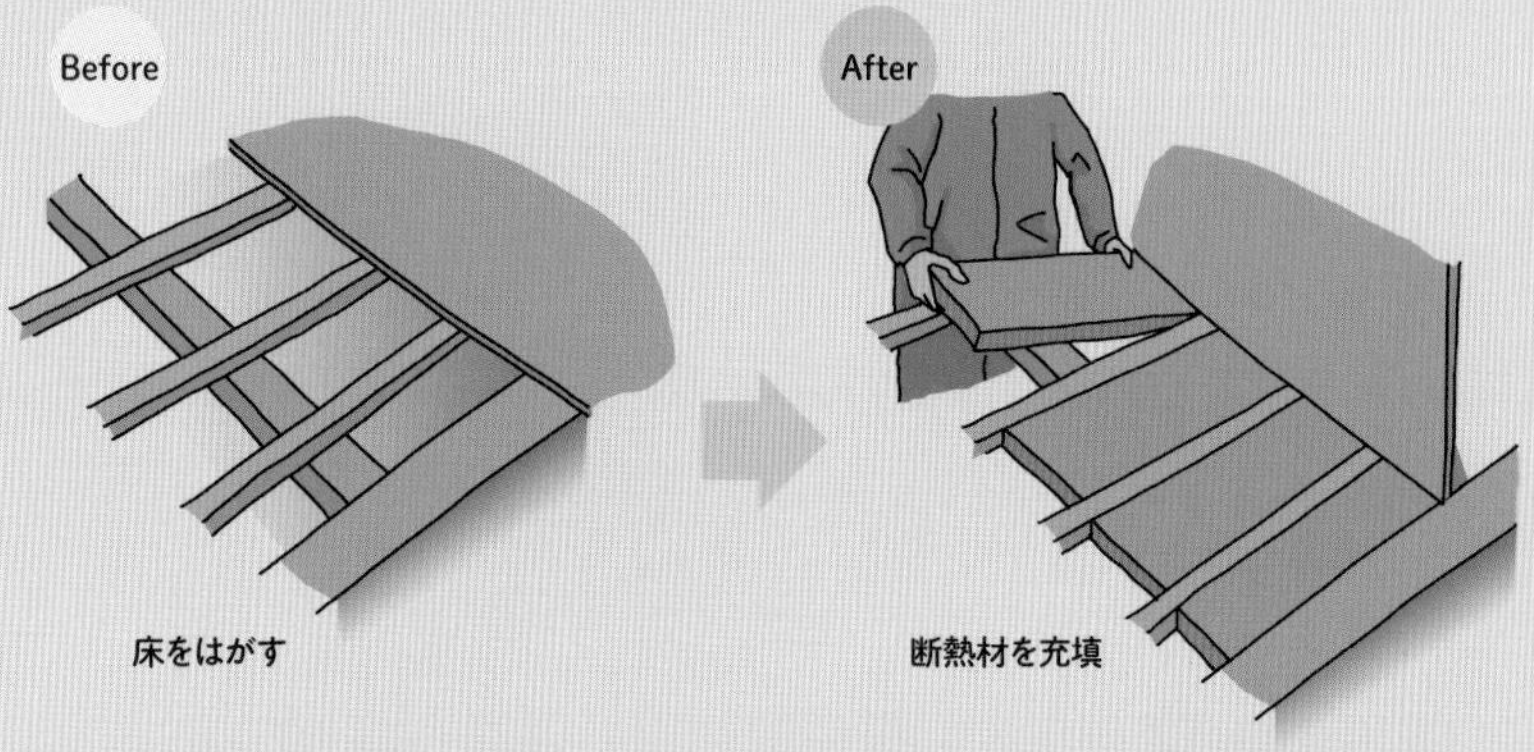

木造住宅では、床をはがすと、木で組んだ床の骨組みが現れる。その骨組みの間に隙間なく断熱材をはめ込んでいる

2 床をはがさずに断熱材を入れる

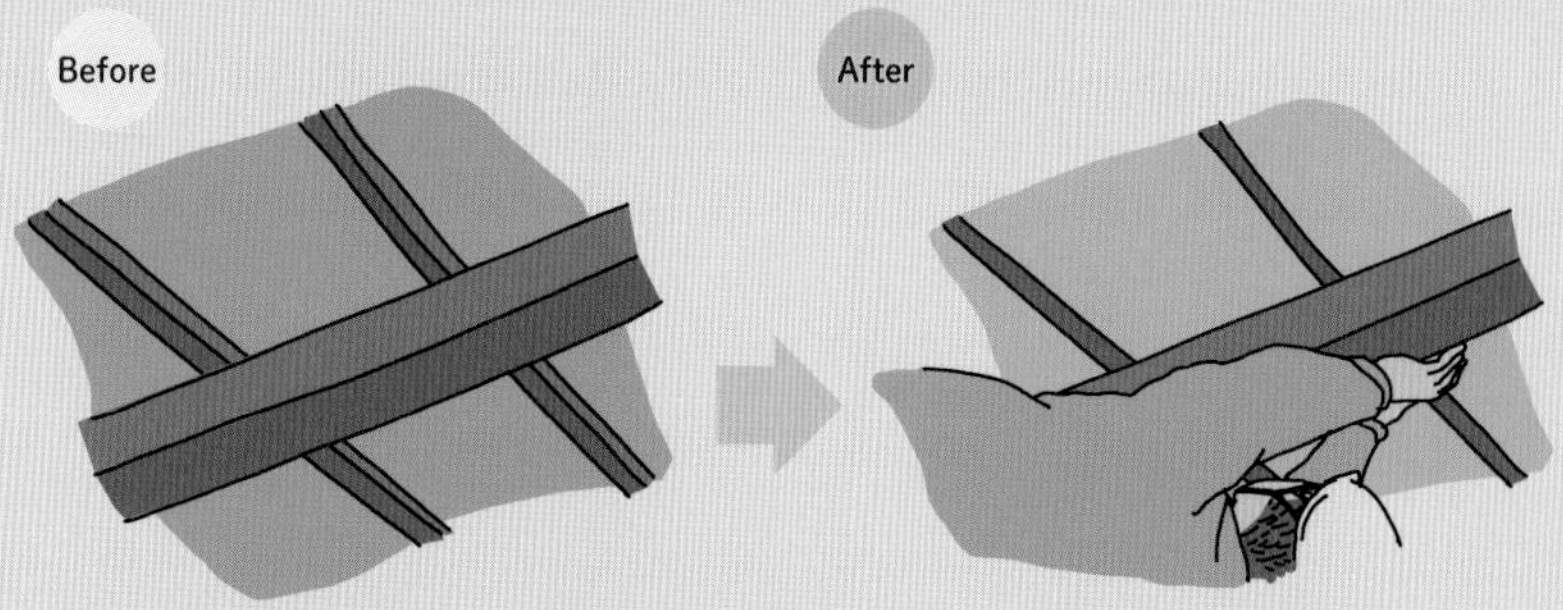

床をはがさない場合は、床下に潜り込んで、床の下から床の骨組みの間に断熱材を隙間なくはめ込むことができる。現在の木造住宅では、1階の床下に400㎜程度のスペースが設けられている

断熱範囲の優先順位はリビングと水廻り

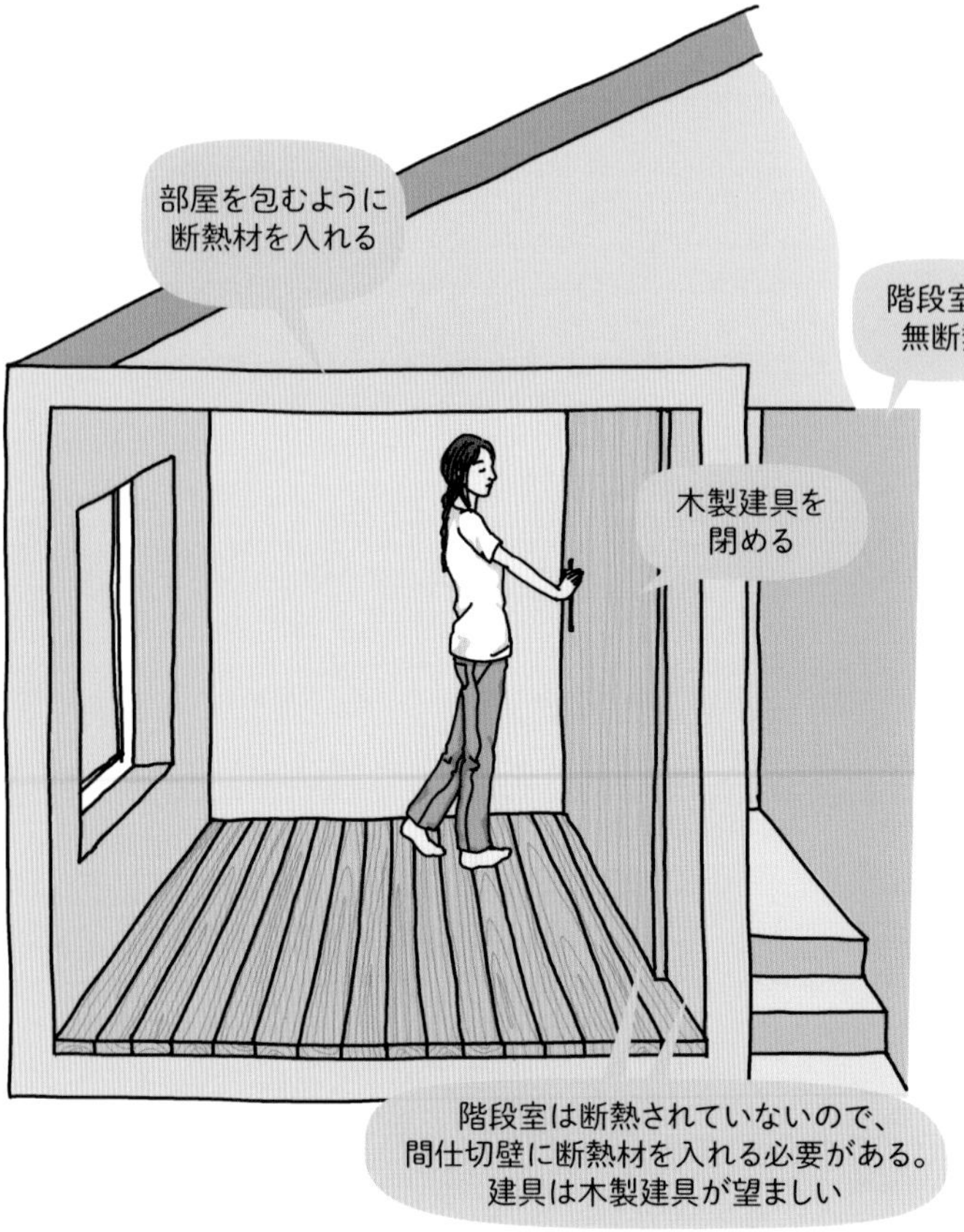

少しお金をかけられるのであれば、今ある部屋に優先順位を付けて、その部分のみを断熱改修するという考え方もあります。リビングやダイニングなど、一日のなかで過ごす時間が多い場所［1］、日当たりが悪く、暖房設備が充実していない水廻り［2］、が候補として挙げられます。リビングやダイニングをしっかり断熱すれば、快適性の向上と光熱費の削減が期待できるほか、水廻りでは、断熱と小さなヒータで、ヒートショックによる健康被害の抑制が期待できます［P40〜41］。

断熱工事のポイントは、断熱する範囲の壁・床・天井・窓のすべてについて断熱を行うこと。一か所でも断熱が行われていなければ、その部分から熱が侵入したり、流出したりするので注意しましょう。部屋の出入り口に取り付ける建具も、熱が流出しやすいガラスよりは木製建具のほうがお勧めです。

1 リビングのみを断熱する

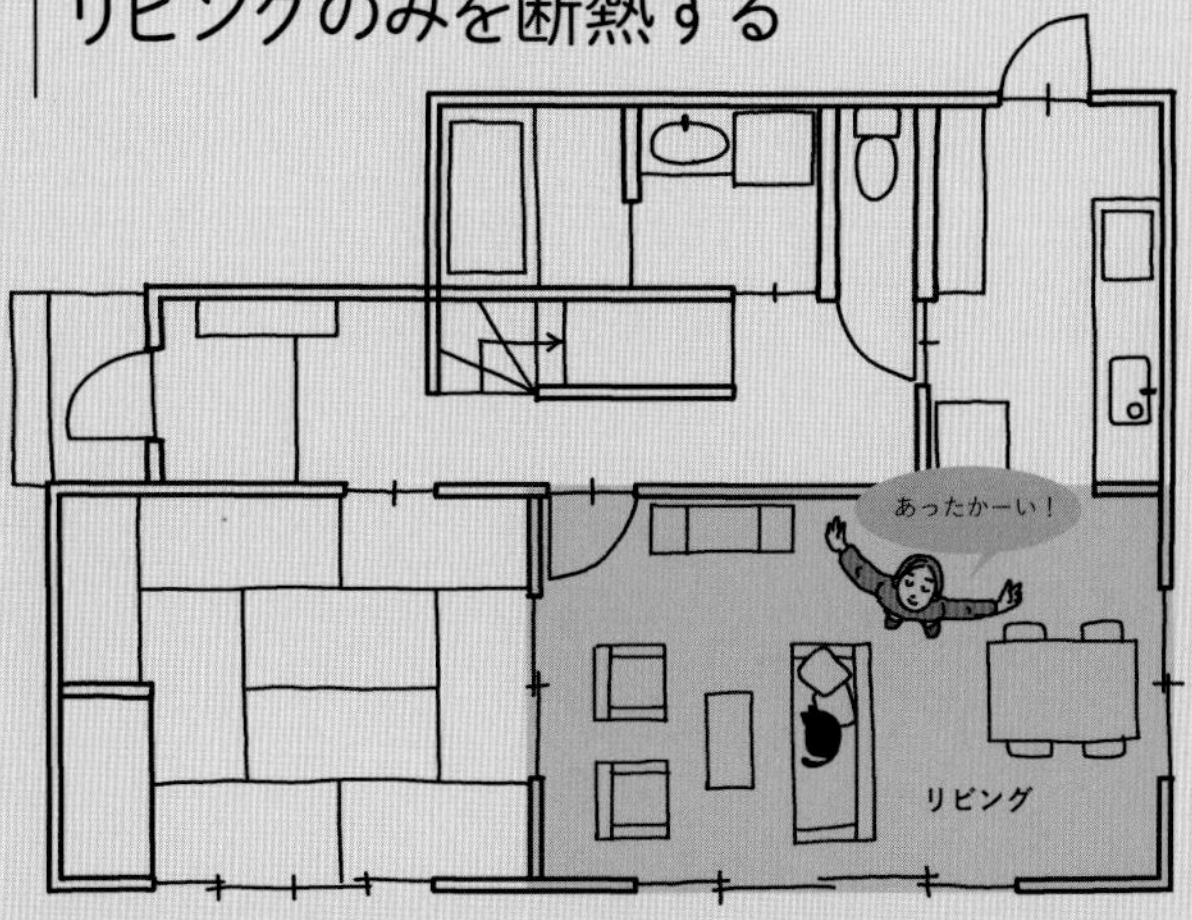

ふだん生活する部屋を断熱すると、暖冷房が効きやすくなることで、快適性が向上し、暖冷房費を少なくできる。ただし、廊下との温度差が大きくなるため、冬はヒートショックなどに気をつける必要がある［P20～21］

2 水廻りと廊下を断熱する

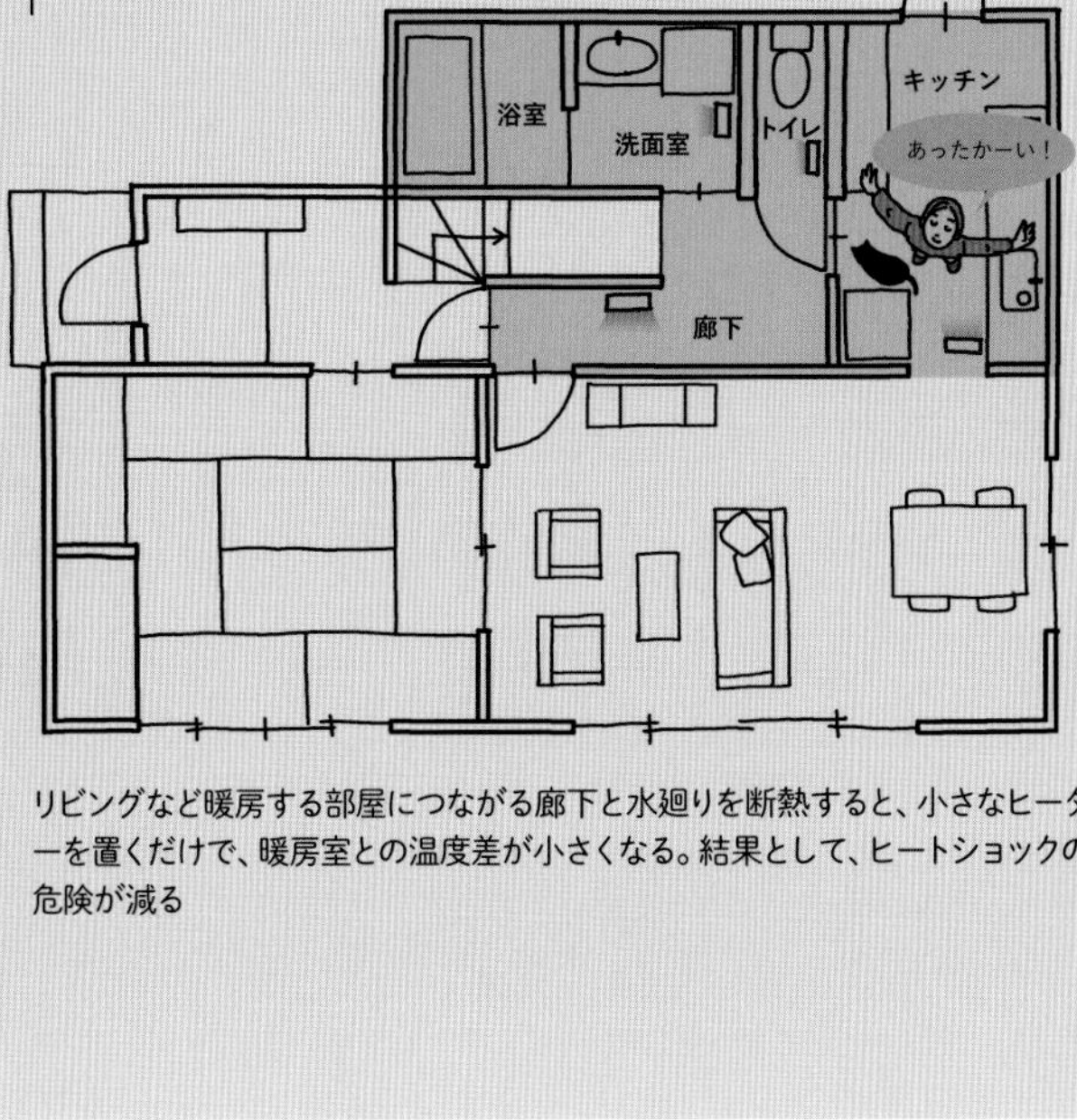

リビングなど暖房する部屋につながる廊下と水廻りを断熱すると、小さなヒーターを置くだけで、暖房室との温度差が小さくなる。結果として、ヒートショックの危険が減る

家全体の断熱改修がもたらす豊かな時間

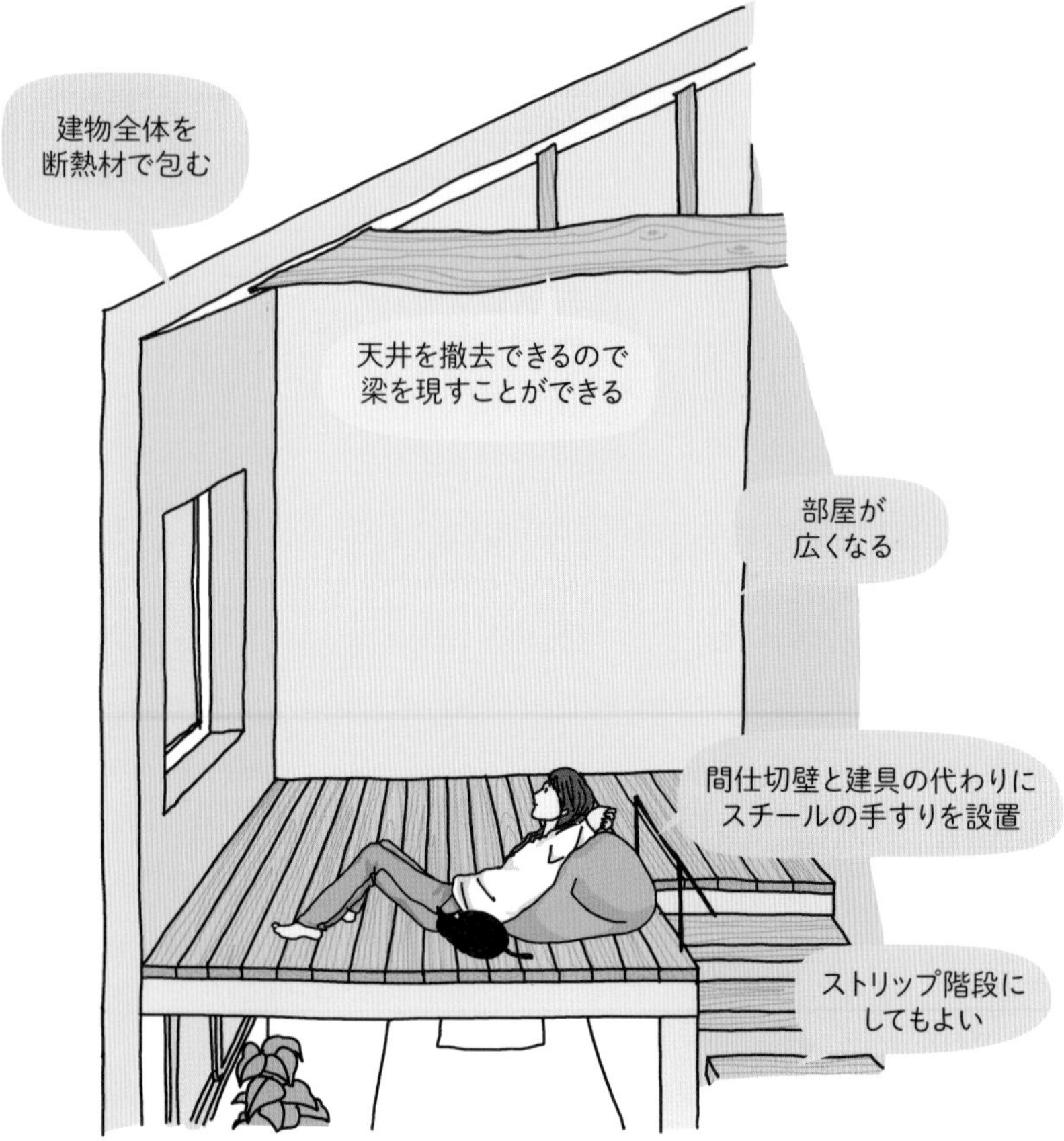

快適な暮らしを満喫したいのであれば、家をまるごと断熱するのが理想的です。間仕切壁や天井を撤去することが可能になるので、空間がより広く感じられるようになります［P50～51］。吹抜けもつくりやすくなるので、家全体も明るくなるでしょう［P56～57］。

これまでの日本では、古くなった家の多くは建て替えられる運命にありました。ただし、断熱性能や耐震性能などについて、適切な〝治療〟を施せば、まだまだ住み続けられる家が少なくない、というのも事実。古い家には、傷が刻み込まれた柱と梁、日に焼けた床、など新築にはない味わいが、住む人の歴史とともに存在しています。

お気に入りの服を繕うように、家も手直ししてみましょう。そこには、過去と現在、やがて来る未来をつなぐ、時間の豊かさが感じられることでしょう［1］。

1 古い小屋組が映える あたたかい空間

築年数56年の木造2階建て戸建住宅をフルリノベーションした例。屋根・外壁全体に断熱改修を行い、U_A値は0.45W/（㎡・K）と、温暖地（6地域）において、省エネ基準を大きく上回る断熱性能を実現した。味わいのある小屋組を現しとした2階の大空間は、0℃を下回る真冬の朝でも室温は16℃超。基礎断熱として設けた床下エアコン［P136～137］により、家中が温度差のない、あたたかな空間になっている

［取材協力：佐藤工務店 一級建築士事務所］

屋根と外壁の断熱

屋根と外壁の全体を断熱材で隙間なく覆っている様子。断熱材には「ネオマフォーム」を使用した

外装のやり替え

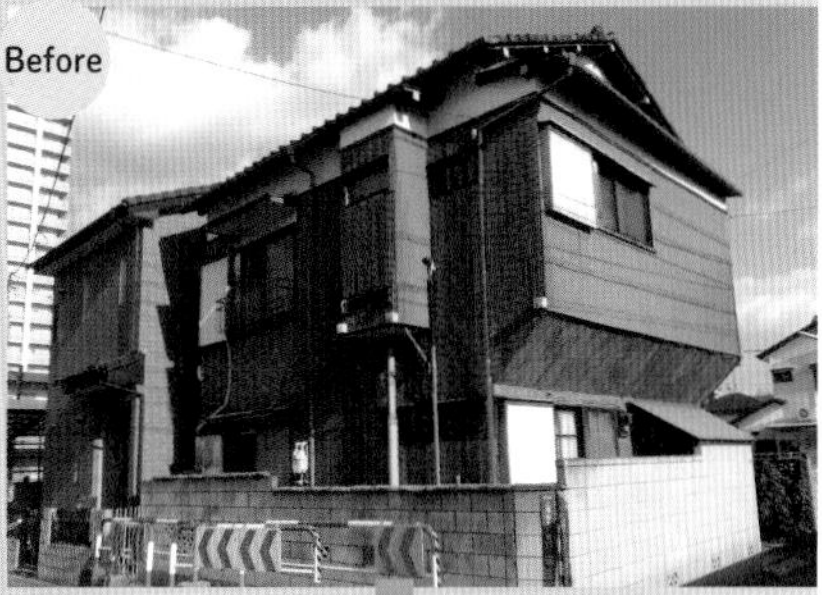

トタンの老朽化した外壁も刷新。耐久性が高くスタイリッシュに見えるガルバリウム鋼板で仕上げた

chapter 4

あたたかい暮らしを訪ねて。

地域の気候・風土を読み解き、ヒト基準で設計された〝住まい〟は理想的な温熱環境を実現します。その住まいにおいて示されたデータに少し驚かれるかもしれません。そんな空間で、3人の仲良し家族が〝あたたかい暮らし〟を体験してくれました。どのような生活を思い描くのか。みなさんも一緒にお楽しみください。

それから、もう1つ。ひと足先に、〝あたたかい暮らし〟を手にされた方々がいらっしゃいます。新築とリフォームの事例をそれぞれ1つずつ紹介しています。きっと、あたたかい空間がもたらす、新しい暮らしが見えてくるはずです。さあ、みなさんにとっての〝あたたかい暮らし〟を見つけてください。

夏涼しく、冬暖かい「ネオマの家」

「ネオマの家」は、関東平野の広々とした敷地に建てられた、温熱環境の大切さを体験してもらうためのモデルハウス。日本人にもなじみの深い切妻屋根でかたどられたシンプルな形の木造住宅で、内部には大きな吹抜けが設けられています。

一方、断熱性能は日本の基準を大きく上回るレベルを実現。U_A値は0・2W／(㎡・K)で、国の基準をはるかに上回り、夏も冬もエアコンに頼り切ることなく、快適に過ごすことができます。そのヒミツを探っていくことにしましょう。

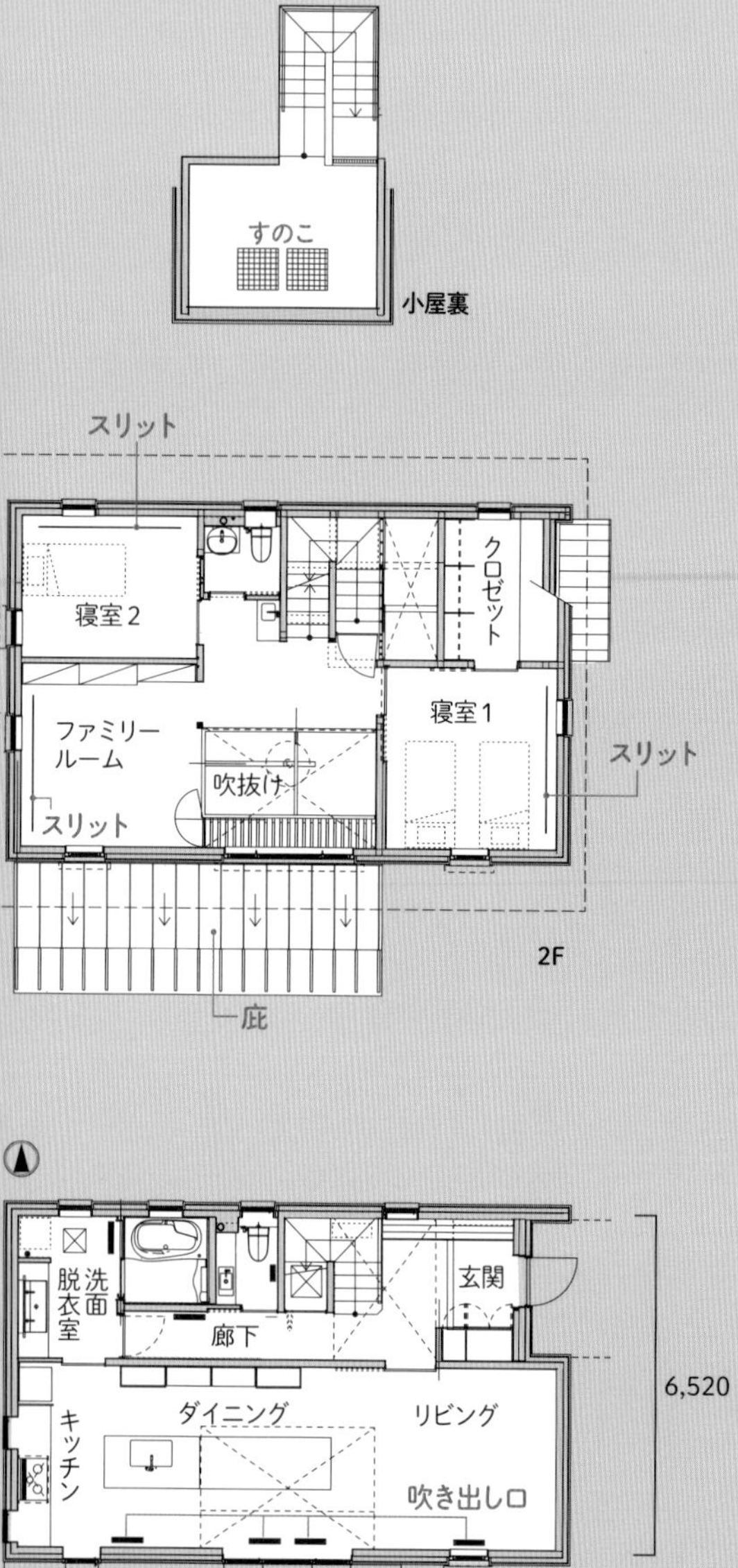

平面図［S=1:200］

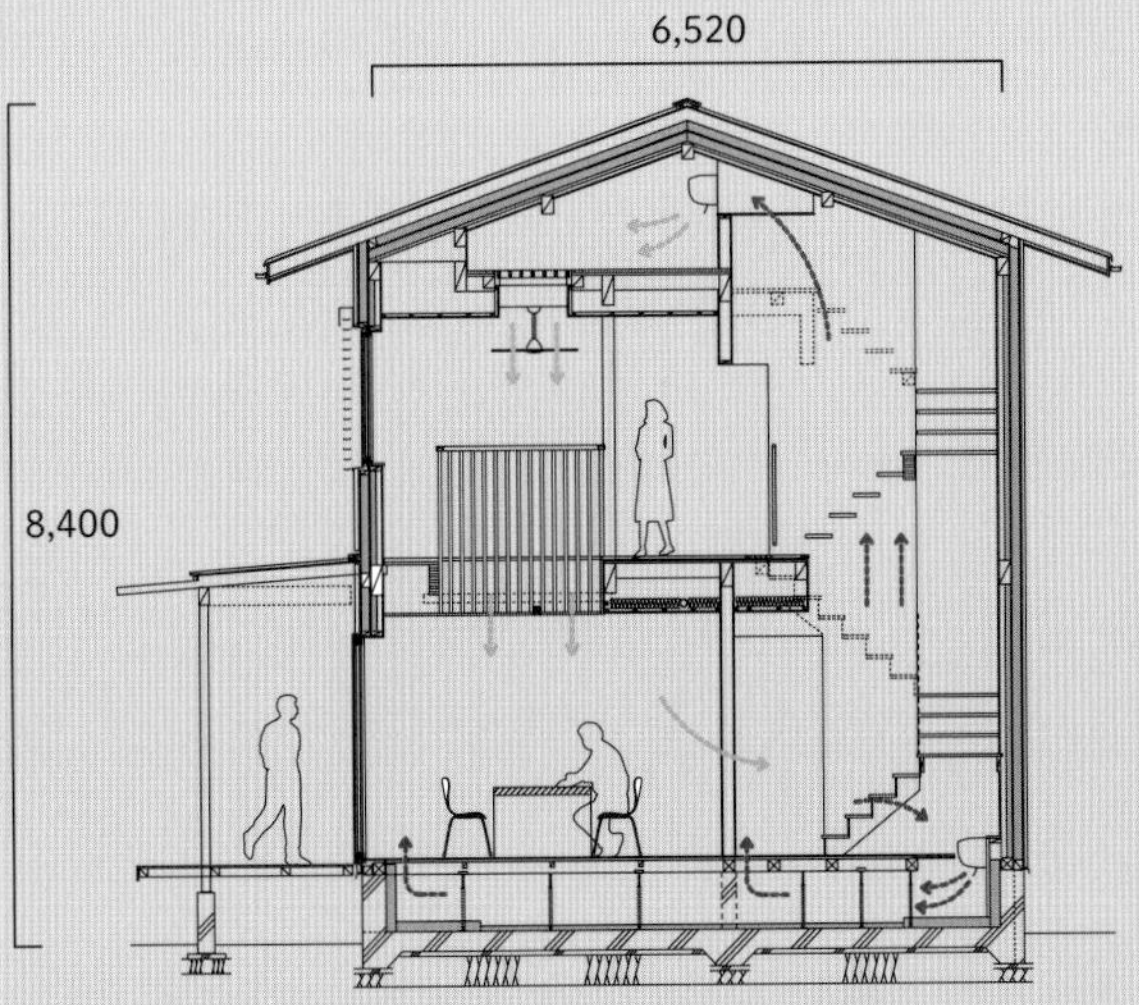

断面図［S=1：150］

小屋裏収納の床は、一部がすのこ状になっている。これは、夏に、エアコンからの冷風を下に落とすため

南面を吹抜けとしつつ、大きな窓を設け、冬の暖かな日差しを十分に採り入れられるようにしている。夏の強い日差しは、2階では外付けブラインドで、1階では大きく跳ね出した庇で遮る

屋根・外壁・基礎と建物全体を断熱材で覆って高い断熱・気密性能を確保。2階の窓には外付けブラインドを設置して、夏の強い日差しを遮るように工夫した。夏の冷房は、小屋裏に設けたエアコン1台のみ。室内から上昇する暖気を冷却し、それをすのこ状の床から吹抜けを通して、建物全体に送り込む。加えて、2階各部屋の天井面に冷気を誘導して天井面を冷やしてから、スリットから室内に供給している。一方、冬の暖房は、1階の床下にエアコンを設置。床表面を温めると同時に、窓際に設けた吹き出し口から温かな風を吹き出し、足元から建物全体を暖めていく

1階の真ん中にある吹抜け。キッチン・ダイニング・リビングがひとつながりになった大空間

リビングとダイニング・キッチンがひとつながりになった大きな空間。大きな空間は得てして暖めにくいが、窓際に設けた床の吹き出し口から温風が吹き出すように工夫。"頭寒足熱"の状態をつくりだしている

「ネオマの家」の断熱

「ネオマの家」では、屋根・外壁・基礎のすべてが断熱材で覆われています。使用されたのは、世界トップレベルの高い断熱性能をもつ発泡プラスチック系の断熱材「ネオマフォーム」（旭化成建材）。フェノールフォーム断熱材で、熱伝導率は０・０２０Ｗ／（ｍ・Ｋ）。窓は、断熱・気密性能に優れた樹脂サッシに、遮熱性の高いダブルＬｏｗ―Ｅトリプルガラス（Ａｒ）を組み合わせたものを採用。世界最高レベルの断熱性能［U_A値０・２Ｗ／（㎡・Ｋ）］を実現しました。

1 基礎の断熱

基礎は、地面すべてを鉄筋コンクリートで覆う“べた基礎”と呼ばれる頑丈な形式。地面や外気に接する鉄筋コンクリートの内側すべてに100㎜厚（中央部では50㎜厚も併用）の「ネオマフォーム」を張り付けている。1階の床下空間がすべて断熱されているので、床下エアコンの温風を、熱を逃がすことなく、床下全体へとスムーズに送ることが可能になる

地面や外気に接する基礎の内側すべてを断熱材で覆う

基礎（鉄筋コンクリート）

断熱材／フェノールフォーム：「ネオマフォーム」（旭化成建材）

接着剤を使って「ネオマフォーム」を土間コンクリート面にぴったりと固定し、隙間がなくなるように、シーリング材を埋めている様子

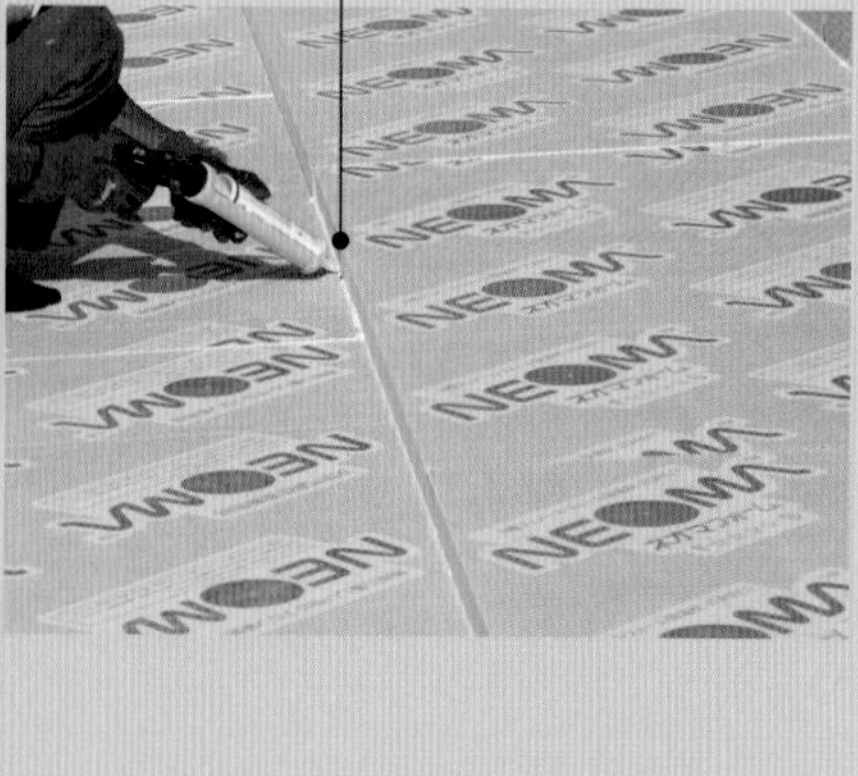

2 外壁と屋根の断熱（内側）

建物の構造は、日本の住宅で最も普及している柱と梁を組み合わせてつくる形式。室内側は、壁や天井（屋根）に断熱材を充填する。「ネオマの家」では、壁（柱の間）に60㎜厚の「ネオマフォーム」、屋根（垂木の間）に90㎜厚の「ネオマフォーム」を充填している

［P157］

3 外壁と屋根の断熱（外側）

「ネオマの家」では、断熱性能を高めるために、外壁と屋根の外側にも断熱材を張り付けている。こうした方法を付加断熱という。北海道などの寒冷地では広く行われている。「ネオマフォーム」を使えば、ほかの断熱材よりも同じ厚さで高い断熱性能を発揮するので、外壁と屋根はそれほど分厚くならない

壁の外側にも断熱材を張ると、断熱性能がグンと上がる（外張り断熱＋充填断熱）［P157］

窓の廻りにも断熱材を隙間なく張る

外壁全面に90㎜厚の「ネオマフォーム」を隙間なく張る。継ぎ目には気密テープを張り、気密性を高める。外壁全体の断熱層は150㎜

断熱材の継ぎ目を「ネオマフォーム」専用の気密テープで張り合わせ、隙間をなくす

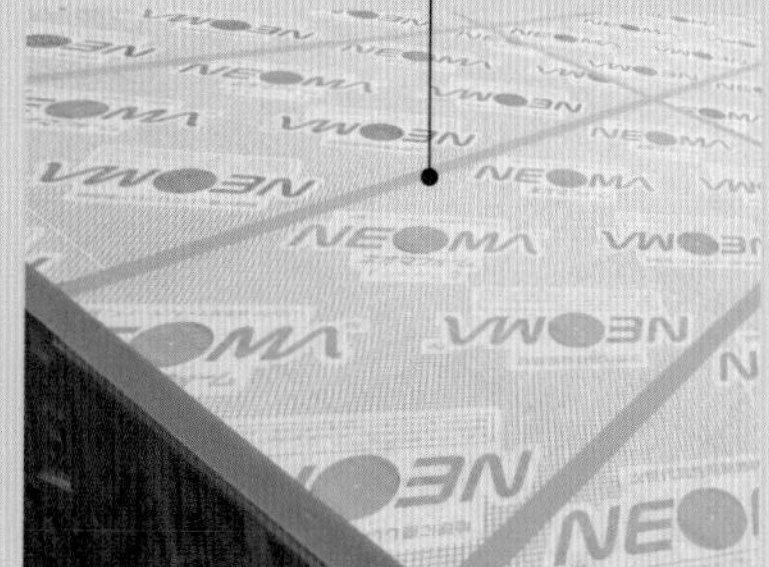

屋根全面に90㎜厚の「ネオマフォーム」を隙間なく張る。継ぎ目には気密テープを張る。屋根全体の断熱層は180㎜

memo

断熱材の張り方は3種類

柱と梁でつくる木造住宅では、断熱材の張り方は3つに分類されます。最も一般的なのは①充填断熱。外壁では、柱と間柱の間に断熱材を詰め込んでいく方法です。ただし、スイッチやコンセントボックスと干渉するほか、柱などの構造材の部分は断熱材で覆われていないので、断熱層が連続しません。続いては②外張り断熱。外壁では、壁の外側から断熱材を張り付ける方法で、スイッチやコンセントボックス、柱との干渉を避けられるので、断熱層が連続します。最後に③付加断熱。外張り断熱と充填断熱を併用する方法で、優れた断熱効果が得られます。北海道などの寒冷地では広く採用されています。

① 充填断熱

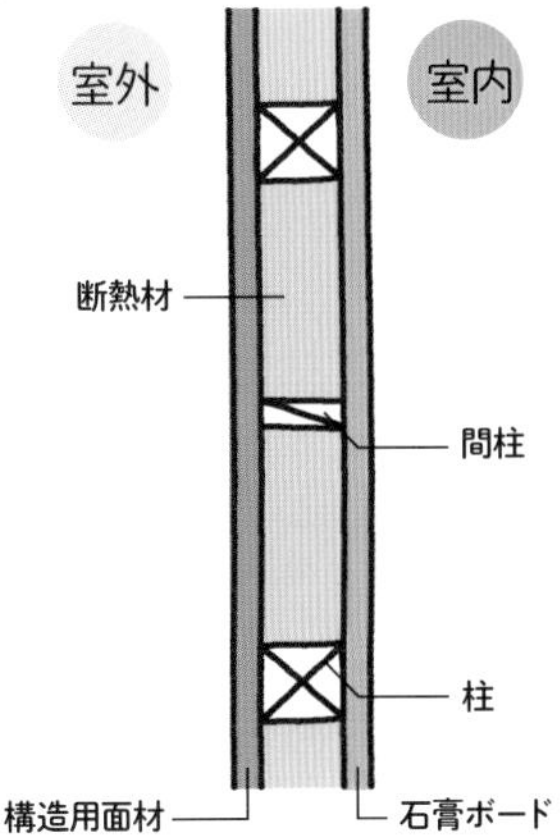

柱・間柱の間に
断熱材を詰め込む

② 外張り断熱

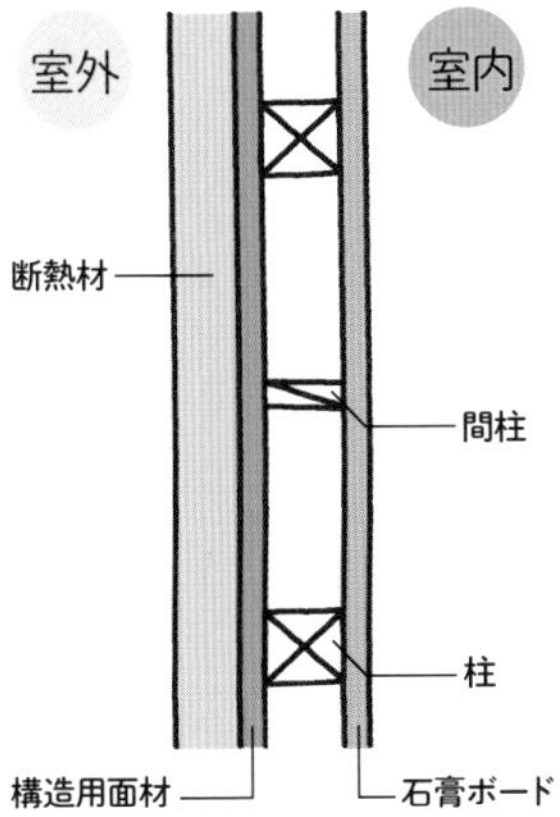

柱・間柱の外側に
断熱材を張る

③ 付加断熱（外張り＋充填）

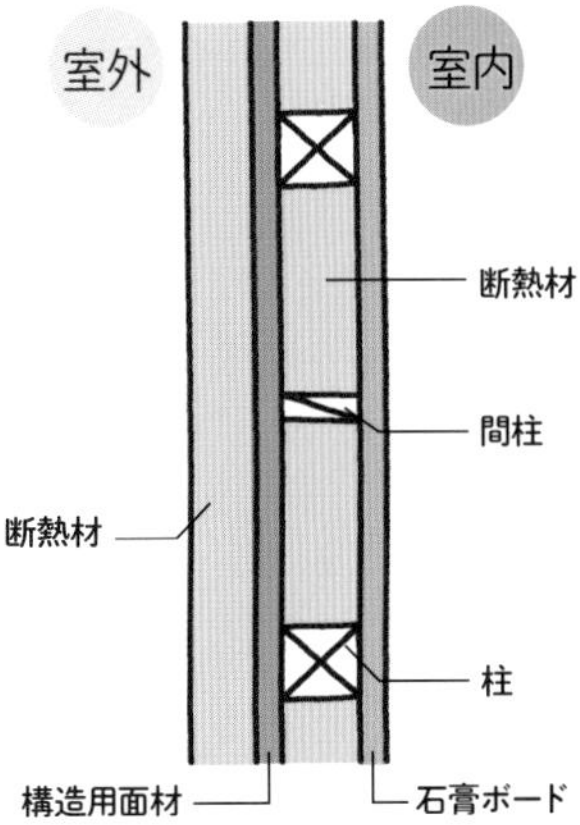

柱・間柱の外側と間の両方に
断熱材を取り付ける

「ネオマの家」の涼しさと暖かさ

世界トップレベルの断熱材と窓を用いた「ネオマの家」。〝夏涼しく、冬暖かい〟という理想の温熱環境を実現しています。では、どのような効果が得られているのか。実証データを見てみましょう。

夏は、外気温が日中30℃近くに達する日でも、家全体を約26℃に保っています。冬は、最低気温が0℃を下回る日でも、家全体を約20℃に保っています。

しかも、夏は小屋裏からの冷風が、冬は床下からの温風が建物内を包みます。超快適な住空間といえるでしょう。

夏

室温と外気温の推移

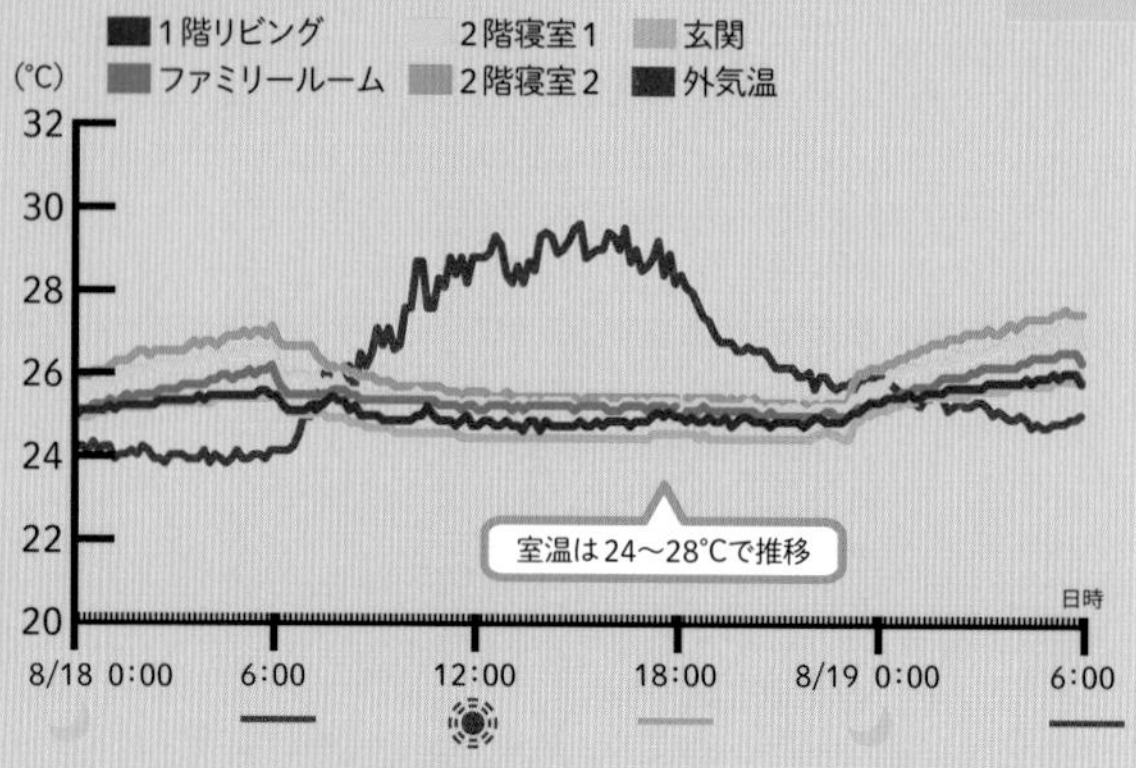

※1 「ネオマの家」における2017年8月18日〜19日の実測値
※2 小屋裏エアコン（冷房22℃設定）を風量1にて運転（6時〜23時稼働）
※3 4人家族を想定した内部発熱（400W）を考慮

いつも涼しい 優れた断熱性能により、外気温が大きく変動しても、エアコン1台で、家中どの場所も快適な室温に保つ。グラフのように就寝前にエアコンを切っても、室温は24〜28℃で推移している。1日の温度変化が少ない環境。体に優しい

冬

室温と外気温の推移

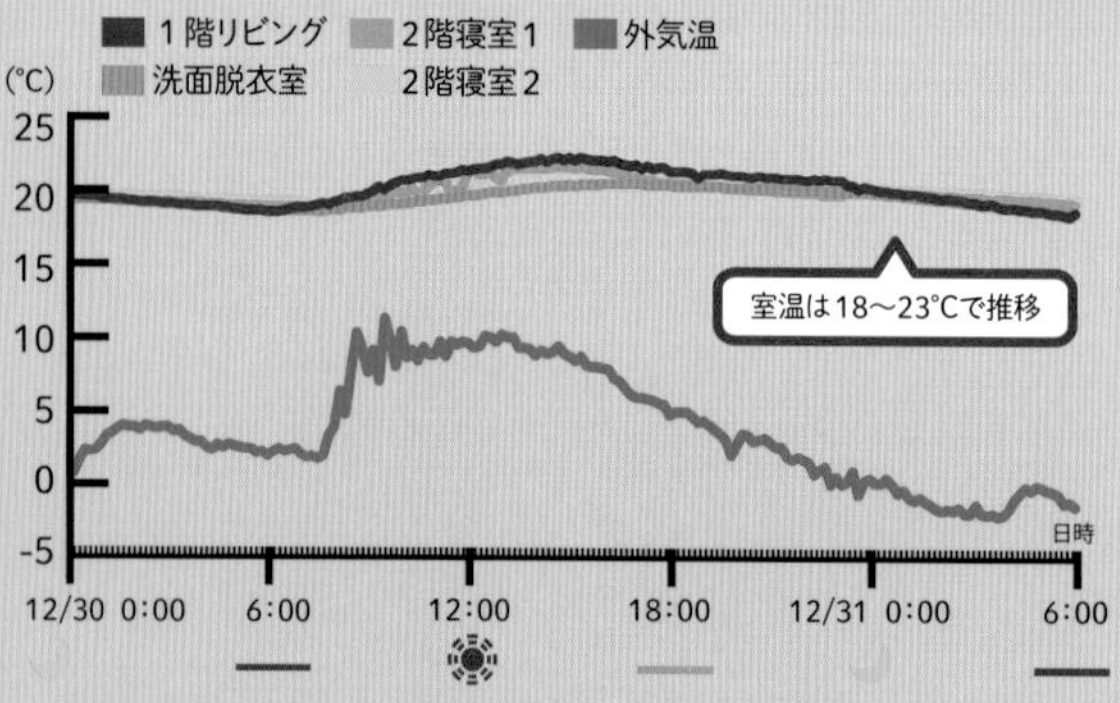

※1 「ネオマの家」における2016年12月30〜31日の実測値
※2 床下エアコン（暖房22℃設定）を風量1にて運転（6時〜23時稼働）
※3 4人家族を想定した内部発熱（400W）を考慮

いつも暖かい 優れた断熱性能により、屋外が寒くても、家のなかでは快適な室温で過ごせる。グラフのように、最低気温が0℃を下回る“冬日”でも、室温は18〜23℃で推移している。夏と同じく、1日の温度変化が少ない環境。体に優しい

心地よい気流

ゆっくり流れる気流が家中をくまなく循環している。小屋裏のエアコンで冷房し、その涼しい冷風が吹抜けと2階居室に設けたスリットを通ることで、家中を快適な室温に保つ

気流速度の分布（夏）

※ 東京都立大学（首都大学東京）須永研究室による、「ネオマの家」におけるCFD解析シミュレーション結果の一例（共同研究）

小屋裏のエアコン
夏は、小屋裏のエアコン１台で家中を冷房

シーリングファン
夏は、シーリングファンが冷気を効率よく循環させる

心地よい気流

ゆっくり流れる気流が家中をくまなく循環している。床下に設置した暖房用エアコンからの暖かい空気が、1階吹き出し口を通った後、吹抜けや小屋裏を通じて2階居室へとゆっくりと回り込み、家中を快適な環境に保つ

気流速度の分布（冬）

※ 東京都立大学（首都大学東京）須永研究室による、「ネオマの家」におけるCFD解析シミュレーション結果の一例（共同研究）

床下エアコン用の吹き出し口
階段室に設置したエアコン１台で床下に暖気を送り込み、吹き出し口から暖かさを家中にゆっくり循環させる

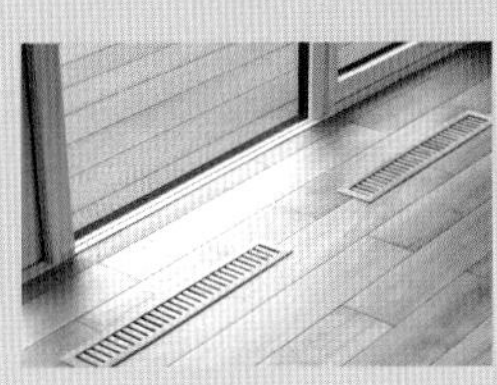

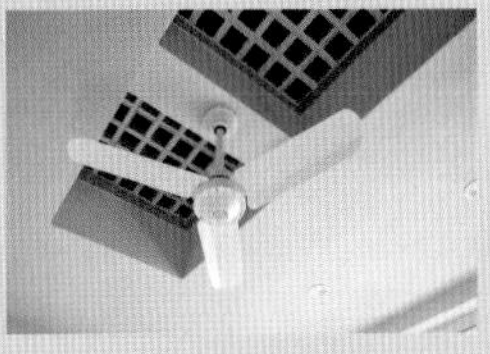

シーリングファン
冬は床下エアコンの暖かい空気が上昇、家中にむらなく暖房を効かせる

写真［P153～159］：A LAUnCH COMPANY

Report

「ネオマの家」宿泊体験レポート

茨城県境町に「ネオマの家」が完成したのは2017年1月。すでに3年の時が経過しました。この間、たくさんの方々が、「ネオマの家」の温熱環境を体験しました。具体的には、どのような感想を抱いたのでしょうか。今回は、寒さも増した2018年12月に、マンションにお住まいのデザイナーご一家に宿泊体験していただき、冬の「ネオマの家」についての感想を語っていただきました。

お二人ともデザイナーのご夫婦、TさんとKさん。娘のNちゃんは5歳。現在のお住まいは、築14年のマンション。そのTさん一家に、まずは暖冷房の仕組みについて見学いただきました。

Tさん……高断熱・高気密の家ということで、もっと空調設備が満載の空間をイメージしていたのですが、空調設備はほとんどなく、いたって普通の家と変わらないことに好感を抱きました。空間は普通なのに、エアコン1台で家中が暖冷房できるなんて驚きですね。

まず玄関に入ってすぐに感じたのは「暖かい！」ということ。しかも、フワーっとした心地よいあたたかさ。でも、ずっと室内にいると、暖かいという感覚はなくて、まさに、暑くもなく寒くもない、自然な感じ[P76~77]。吹抜けの開放感もいいし、1階と2階のつながりも子どもが小さいうちは安心感があるなぁ、と思いました。

Kさん……エアコンが小屋裏と床下に隠れていて、室内にいても、まったくその存在を感じないのも、とてもいいと思いました[P136~137]。インテリアがスッキリして、空間もより広々と感じますね。

それではさっそく夕飯に。メニューは地元の食材を使用した焼き肉。臭いや煙など家庭ではちょっと気が引ける焼き肉ですが、「ネオマの

吹抜けが暖かい

吹抜けでも暖かい！
厚着しなくても
気持ちよく過ごせるね。
焼き肉もいつも以上に
おいしく感じるね～。

窓際が寒くない

窓際なのに寒くない！
結露してない！
臭いも残ってない！
外をのんびり眺めながら飲む
コーヒーはおいしいね～。

床も暖かい

クマさん、
編み物しよう。
床が冷たくないから、
広い床の上で
しましょう。

家」ではどうでしょうか?

Kさん……食事中も空気がこもらず、実に快適でした。吹抜けで汚れた空気が2階に上がったのかなと思ったのですが、食後に2階に行っても臭いはありませんでした。

そうなんです。空気がこもらないのは、家全体で空気が循環し、常時、換気しているからなのです。「ネオマの家」では、〝熱交換換気〟というシステムを利用しているので、換気をしても冷たい空気が室内に入り込んできません[P116~117]。

その後、NちゃんとTさんはお風呂に。湯上がりのNちゃんはパジャマのままでお水を飲んだり、歯磨きしたり。室温は家中どこも約20℃と温度差がないので、パジャマでも寒くないのです。Nちゃんを寝室に寝かせた後、パパとママは2階のファミリールームで、ワインで乾杯!

そして夜も更けて就寝に。エアコンも23時でスイッチが切れました。

翌朝。朝食をとって、コーヒータイムに。昨晩はよく眠れましたか?一日過ごした感想は?

Kさん……よく眠れました。エアコンが切れても寒くなかったです。エアコンの風を感じないのは、ストレスがなくて、心地いいですね。加えて、窓廻りに結露がなくてびっくり。今住んでいるマンションでは、冬の朝、娘が雨と勘違いするほど窓に結露がびっしり。困り果ててしまっています。

Tさん……窓際が寒くないのにも驚きました。「ネオマの家」での体験を経て、これまで身体が知っている感覚とはちょっと違うことに気づきました。「あれ? 窓際ってもっと寒かったよね? トイレってもっと空気がたまっている感じがしたよね」とか。どの部屋に行っても、温度差のない新鮮な空気が流れているってすごいことですよね。

こうした自然な快適さの室内にいると、積極的に外の風や空気に触れたいという気持ちもふつふつと湧いてきました。自宅は寒いので、冬の朝に外に出たいとは思ったことはありませんが、今朝は外の冷たい空気がとても気持ちよく感じられました。コーヒーを煎れて、ゆっくり朝の時間を過ごすような暮らしを楽しみたくなりました。

なるほど。室内が快適だからこそ、積極的に外に出よう、暮らしを楽しもうという気持ちになる、と。「ネオマの家」、断熱性能の高い家には、人の暮らしをよりよいモノに変える、そんな力が秘められているのですね。

ママ〜、Nちゃん、2階で遊んでるよ〜。
はーい。
冬は下から暖まる
ここから、暖かい空気が出てくるの？でも、あんまり分からないな〜。ゆっくり流れているからみたい。
夏は上から涼しくなる
小屋裏のエアコンは夏用なんだって。格子から吹抜けへ冷気が落ちていくそうよ。

O邸

南からの暖かな日差しを採り入れる

住宅密集地でプライバシーが気になるけど、冬の暖かな日差しを最大限に取り入れたい——。

こうしたコンセプトのもとに設計されたのがO邸です。2階にリビング、1階に寝室や浴室を配置する、という手法を用いています。設計を手がけたのは、藤江創さん（アーバン・ファクトリー）。

「ここは南側に隣家が迫っているので、南側を敷地いっぱいに建ててしまうと隣家の影になってしまいます。それで、南に駐車スペースをとってできるだけ北側（公園側）に建物を寄せ、南に空きをつくって2階リビングに光が入るようにしました」。

大きな窓と欄間を設けた南側とは対照的に、北側は公園と道路からの音が意外とうるさいので小窓に。隣家が接近している東側と西日の入る西側は、2階には窓を設けていません。「設計段階では、暗くなるのではと不安だったのですが、できてみたら、ぜんぜん心配いりませんでした」と奥様。日中は照明の必要がない明るさだという。

しかも、かなり暖かい。冬の寒い日でも、天井の高いほぼワンルームの大空間というのにリビングの温度計は25℃を指している。

「これは、付加断熱［P157］を用いて、建物全体を高断熱にしているから。加えて、東西に窓を設けず閉じたこと、太陽光（熱）を取り入れるために南側の窓だけペアガラスに、それ以外はトリプルガラスにしたことも、温熱環境を改善することにつながりました。U_A値は0・24W／（㎡・K）とかなりのハイレベルです。だから、暖冷房にも負荷がかかりません。夏と冬、いずれもエアコン1台で家中の暖冷房をまかなっています」（藤江さん）。

「以前に比べると電気代も安くなったので、いい温熱環境といえるでしょう。真冬でも晴れの日は、2階が24、25℃になって暑いくらい。そういえば、フリースを着なくなりましたね」とご主人。「夏も快適ですよ。エアコンのない部屋でちょうどいい涼しさで寝られます」（奥様）。

南側に設けた2階のLDK。テラスへの大きな窓と欄間窓からの日射でとても明るく、晴れの日中は照明もいらないほど。日射の放射熱が床面に十分に行き渡り、床面から暖かい

高窓からの光は2階の壁をなめるようにして階段室にも届く［右］。階段は段板のみのストリップ階段で、1階の土間スペースも開放的で明るい

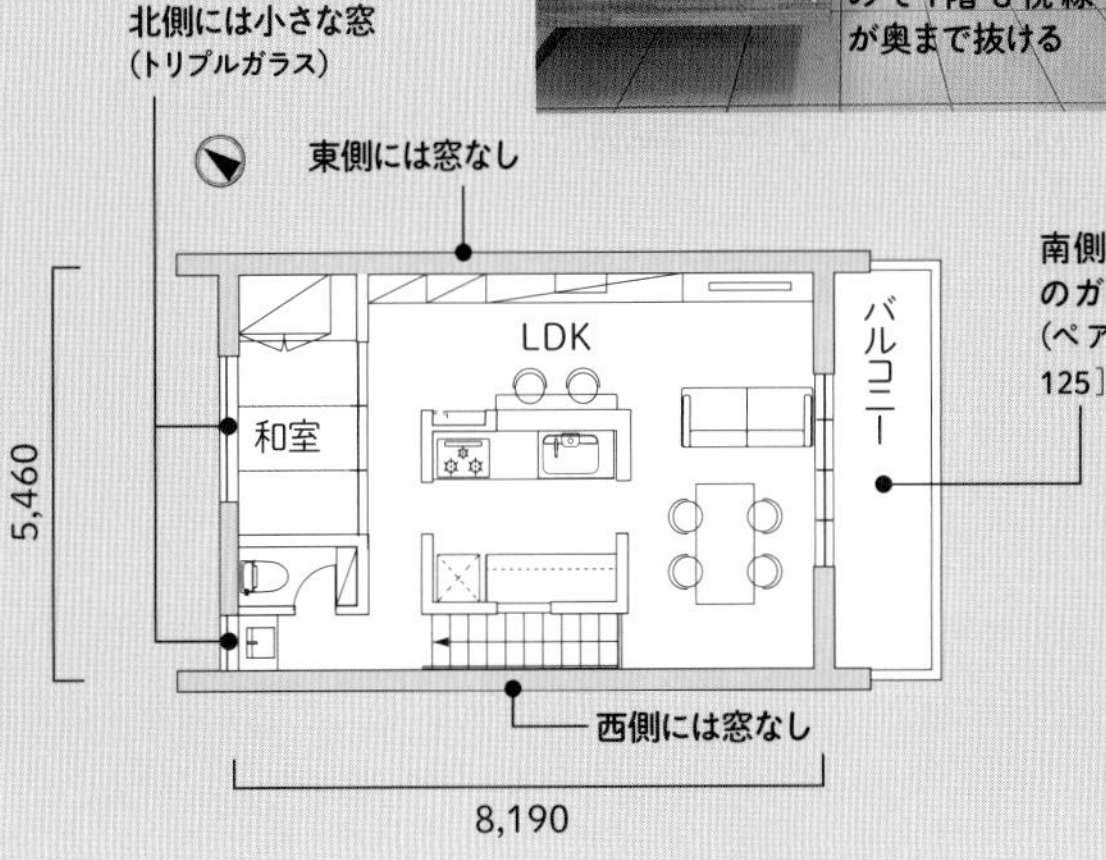

2階平面図［S=1:200］

南側にLDK、北側に和室を設けた2階の間取り。大きな窓を南側に、小さな窓を北側に配置し、東西には窓を設けないというプラン

写真：木田勝久

N邸

寝室と水廻りの効果的な断熱改修

新築なのに、びっくりするほど寒い家を、住みながら短期間で手直ししたい――。

こうしたコンセプトのもとに断熱改修を行ったのがN邸です。特に寒い1階の寝室と2階の水廻りを重点的に断熱改修するに至りました［P146〜147］。

その内容は、①すべての窓に内窓を取り付ける、②1階の床全面に断熱材を入れる、③寝室とトイレ・洗面所の壁に断熱材を張る、というもの。①では、ただ内側に窓枠を取り付けてガラス窓をはめ込む〝二重窓〟［P142〜143］を採用。②は、床下から施工したので、家のなかでの作業は一切なし［P144〜145］。③は、壁の上から断熱ボード（石膏ボード付き断熱材）を張るだけ。工事はトータルでたった6日間という短期間で終わりました。心配だった住みながらの施工も問題なく、結果は想像以上だったと話すご夫婦。

「改修前の寝室では、寝るときにエアコンを付けて約21℃まで室温を上げ、23時くらいにタイマーで切れるようにしていたのですが、朝の室温は13℃くらいに下がっていました。なので、寒いときは朝までエアコンを付けっぱなしにすることもありました。今も真冬は、同じように21℃で23時頃に切れるようにタイマーをかけているのですが、朝の室温は22℃に上がります（笑）。家族一緒に寝ているのですが、断熱によって熱が逃げにくいので、みんなの体温で室温が上がるのですね。朝、寒くないので起きるのが楽です。床も冷たくないので、スリッパがなくても歩けるようになりました」（ご主人）。

「2階の洗面所とトイレも劇的に変わりました。冬でもリビングから行くときにそれほど寒さを感じなくなりました。加えて、改修前はリビングのドアを開けっ放しにすることはとてもできませんでしたが、今は大丈夫［P50〜51］。浴室は内窓を付けたのですが、寒さがぜんぜん違う。トイレ、風呂の掃除が以前はいやでしたが、今はそうでもなくなりました［P60〜61］」（奥様）。

寒い水廻りのみを断熱改修

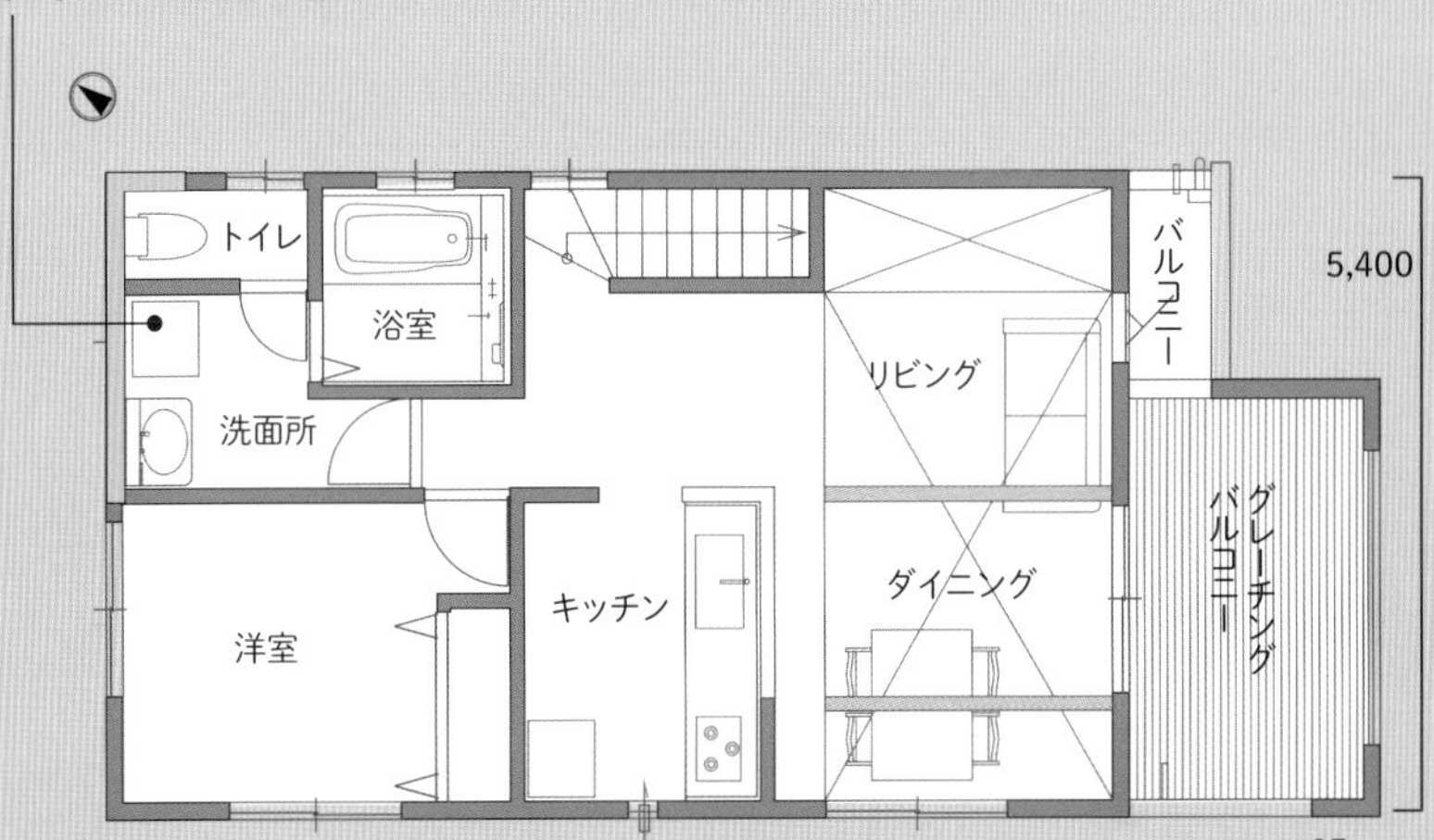

住みながらの断熱改修。窓はすべて内窓を取付けて二重窓に。北側のトイレと洗面所の壁に断熱ボード（石膏ボード付き断熱材）を張っている

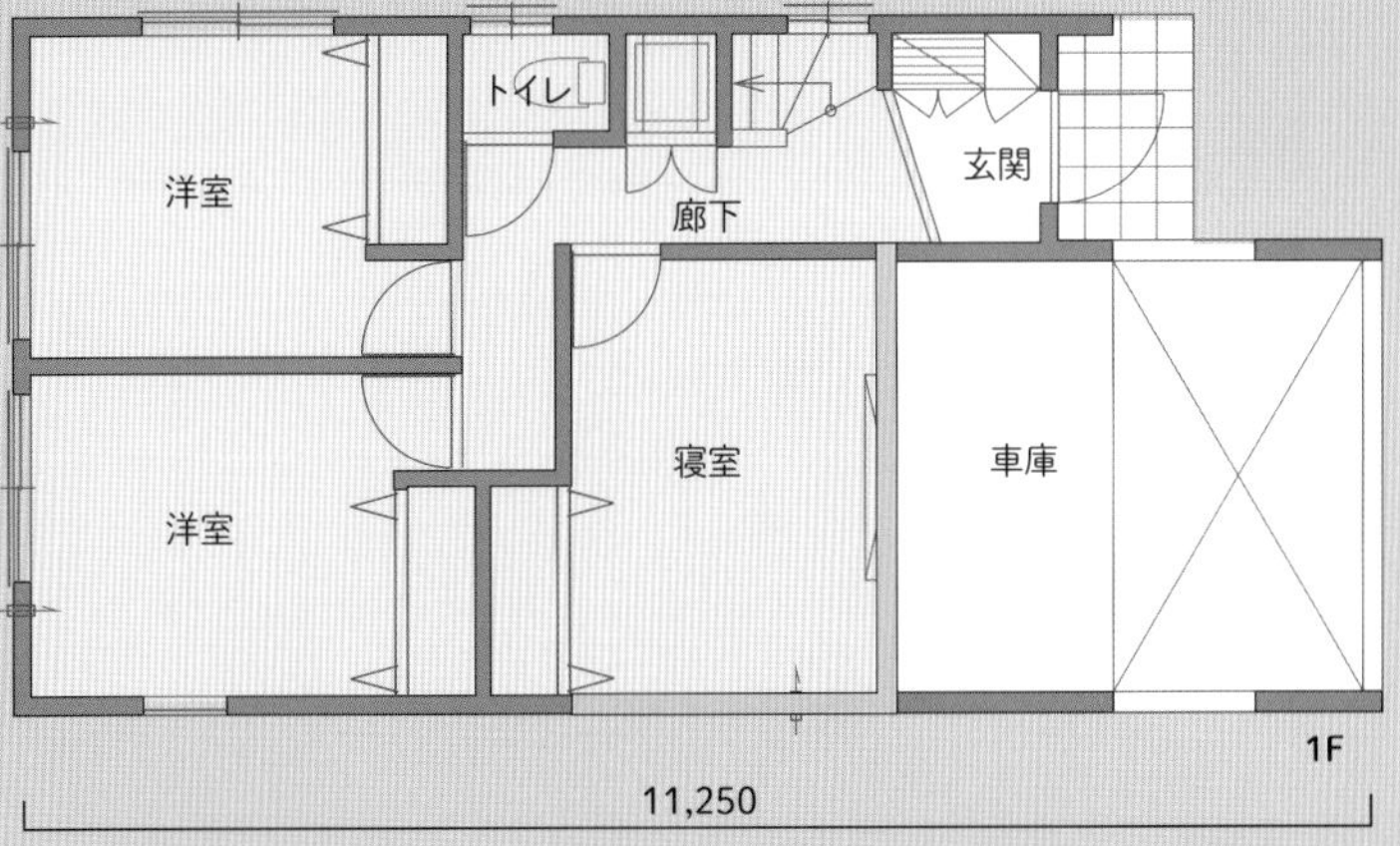

平面図［S=1:120］

床下から床前面に断熱材を補強し、寝室の壁２面のみ断熱ボード（石膏ボード付き断熱材）を張った。1・2階を含めて、断熱改修にかかったのはたった６日間

1階の寝室は、内窓の取付けと床の断熱補強に加えて、正面と左の壁に断熱ボード（石膏ボード付き断熱材）を張った。真冬でも就寝時から2時間ほどの暖房で朝まで室温をキープできる温熱環境へと様変わり

1階の床全面に断熱材を施工した。施工は床下から断熱材を取り付けるという方法。フローリングははがさない。断熱材として用いたのは、軽量で持ち運びしやすい60㎜厚の「ネオマフォーム」。床下に入っていた断熱材（押出法ポリスチレンフォーム）の下から「ネオマフォーム」を接着してビス留め

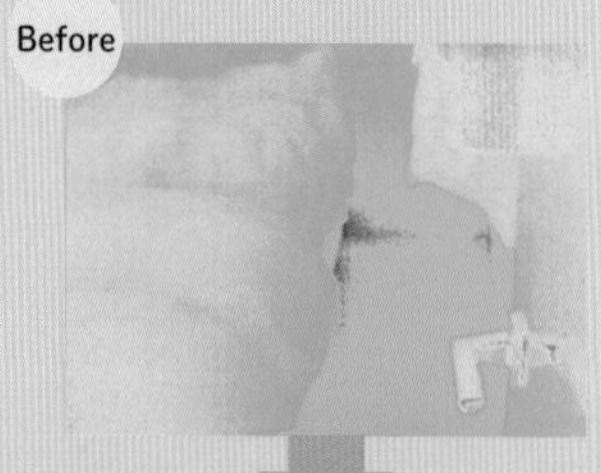

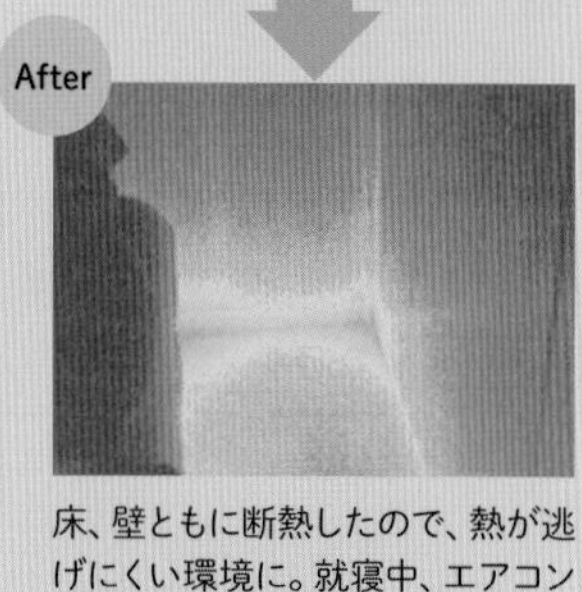

床、壁ともに断熱したので、熱が逃げにくい環境に。就寝中、エアコンを切っても、人が発する熱（0.7met［P100〜101］）で室温が上がるほどになった

2階の北側にある水廻りでは、内窓の取付けと断熱ボード（石膏ボード付き断熱材）による壁の断熱補強を実施。以前はリビングとの温度差が10℃を超えるくらいだったが、今ではほぼ同じ温度になり、冬でも寒さを感じることはなくなった

断熱改修では、熱損失の大きい窓を断熱窓にすることも大きなポイント。N邸では、すべての窓の内側に樹脂製の内窓を取り付け、"二重窓"にして断熱性能を高めた。既存の窓はそのままに、室内側に窓枠を取り付け、ガラス戸を枠内に設置して完了

北側の窓は表面温度がかなり低くなるので、冷気が周囲に拡散してしまうが、"二重窓"にしたことで、表面温度が大幅に向上した

編集協力［P160〜169］：内田みえ　写真［P168〜169］：村角創一

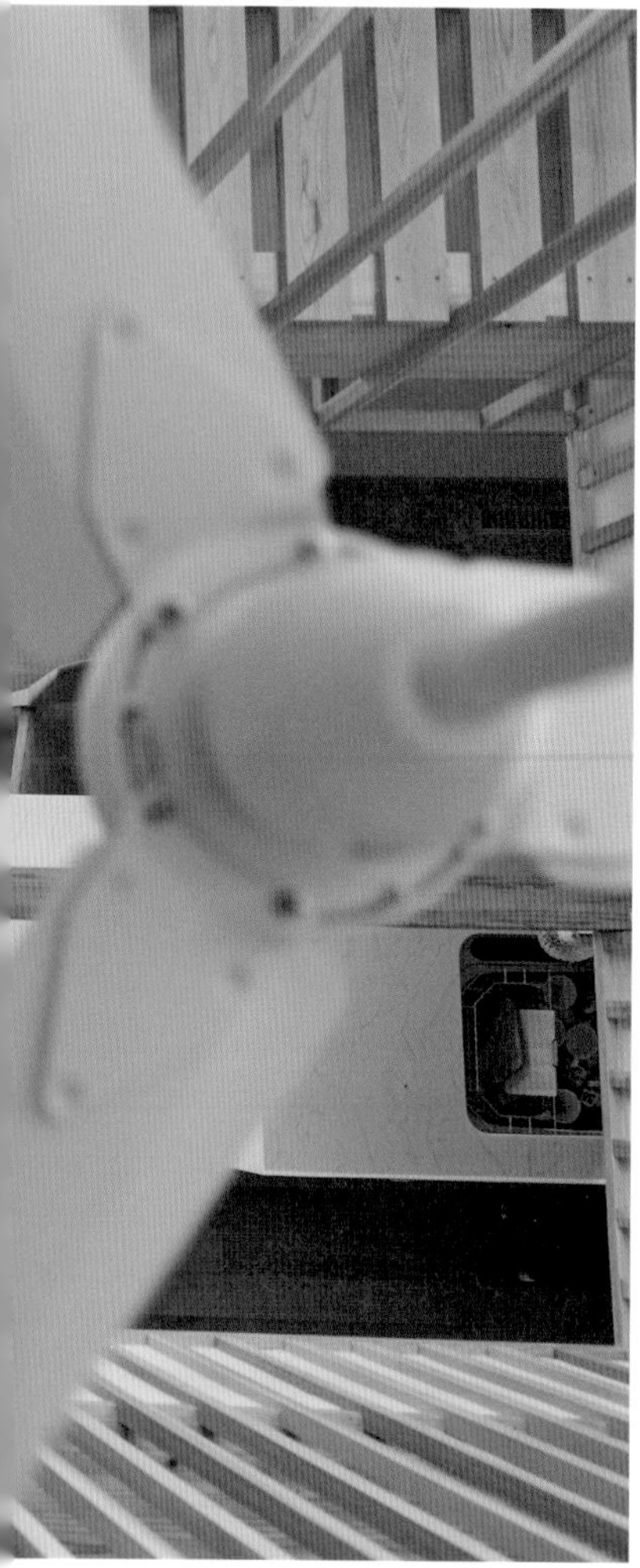

冬の暖かい暮らし

家の温熱環境がいいと、
外が寒い日でも、家のなかで暖かく過ごせます。
窓から差し込む暖かな日差しが心にも届き、
家族の絆を深めてくれるでしょう。

写真：amana inc.

あとがき

みなさんが〝快適な暮らし〟を手にされるためのお手伝いをしたい。その想いをひとつの形にしたのが、本書「あたたかい暮らしのヒミツ」です。

いうまでもなく〝住まい〟を検討する際、自然災害に対する備えを重視することは大切です。地震をはじめ、台風、突風・竜巻、それらに伴う風水害など、これらの災害は、誰にでも起こり得る身近なリスクであるということは、日々のニュースからも明らかですから。身近なリスクといえば、近年、熱中症やヒートショックという温熱環境に関するものもクローズアップされています。つまり、温熱環境も重視することが必要だということです。

しかし、私たちが本書で一番お伝えしたかったことは、〝快適な温熱環境〟を手に入れることができれば、温熱環境的なリスクをなくすどころか、みなさんの日常がワンランクアップする可能性が高いという、あたたかい暮らし研究会の調査結果です。

これからの〝住まい〟はますます便利になっていくことでしょう。ＩｏＴ[※1]（アイ・オー・ティー）、ＡＩ[※2]（エー・アイ）などの技術が、私たちの日々の健康や体調を管理してくれる、そんな便利な時代がくるかもしれません。ですが、それらのみで必ずしも人が幸せになるとは限りません。

でも、本書でお伝えした〝あたたかい暮らし〟は、生活の質を向上させ、私たちの暮らしに幸せを届けてくれると思います。

もともと、一番長い時間を過ごす場所であった〝住まい〟ですが、いま起きている世界的な問題（新型コロナウイルス感染症）などに対応するため、その時間は今後圧倒的に増える可能性があります。これまで、ほかの場所でしていたあらゆる行為を〝住まい〟ですることになるかもしれません。今私たちは、家事、勉強、仕事、家族とのコミュニケーションなど、これから日常が大きく変わる転換期を迎えているように思えます。

こんなときだからこそ、改めて、〝住まい〟の〝温熱環境〟について考えてみることが大切なのだと思います。

本書を通じて、〝温熱環境〟という言葉が身近なものになり、〝暮らしの質〟の向上や〝ライフスタイル〟の検討に役立つ情報が提供できたのであれば、あたたかい暮らし研究会のメンバーにとってこの上ない悦びです。

最後になりましたが、株式会社エクスナレッジの西山和敏氏に感謝の意を表します。

２０２０年５月

あたたかい暮らし研究会　事務局

※1　Internet of Thingsの略。あらゆるモノがインターネットにつながり、情報のやり取りをすることで、モノのデータ化やそれに基づく自動化などが進展し、新たな付加価値を生み出すというもの

※2　Artificial Intelligenceの略。人工知能を意味する

旭化成建材株式会社 快適空間研究所
https://www.atatakazoku.com/

「あたたかい暮らし」の実現をビジョンとして掲げ、生活者の温熱環境への意識調査・研究する組織として、2014年に発足。良質な空間と暮らしの創造を目指している。2015年、社外メンバーとともに「あたたかい暮らし研究会」*を設立。

研究所の主な活動として、①戸建住宅の温熱環境と生活実態の調査による居住空間での温熱環境ニーズの発掘、②活動方針に共感いただける社外の関連企業、大学等の研究機関、行政、生活者等との共創、③研究成果の社会や生活者への情報発信を実施。

あたたかい暮らし研究会*

建築、環境、生活者の視点など様々な視点から、あたたかく生き生きと暮らすための居住空間とライフスタイルの研究を進め、新しいライフスタイルやその実現方法を生活者に提案することを目的に、旭化成建材 快適空間研究所が社外メンバーとともに2015年に発足。

主な活動は、①調査部会（住まいの温熱環境や生活者の暮らしに関するアンケート・訪問・実測調査等の実施）②設計部会（展示棟・体験棟「ネオマの家」企画設計等）③情報発信・啓発活動部会（生活者の温熱環境に関するリテラシー向上のためのセミナー、ワークショップ等の実施。季刊誌「あたたか族」、HP「あたたか族」、建築学会論文発表、プレスリリース等）。

あたたかい暮らし研究会メンバー

調査・研究

東京都立大学（首都大学東京）
建築学科
須永修通名誉教授
小野寺宏子元特任研究員

駒沢女子大学人間総合学群
住空間デザイン学類
橘田洋子教授

設計・建築

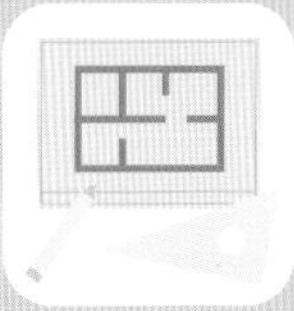

株式会社みさき建築研究所
御前好史

有限会社アーバン・ファクトリー
藤江創

プロモーション

silent－office
内田みえ

有限会社エーランチ
星名利夫
豊田千尋

WEBデザイン

株式会社深谷歩事務所
深谷歩

マーケティング・リサーチ

株式会社マーケティング
ディレクションズ
篠原秀明
宮島浩

コンサルティング

株式会社旭リサーチセンター
ハビトゥス研究所
新井佳美
秋元真理子

事務局

旭化成建材株式会社
快適空間研究所
白石真二
大塚弘樹
濱田香織

本書は、あたたかい暮らし研究会の活動成果を、メンバーである東京都立大学（首都大学東京）建築学科 須永修通名誉教授、小野寺宏子元特任研究員と、旭化成建材 快適空間研究所が中心になって再編集したものです。

あたたかい暮らしのヒミツ

2020年5月29日　初版第1刷発行

著　者　旭化成建材 快適空間研究所
発行者　澤井聖一
発行所　株式会社エクスナレッジ
〒106-0032 東京都港区六本木7-2-26
http://www.xknowledge.co.jp/

問合せ先　［編集］TEL：03-3403-1343
FAX：03-3403-1828
MAIL：info@xknowledge.co.jp
［販売］TEL：03-3403-1321
FAX：03-3403-1829

無断転載の禁止
本書掲載記事（本文、図表、イラスト等）を当社および著作権者の許諾なしに無断で転載（翻訳、複写、データベースへの入力、インターネットでの掲載等）することを禁じます。